U0873940

新编21世纪高等职业教育精品教材 ◆ 物流类

现代智能物流装备与应用

XIANDAI ZHINENG WULIU ZHUANGBEI YU YINGYONG

主 编 赵燕

副主编 耿 杰 竺肖君 黄正华

中国人民大学出版社

·北京·

前　言

当今世界，物流领域迎来传统物流设备与智慧物流设备相结合的关键时期。企业深知，融合传统物流设备的可靠稳定与智慧物流设备的创新效率，可以在市场竞争中获得巨大优势。

本书覆盖多个物流设备领域，包括物流运输装备、集装单元化装备、装卸搬运装备、仓储设施与设备、智能分拣与拣选装备、智能配送装备、包装与流通加工设备以及物流信息装备。这些设备是物流操作的关键支撑，在货物搬运、储存和分发方面发挥重要作用。同时，智慧物流设备的应用也越发重要，可以提高物流操作的效率、降低成本、增强可追溯性并提供个性化服务。

高职人才既要深入学习传统设备的原理、操作技巧及维护方法，因其在企业日常运营中仍具重要地位，且设备的可靠性与安全性对物流链平稳运行至关重要；又需了解新技术原理和应用，以助力企业实现数字化转型，提高竞争力。

本书旨在为高职院校学生和物流从业者提供指引，帮助其理解传统与智慧物流设备融合，满足企业多元化需求，既阐释传统设备知识和技巧，又强调智慧设备应用。本书通过案例和实践分享，让学生能够在复杂的物流环境中应对自如，提升物流知识学习水平。

本书由浙江经济职业技术学院赵燕主编，具体编写分工如下：项目一、五、八由赵燕编写，项目三、四由浙江交通职业技术学院耿杰编写，项目二、九由义乌工商职业技术学院黄正华编写，项目六、七由原浙江经济职业技术学院王伟编写。中建材智能自动化研究院有限公司项目总监竺肖君提供了企业素材。赵燕负责全书的策划与统稿。本书在编写过程中得到了编者所在单位领导和同事的大力支持与帮助，在此表示衷心的感谢。

本书凝结了编者多年来在“物流工程技术与装备”改革方面的成果。在编写本书的过程中，编者参考了大量相关书籍和资料。然而，随着现代物流业的迅速崛起，智能化、社会化以及专业化水平不断提升，再加上编者水平有限，书中难免存在遗漏或不完善的地方，敬请广大读者批评指正。

编者

目　录

项目一
踏上现代物流装备新征程

学习目标

※ 应知目标

- 熟悉物流装备的概念与分类
- 了解现代物流装备在物流中的地位与作用
- 掌握现代物流装备选用与配置的原则

※ 应会目标

- 学会物流装备选用与配置的方法

※ 素养目标

- 感受物流装备的快速发展，培养时代幸福感及民族自豪感

引导案例

物流政策完善为物流技术装备的快速发展提供了良好的条件

2021 年是“十四五”规划的开局之年，党中央、国务院高度重视构建现代物流体系，物流产业地位稳中有升。交通运输部、发展改革委、商务部、农业农村部等多部委针对我国物流产业的发展规划、体系构建、组织管理、服务标准等多个方面密集出台了一系列政策，为我国物流产业健康发展提供了坚实的政策保障。

中共中央、国务院印发《国家综合立体交通网规划纲要》，提出到 2035 年要建成“全球 123 快货物流圈”，国内 1 天送达、周边国家 2 天送达、全球主要城市 3 天送达。国务院印发《2030 年前碳达峰行动方案》，将交通运输绿色低碳行动纳入“碳达峰十大行动”。《“十四五”现代流通体系建设规划》对现代流通体系建设进行了战略性布局、系统性谋划，提出一系列可操作、可落地的重点任务，为进一步扩大流通规模、提高流通效率、推动流通领域创新、激发流通企业活力提供有力支撑。《“十四五”冷链物流发展规划》提出到 2025 年布局建设 100 个左右国家骨干冷链物流基地，同时针对冷链物流“最先一公里”和“最后一公里”等行业难题提出了科学可行的指导方案，规划提出打造“三级节点、两大系统、一体化网络”的冷链物流运行体系。国家发展改革委发布“十四五”首批国家物流枢纽建设名单，国家物流枢纽增至 70 家，支持重大物流基础设施互联成网，形成枢纽经济新增长极。国务院办公厅印发《推进多式联运发展优化调整运输结构工作方案》提出，“到 2025 年，多式联运发展水平明显提升，基本形成大宗货物及集装箱中长距离运输以铁路和水路为主的发展格局，全国铁路和水路货运量比 2020 年分别增长 10% 和 12% 左右，集装箱铁水联运量年均增长 15% 以上”。

解析：当前，作为支撑国民经济发展的基础性、战略性、先导性产业，物流业正处于向高质量发展的转型关口。物流企业对实现降本增效、不断扩大市场的需求持续加强，与智能物流装备供应商抱团发展，共同构建行业命运共同体成为大势所趋。

任务一　认识现代物流装备——开启探索之旅

任务导入

企业自动化物流系统装备是集光、机、电、信息等技术为一体的多学科的高技术系统工程，通过应用系统集成的方法，借助于现代的叉车、托盘、货架、输送分拣系统设备、信息处理系统等技术装备，使各种物料最合理、经济、有效地流动，并使物流、信息流、商流在计算机的集成控制管理下，实现信息化、自动化、网络化、智能化、快捷化、合理化、集成化。

近年来，物流装备已进入快速发展阶段。在物流的各个环节，物流装备都得到了一定的应用，社会上不断涌现出专业化的新型物流装备和新技术物流装备。

必备知识

一、现代物流装备的概念

现代物流装备是指用于储存、装卸搬运、运输、包装、流通加工、分拣、配送、信息采集与处理等物流活动的设备的总称。

二、现代物流装备的分类

现代物流装备按功能可划分为运输装备、装卸搬运装备、仓储设施与设备、包装与流通加工装备、智能分拣与拣选装备、智能配送装备、信息采集与处理装备等。图1-1为各物流环节所涉及的主要物流装备。

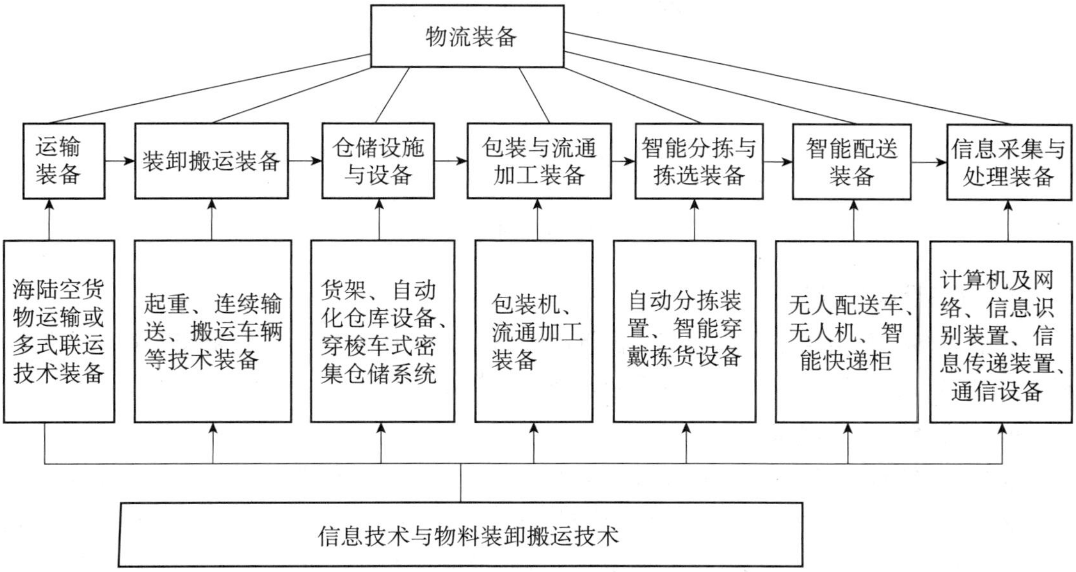

图1-1　各物流环节所涉及的主要物流装备

1. 运输装备

运输装备，是指用于较长距离输送货物的设备。运输是物流的主要功能之一，其通过运输活动，使商品发生场所、空间的转移，解决物资在生产地点和需要地点之间的空间距离问题，创造商品的空间效用，满足社会需要。根据运输方式不同，运输装备主要分为公路运输装备、铁路运输装备、水路运输装备、航空运输装备和管道运输装备五种类型。

2. 装卸搬运装备

装卸搬运装备，是指用来搬移、升降、装卸和短距离输送物料或货物的机械设备。装卸是在指定地点以人力或机械将物品装入运输设备或从运输设备内卸下的作业活动。装卸是一种以垂直方向移动为主的物流活动，包括物品装入、卸出、分拣、备货等作业行为。搬运则是指在同一场所内，对物品进行的以水平方向移动为主的物流作业。装卸搬运装备如图 1－2 所示。

- 装卸搬运装备
  - 工业搬运车辆
    - 搬运车、牵引车、推顶车、
    - 叉车、拣选车、堆垛跨车、
    - 装载机
  - 旋转运行式起重车辆
    - 汽车起重机
    - 轮胎起重机
    - 履带起重机
  - 旋转运行式起重机
    - 轨道门座起重机
    - 轨道塔式起重机
  - 旋转固定式起重机
    - 门座起重机
    - 固定简易起重机
    - 浮船起重机
    - 塔式起重机
  - 门（桥）式起重机
    - 轨道式龙门起重机
    - 轮胎行走式龙门起重机
    - 桥式起重机

图 1－2　装卸搬运装备

3. 仓储设施与设备

仓储设备，是指用于物资储藏、保管的设备。常用的仓储设备有货架、托盘、周转箱、计量设备、通风设备、温湿度控制设备、养护设备和消防设备等。

4. 包装与流通加工设备

包装装备即包装机械，是指完成全部或部分包装过程的机器设备。包装过程包括充填、裹包、封口等主要工序，以及与其相关的前后工序，如清洗、堆码和拆卸等。此外，包装还包括计量或在包装件上盖印等工序。根据不同的标准，包装可进行不同的分类，如按照包装装备功能标准可分为灌装机械、充填机械、裹包机械、封口机械、贴标机械、清洗机械、干燥机械、杀菌机械、捆扎机械、集装机械、拆卸机械、多功能包装机械以及完成其他包装作业的辅助包装机械。

流通加工装备，是指用于物品包装、分割、计量、分拣、组装、价格贴付、标签贴付、商品检验等作业的专用机械设备。流通加工装备种类繁多，按照不同的分类方法，可分成不同的种类。例如：按照流通加工形式，流通加工装备可分为剪切加工设备、开木下料设备、配煤加工设备、冷冻加工设备、分选加工设备、精制加工设备、分装加工设备、组装加工设备；根据加工对象的不同，流通加工装备可分为金属加工设备、水泥加工设备、玻璃加工设备、木材加工设备、煤炭加工机械、食品加工设备、组装产品的流通加工设备、生产延续的流通加工设备及通用加工设备等。

5. 智能分拣与拣选装备

智能分拣与拣选装备主要有电子标签拣选系统、RF 拣选系统、语音拣选系统、智能穿戴设备拣货系统。其他拣货方式有拣货台车拣货、拣选叉车拣货、AGV 拣货车拣货、流利式货架拣货等。“货到人”拣选系统主要由储存系统、输送系统和拣选工作站组成。

6. 智能配送装备

智能配送装备主要包括无人配送车、配送无人机、智能快递柜等。

7. 信息采集与处理装备

信息采集与处理装备，是指用于物流信息的采集、传输、处理等的物流装备。信息采集与处理装备主要包括计算机及网络、信息识别装置、信息传递装置、通信设备等。

任务实施

实训背景：

电商的高速发展使物流技术与装备快速发展，在电商企业及生产企业中，物流设备先进性也越来越高，在日常生活和网络中都能看到各种物流设备。

实训要求：

3～4 人为一组，列出在日常生活和学习中看过和用过的物流装备，据其用途进行分类。

任务二 洞察现代物流装备的现状与发展趋势——把握行业脉搏

任务导入

随着近些年工业互联网、云技术、人工智能技术的发展，智慧物流也呈现出愈加迅速的发展趋势。

智能物流仓储装备包括自动化立体仓库、多层穿梭车、巷道堆垛机、自动分拣机、自动引导搬运车等，通过人工智能终端可以利用射频识别、红外感应、激光扫描等技术知识获取物料的各种社会属性数据信息，以及在工厂内的流动资产情况。同时，智能仓储设备与 ERP、WMS 等系统的集成，使进出仓和货位管理信息透明化，打通了仓库与生产现场之间的信息流。生产现场可通过系统作业指导书向各类仓储设备下达物流要求，实现物料的自动发货。

如今智能化设备已经被各大物流企业运用在仓储、运输、配送等领域，如菜鸟开发仓内机器人，苏宁大力发展无人仓，京东物流研发智能物流设备——配送机器人 4.0 和室内移动通用平台。

必备知识

一、现代物流装备的现状

1. 基础设施网络日趋完善

截至 2022 年底，全国铁路运营里程达到 15.5 万千米，其中高铁 4.2 万千米；公路总里程 535 万千米左右，其中高速公路 17.7 万千米；全国港口拥有生产性码头泊位 2.1 万个，其中万吨级及以上泊位 2 751 个，国家高等级航道里程超过 1.6 万千米。

民用颁证机场达到 254 个；实现“乡乡设所、村村通邮”，95% 建制村实现快递服务覆盖。全国共有 53 个城市开通运营城市轨道交通，运营里程 9 584 千米。

2. 运输、仓储、物流中心设备快速增长

2022 年 2 月 18 日，中华全国供销合作总社发布《全国供销合作社“十四五”公共型农产品冷链物流发展专项规划》，明确“十四五”期间，全国供销合作社系统将建成 600 个县域产地农产品冷链物流中心、100 个农产品冷链物流枢纽基地、200 个城市销地农产品冷链物流中心。截至 2022 年底，我国综合交通网突破 600 万千米，总规模居世界前列；客货运输量和周转量、港口货物吞吐量、快递业务量连续多年位居世界前列。

冷链物流的作用和价值越发凸显，已经由新兴需求转变为社会发展的基础设施与刚性需求，进入了发展快车道。2023 年上半年快递业务量超 600 亿件，行业积极服务跨境电商发展，加快协同出海步伐。

随着制造业物流社会化、城乡物流一体化，电商推动下的商贸物流加快发展，上海自贸区的设立，丝绸之路经济带、中国东盟互联互通等战略的提出，物流装备继续保持快速增长的状态。

3. 技术装备条件明显改善

中国经济的持续健康发展和物流产业战略地位的提升，为物流装备行业创造了广阔的发展空间；智能制造的大力推进，为物流装备的发展带来巨大的市场需求，物流技术装备行业正在悄然崛起。国家“十四五”规划，其中有多项与物流装备行业密切相关，鼓励智能物流装备的发展与实践。物流技术装备业面临着较好的宏观经济环境与产业政策环境。

二、现代物流装备的发展趋势

物流是社会经济发展的产物，必然会随着社会经济的发展而呈现多样化的特征。而物流装备是组织实施物流活动的重要工具，是物流活动的基础。为了适应现代物流的需求，物流装备呈如下发展趋势：

1. 大型化和高速化

大型化是指设备的容量、规模、能力越来越大，有助于实现物流规模效应。高速化是指设备的运转速度、运行速度、识别速度、运算速度大大加快。

2. 实用化和轻型化

仓储物流装备是在通用的场合使用，应具备好用、易维护、易操作等特性，具有耐久性、无故障性和良好的经济性，以及较高的安全性、可靠性和环保性。这类设备批量较大、用途广，考虑综合效益，可降低外形高度，简化结构，降低造价，同时也可减少设备的运行成本。

3. 专用化和通用化

随着物流的多样化，物流装备的品种越来越多且不断更新。物流活动的系统性、一致性、经济性、机动性、快速化，要求一些设备向专用化方向发展，又有一些设备向通用化方向发展。

物流装备专用化是提高物流效率的基础，主要体现在两个方面：一是物流装备专用化，二是运输方式专用化。物流装备专用化是以物流工具为主体的物流对象专用化，如从客货混载到客货分载，出现了专门运输客货物的飞机、轮船、汽车以及专用车辆等设备和设施。运输方式专用化中比较典型的是海运，海运几乎在世界范围内放弃了客运，主要从事货运。管道运输就是为输送特殊货物而发展起来的一种专用运输方式。

通用化主要以集装箱运输的发展为代表。国外研制的公路、铁路两用车辆与机车，可直接实现公路铁路运输方式的转换，公路运输用大型集装箱拖车可运载海运、空运、铁运的所有尺寸的集装箱，还有客货两用飞机、水空两用飞机及正在研究的载客管道运输等。通用化的运输工具为物流系统供应链保持高效率提供了基本保证。通用化设备还可以实现物流作业的快速转换，可极大提高物流作业效率。

4. 自动化和智能化

自动化与智能化是物流设备的发展方向，传统物流设备技术已经非常成熟，当前物流系统中越来越多地引入物联网、AI 等技术，通过数据收集与分析、算法优化，提高运营效率，降低物流成本。利用 5G、AI 等技术助力物流系统智慧化升级，将会成为新的市场增长点。

5. 成套化和系统化

只有当组成物流系统的设备成套、匹配时，物流系统才是最有效、最经济的。在物流装备单机自动化的基础上，通过计算机把各种物流装备组成一个集成系统，通过中央控制室的控制，与物流系统协调配合，形成不同机种的最佳匹配和组合，将会取长补短，发挥最佳效用，如工厂生产搬运自动化系统、货物配送集散系统、集装箱装卸搬运系统、货物自动分拣与搬运系统等。

6. 绿色化

绿色化就是要达到环保要求，这涉及两个方面：一是与牵引动力的发展以及制造、辅助材料等有关，二是与使用有关。对于牵引动力的发展，一要提高牵引动力，二要有效利用能源，减少污染排放，使用清洁能源及新型动力。对于使用因素，包括对各物流设备的维护、合理调度、恰当使用等。如研发使用电能、氢能等能源的叉车替代内燃叉车，以及堆垛机、托盘等产品的轻量化等。

阅读材料：智慧创新联通未来

三、现代物流装备的发展措施

借鉴国外物流装备发展的先进经验，结合我国物流发展的实际情况及存在的主要问题，可以采取如下措施来加快我国物流装备的发展：

（1）加快物流装备标准制定工作。物流装备标准化对于提高物流运作效率起着至关重要的作用。统一的标准有利于各种设备之间的相互衔接配套，有利于物流企业之间的业务合作，从而缩短物流作业时间，提高生产效率，改善物流服务质量，减少物流成本在生产总成本中所占的比重。

（2）加大对物流装备的投资力度，注重多元化投资。对物流装备的实际应用情况进行调查研究，注重发展技术含量高的物流装备，有意识地淘汰陈旧落后，效率差、安全性能低的物流装备，配置先进物流机械设施，如运输系统中的新型机车、大型汽车、特种专用车辆，仓储系统中的自动化立体仓库、高层货架，搬运系统中的起重机、叉车、集装箱搬运设备、自动分拣和监测设备等。

（3）规范物流装备供应商的经营行为。鼓励其扩大经营规模，提高技术水平和设计能力，从而为物流企业提供更好的物流装备。

（4）引导物流企业在选择物流装备时，不仅注重设备的价格，还要注重设备的质量、安全性能以及对整个系统的作用，结合自身实际需要选择合适的物流装备，使整个系统效益最优。

（5）提高物流企业和各级政府对物流装备在物流发展中的认识，使其在进行物流装备系统规划设计时能通盘考虑，避免使用不便和资源浪费。

（6）无论是物流企业还是各级政府都要把物流装备管理纳入物流管理的内容。物流装备是物流成本的一部分，应重视物流装备的管理和研究，提高物流装备的使用效率，尽量减少物流装备的闲置时间。同时应注重对物流装备安全性能的检测和维修，减缓设备磨损速度，延长其使用寿命，防止设备非正常损坏，保障其正常运行。

课堂讨论： 学校快递站或附近快递企业所应用的物流装备有哪些？请进一步分析快递业的网点发展需要用到什么设备。

任务实施

实训背景：

顺丰通过智慧物流系统引入、科技手段加持，持续提升快件运转效率。顺丰自主研发的快件调拨系统，能够实时对快递员快件情况进行系统跟进，将快件分流，以保证运转效率。除了提升快件投递效率，绿色快递可持续发展被顺丰视为更为重要的社会责任。目前各大快递公司都在快速推进绿色转型升级，利用科技创新，持续提升自身资源利用效率，减少各业务环节的碳排放，为生态环保建设做出行业贡献。

实训要求：

3~4人为一组，调研学校快递站或附近快递企业，分析其完成一个快递单所需要的工作流程及需要用到的设备，分析如何实现绿色高效运作。

任务三　掌握现代物流装备的配置与管理策略——成为物流达人

任务导入

河北医药公司总建筑面积40 000余平方米，其中办公、经营用综合楼1 000余平方米，仓库面积5 000余平方米，经营范围主要包括：中药材、中药饮片、中成药，化学原料药及其制剂，抗生素原料药及其制剂，生化药品、生物制品、蛋白同化制剂、肽类激素、第二类精神药品制剂的批发，Ⅰ类、Ⅱ类、Ⅲ类医疗器械的批发，并开展第三方药品物流服务等。

本次海胜承建的自动化立体库项目占地5 000平方米，采用“多层穿梭车系统”（见图1-3）的存储模式，拥有9 000余货位、7 000多个钢托盘，属于密集存储项目。料箱内装塑料包装的药品成品，每个料箱重25千克，项目配置有海胜自主研发的穿梭车6台、换层提升机3台、货架端头输送线及库前料箱输送线1套。

海胜智能多层穿梭车系统由多层货架、多层穿梭车、库前缓存输送机、提升机、货到人拣选站和软件系统组成。自动化的“货到人”拣选避免了人员的行走，极大地提高了产品出入库的拣选效率，从根本上减少了对人工的依赖。

图1-3 多层穿梭车系统

必备知识

一、现代物流装备的特点

现代物流装备体现了现代物流技术的发展。我国近几年来的物流装备现代化水平不断提高，在一些大型物流和生产企业，设备的先进性已与国外先进水平相差不大。这些设备的自动化程度较高，体现出集成化、大型化和生产连续化的趋势。这些设备往往具有一些共同的特点，主要表现在：

（1）设备的社会化程度越来越高，设备结构越来越复杂，并且从研究、设计到生产直至报废的各环节之间相互依赖、相互制约。

（2）设备出现了“四化”趋势，即连续化、大型化、高速化、电子化，提高了生产率。

（3）能源密集型的设备居多，能源消耗大，同时现代设备投资和使用费用十分高昂，是资金密集型的，因而提高经济效益对物流企业来说非常重要。

二、物流装备选用与配置的原则

物流机械设备一般投资较大，使用期限较长。在选择和配置时，一定要进行科学决策和统一规划。物流装备的选用，除根据需要外，还应因地制宜，结合作业场地、货物的种类和特性、货运量大小、运输车辆或船舶的类型、运输组织方法、货物储存方式、各设备在物流系统中的作用等，重新设计、制造或是购置，并进行技术经济论证，以选择最优方案。其选择原则如下：

1. 系统化原则

系统化就是在物流装备的选择与配置中用系统的观点和方法，对物流装备运行所涉及的各环节进行系统分析，把各个物流装备与物流系统总目标、物流装备之间、物流装备与操作人员之间、物流装备与物流作业任务等有机结合起来，改善各个环节的机能，使物流装备配置、选择最佳，使物流装备发挥最大的效能，并使物流系统整体效益最优。

2. 适用性原则

适用性是指物流机械设备满足使用要求的能力，包括适应性和实用性。适应性是指物流装备应适应货物的性状要求。货物的化学、物理性质以及外部形状和包装千差万别，例如：散堆装货物，其颗粒的大小不等；成件货物有的有包装（袋装、箱装、桶装），有的无包装，有的易碎，有的不能倒置等。此外，货物的质量体积和长度又各不相同。在选择装卸机械时，必须与货物性状相符，以确保作业的安全和货物的完整无损。实用性是指物流装备应满足货运量的需要。物流装备的生产能力主要取决于物流量的大小，应选择投资较少、性能恰当的设备。

3. 经济性原则

经济性是指物流装备的生命周期成本低。选择物流装备时，应全面考察物流装备的价格和运行费用，选择整个生命周期费用低的物流机械设备，如各设备应操纵灵活、维护修理方便、有较长的使用寿命、使用费用低、消耗能源少、生产率高、辅助人员少等，只有这样才能取得良好的经济效益。

4. 超前性原则

随着物流需求的增多及物流技术的飞速发展，在选择设备时应长远考虑，使它们能满足今后一定的物流作业提升要求，适应经济的发展，这也是减少投资、提高适应性的有效途径。

5. 可靠性和安全性原则

可靠性是指物流机械设备在规定的使用时间和条件下，完成规定功能的能力。安全性是指物流机械设备在使用过程中保证人身和货物安全以及环境免遭危害的能力。随着物流作业现代化水平的提高，可靠性和安全性日益成为衡量设备好坏的重要因素。在配置与选择物流机械设备时，应充分考虑物流机械设备的可靠性和安全性，以提高物流机械设备利用率，防止人身事故，保证物流作业顺利进行。

6. 环保性原则

全球环境的恶化和人们环保意识的增强对物流装备提出了更高的要求，在选用物流装备时，应优先考虑对环境污染小的绿色产品或节能产品。

三、物流装备的选用与配置

1. 制定设备规划

设备规划是企业根据生产经营发展总体规划和本企业设备结构的现状而制定的用于提高企业设备结构合理化程度和机械化作业水平的指导性计划。科学的设备规划能减少购置设备的盲目性，使企业的有限投资保证重点需要，从而提高投资效益。

设备规划的编制依据主要有：企业经营发展的需要，现有设备的技术状况，有关安全、环境保护、节能等方面法规的要求，国内外新型设备的发展和科技信息，可筹集用于设备投资的资金。

2. 收集相关资料

（1）经济资料。货物的种类及其特性、货运量、作业能力、货物流向等是最主要的经济资料。它们直接影响着物流装备的配置与选择。因此，必须多渠道、正确地搜集这些资料。在搜集有关经济资料时，不仅要掌握目前和近期的情况，而且需要摸清远景的发展或变化趋势。调查所得的资料应加以必要的整理、审查、核实、分析研究，并做出有关的统计分析表。

（2）技术资料。技术资料包括物流装备技术性能现状及发展趋势，物流装备市场货源情报，物流装备的各项技术性能参数、质量指标、作业能力和效率，生产厂商的服务质量和信誉，使用单位对其设备的反映和评价，货源及供货时间，以及订货渠道、价格、随机附件和售后服务等情况。这些资料是从整体上把握物流装备技术状况的重要依据。

（3）自然条件资料。自然条件资料主要包括货场仓库条件、地基的承受能力、地基基础、作业空间等。

3. 拟定初步方案

对于同一类货物，同一作业线，同一个物流作业过程，可以选用不同的物流装备。因而在拟定初步方案时，就可能提出几个甚至更多具有不同优缺点的配置方案。然后，按照配置原则和作业要求确定配置物流装备的主要性能，分析各个初步方案的优缺点，并进行初步选择，去劣存优，最后保留 2 ~ 3 个较为可行的、各具优缺点的初步方案，并估算出它们的投资，计算出物流装备生产率或作业能力以及初步的需要数量。

4. 技术经济评价与方案的确定

为了比较各种配置方案，企业有关部门可进行可行性论证和技术经济评价，选出最优的机型和厂家作为第一方案，同时准备第二、第三方案以应付订货情况变化的需要，经主管领导及部门批准后定案。

四、物流装备管理

现代物流装备管理是以物流装备的一生为研究对象，在设备生命的各个阶段都认真采取和执行行之有效的措施，追求生命周期费用最经济和设备综合效率最高。

1. 设备前期管理

设备前期管理是指从规划到投产这一阶段的全部工作，包括参与设备方案的构思、调研、论证和决策；设备市场货源的情报收集、整理和分析；标书的编制、费用预算、实施程序；设备选型、采购、订货、合同管理；设备安装、调整和试运转；设备初期使用的效果分析和信息反馈等。要对设备前期管理的各个环节进行有效的组织、安排、协调，为搞好后期管理创造条件。

在前期管理中，关键在于选型或设计这一环节，普遍认为这是前期管理的决策点。决定设备选用何种机型或设计方案后，85%左右的设备生命周期费用就被决定了。如果此时决策有误，今后的损失很难挽回，因此前期管理是非常重要的。

《机械工业企业设备管理规定》中的第二至第七点明确指出："设备管理工作要抓前期管理，设备部门要参与外购设备的合理选型、择优购置、检查验收和自制设备的设计、制造等工作，把买、造、用、修结合起来。"

设备投产后，在设备试运转及初期投产阶段，最好由设计、制造和使用部门组成的集成化工作小组来负责进行，这样可以较快地排除初期故障，确定合理的操作规程，使设备早日投入正常生产和运行。

2. 设备使用阶段管理

（1）采用合理的维修方式。对各种设备的不同故障采用不同的维修方式，将会降低维修费用，提高设备的有效利用率，减少停机时间及停机损失。

（2）完善维修所需的技术文件。在采购设备时，必须重视维修所需要的技术文件及资料，对关键设备更需要对其设计和操作情况做更深的了解。齐全的技术文件和资料将大大有利于维修工作的安排。有了详细的技术档案资料，维修工作就并不一定要依赖于某个个人，新工人也能比较容易地熟悉这项工作。因此，在向制造厂商订货时，应包含维修所需要的全部资料。

五、现代物流装备的保养与维护

在设备维修中，经过长期实践，我国亦与世界各国一样，强调预防为主的设备维护保养观。物流装备的维护保养可采用"日常保养"和"定期保养"的二级保养制度。

1. 物流装备的日常保养

物流装备的日常保养是全部维护工作的基础。它的特点是经常化、制度化。其具体内容有：搞好清洁卫生；检查设备的润滑情况，定时、定点加油；紧固易松动的螺丝和零部件；检查设备是否有漏油、漏气、漏电等情况；检查各防护、保险装置及操纵机构、变速机构是否灵敏可靠，零部件是否完整。

2. 物流装备的定期保养

物流装备的定期保养是指物流装备运行一定间隔时间后，由操作人员和保养人员按规范有计划地强制性保养。这是对物流装备的全面性维护工作，是使物流装备能经常保持良好技术状态的预防性措施。如装卸机械在使用过程中，由于存在运动、摩擦、内部应力等过程，必然会导致技术状态的不断劣化，并且通过机械零部件松动、温升异常、异响等现象表现出来。定期地对机械进行保养，使机械运转情况得到及时改善，消除各种磨损和损坏，有利于保持机械的正常性能，延长使用期。

定期保养的基本内容有：

（1）对机械进行清洁和擦洗；

（2）检查、调整、紧固各操纵、传动、连接机构的零部件；

（3）对各润滑点进行检查，注油或清洗换油；

（4）调整和检查安全保护装置，保证其灵敏可靠；

（5）更换已磨损的零部件；

（6）使用相应的检测仪器和工具，按规范对主要测试点进行检测，并做好检测记录。

任务实施

实训背景：

新年伊始，甘肃天水的李阿姨收到一份礼物，是一盆来自山东菏泽的牡丹花。跨越 1 000 多千米，牡丹依然含苞待放，这场运输大接力是如何做到的？

这盆鲜花在山东菏泽经过打包后被装进温控车里，车身外壳下藏着能让鲜花保鲜的秘密武器，通过 AR 技术能透视到车体内部，看清楚它是如何调控温度的。车厢内的两个橙色小零件就是温度传感器的探头，它们能实时感知车内的温度，再由出风口来释放冷气，调节车内温度。鲜花上路后以最快的速度来到了西北最大的智能分拨中心，鲜花包裹上了传输带，首先迎接它的就是单件分离器，它能调整包裹的运动速度，让包裹保持适当的间距。动态电子秤和光幕传感器能够在传输带上为包裹精准称重、测量规格大小。途中，无论包裹的单据朝向哪一面，光电传感器都会进行无死角扫描，准确读取包裹来自哪里、去向哪里。

长途跋涉后，载着鲜花的三轮车驶上了乡村公路，向着李阿姨家奔去。快递小哥手机上的定位功能将他与云端的大数据连接在一起，为他计算出最佳配送路线。

物流安装上智慧的大脑，为千家万户传递着美好生活。

实训要求：

3～4 人为一组，完成以下任务：

（1）列出鲜花运输过程中涉及的设备和技术。

（2）基于对学校周边快递站以及在企业实习参观中的所见所闻，探讨物流设备当下的应用情况以及未来的发展趋势。

项目小结

本项目涉及的知识点包括现代物流装备的概念及分类、现代物流装备的现状与发展趋势、现代物流装备的配置与管理等。在当前中国经济转型升级的大环境下，中国物流装备产业正在迎来巨大的发展机遇，先进的物流技术装备保持高速增长。

项目自测

一、单项选择题

1. 下列不属于物流装备的是（　　）。

A. 起重机　　B. 集装箱

C. 信息采集和处理设备　　D. 海港

2. 使设备操纵灵活、维护修理方便、有较长的使用寿命，符合物流装备选用与配置的（　　）原则。

A. 系统化　　B. 适用性　　C. 环保性　　D. 经济性

二、多项选择题

1. 物流装备选用与配置的原则包括（　　）。

A. 系统化原则　　B. 适用性原则

C. 经济性原则　　D. 超前性原则

E. 环保性原则

2. 物流装备的发展趋势包括（　　）。

A. 大型化和高速化　　B. 实用化和轻型化

C. 专用化和通用化　　D. 自动化和智能化

E. 绿色化

三、判断题

1. 物流装备的智能化是物流自动化、信息化的更高层次。（　　）

2. 物流装备的维护保养采用“日常保养”和“强制保养”的二级保养制度。（　　）

四、简答题

1. 现代物流装备有何特点？

2. 怎样进行物流装备的选用和配置？

五、案例分析题

菜鸟国际快递美国分拨中心增至 5 个，推出多元化商业快递服务

最近，菜鸟国际快递北美分拨中心“上新”不断。试运营后的菜鸟达拉斯和芝加哥分拨中心于 2023 年 7 月 13 日正式启用。加上此前投入运营的洛杉矶、纽约、迈阿密分拨中心，菜鸟美国分拨中心已增至 5 个。配合美国 5 大口岸，菜鸟在当地搭建了多元商业快递生态系统，包含落地配、区域邮政直送（DDU）和全国性配送等国际快递服务，针对跨境和本地商家的不同物流时效和成本需求。具体来说，菜鸟美国落地配已覆盖洛杉矶、旧金山、迈阿密等高密度核心城市群。在货物进入口岸完成清关后，菜鸟即可安排货物进入当地分拨中心，根据末端配送地址分区的颗粒度进行精细化分拣。在仓内自动流水线和分拣机器的提速下，菜鸟承运的 90% 的国际快递可实现“小时级”分拣，当天晚上 8 时前入库的货物，次日凌晨即可出库配送。

问题：与传统物流装备相比，智慧物流装备有哪些特征？

项目二
物流运输装备应用

学习目标

※ **应知目标**

- 掌握载运工具的类型
- 了解各类载运工具的运输特点
- 掌握典型载运工具的应用

※ **应会目标**

- 能够熟练应用载运工具
- 能够对载运工具进行正确选择

※ **素养目标**

- 结合我国交通基础设施的迅猛发展及相应配套设施的建立健全，增强自信心和自豪感，成为担当民族复兴大任的时代新人

引导案例

中国高铁发展

2022 年 6 月，京广高铁京武段常态化按时速 350 千米高标运营的试验工作启动。由 310 千米提升至 350 千米并非多踩一下油门那么简单，其涉及数以万计的高铁列车运行控制系统的数据修改和核对。面对时间紧、任务重、技术难度高的调试工作，郑小燕先后编制了 CTCS－3 级列控系统 RBC（无线闭塞中心）升级试验表 300 张、6 300 个项点，校核数据达 35 500 余个，确保高铁信号设备的联锁关系和列控数据达到 100% 正确。

中国高铁是当之无愧的中国名片。据了解，中国高铁是世界上运营里程最长、在建规模最大、拥有动车组列车最多、运营最繁忙的高铁体系，已经安全运营了 30 亿千米，安全运送旅客 30 亿人次。在交通强国、铁路先行的新征程中，我国将继续发挥铁路技术骨干的专业优势，加快推进中国高铁运维领域原创性、引领性科技攻关，让中国高铁安全、高效地飞驰在祖国广袤的大地上。

解析：运输是物流的核心和基础，是实现物质流通的主要手段，也是调整产业结构、提高劳动生产率、改善人民生活水平的动因。发达的运输可以促进资源开发，缩小城乡差别，促进规模经济和社会分工的发展，发展横向联合以及扩大市场空间。运输不仅是国民经济和工农业生产的重要环节，也是社会精神文明传播的触角和导线，是实现与世界各国进行政治、文化交流及友好往来的重要桥梁。按运行方式不同，运输装备可以分为公路运输装备、铁路运输装备、水路运输装备、航空运输装备和管道运输装备五大类型。本章主要介绍前四种运输装备的结构、分类、特点、性能、适用领域以及装载要求等。

任务一　公路运输装备应用——探索高效运输之路

任务导入

公路运输是指使用公路设备与设施运送物品的一种运输方式。其特点是机动、灵活，投资少，受自然条件限制小，能够取货（接客）到家，为铁路、水运、空运起集散作用。公路运输主要承担近距离、小批量的货运和水路、铁路运输难以到达地区的长途、大批量货运及铁路、水路优势难以发挥的短途运输。由于公路运输有很强的灵活性，近年来，随着我国高速公路的快速建设，在有铁路、水路的地区，较长途的大批量运输也开始使用公路运输。公路和我们的实际生活存在密不可分的关系，是国家开展生产经营活动必不可少的支持条件，是一项关系国计民生的大事。

必备知识

一、汽车的基本结构

汽车是自带动力装置驱动、无架线的运载工具。汽车的类型很多，但都由发动机、底盘、电气设备和车身四大部分组成。图 2－1 为普通载货汽车的总体构造。

1. 发动机

发动机是汽车的动力装置。其作用是将燃料燃烧时产生的热能转变成机械能，并通过底盘的传动系将动力传到驱动车轮，使汽车行驶。

2. 底盘

底盘是汽车的基础。其作用是支承汽车质量，接受发动机的动力，并保证汽车能够安全正常行驶。它由传动系、行驶系、转向系和制动系组成。

3. 电气设备

电气设备由电源和用电设备两大部分组成。电气设备的作用是保证发动机正常运行、汽车安全行驶和乘客乘坐舒适。

4. 车身

车身用以安置驾驶员、乘客和货物。客车和轿车车身一般为整体式结构，货车车身通常由驾驶室和货厢两部分组成。

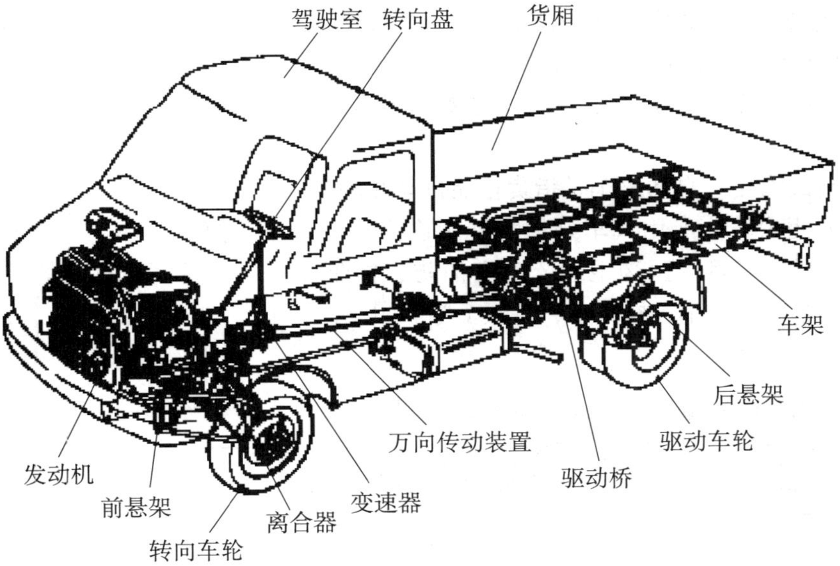

图 2－1　普通载货汽车的总体构造

二、汽车的分类与型号

1. 汽车的分类

现代汽车的种类繁多，各国的分类方法各不相同。我国习惯上按用途和结构把汽车分为以下几种类型。

（1）轿车。轿车是指乘坐 2 ~ 8 人的小型载客汽车。轿车一般按发动机排量分级（见表 2 - 1）。

表 2 - 1　轿车的分类

类型	微型	普通型	中级	中高级	高级
发动机排量（L）	≤1.0	1.0 ~ 1.6（包含 1.6）	1.6 ~ 2.5（包含 2.5）	2.5 ~ 4.0（包含 4.0）	>4.0

（2）客车。客车是指乘坐 9 人以上的载客汽车。客车按车辆长度分为微型、轻型、中型、大型和特大型客车。

（3）载货汽车。载货汽车主要用于运送各种货物。载货汽车按其最大总质量划分类型（见表 2 - 2）。

表 2 - 2　载货汽车的分类

类型	微型	轻型	中型	重型
总质量（t）	≤1.8	1.8 ~ 6.0（包含 6.0）	6.0 ~ 14.0（包含 14.0）	>14.0

（4）越野汽车。越野汽车是指主要用于非公路上载运人员和货物的牵引设备。越野汽车的全部车轮都可以作为驱动轮。

（5）牵引汽车。牵引汽车专门或主要用于牵引挂车，可分为全挂牵引车和半挂牵引车。

（6）自卸汽车。自卸汽车是指货箱能自动倾翻的载货汽车。

（7）专用汽车。专用汽车是指特种用途汽车，分布于商业、环保、建筑、农牧副渔、石油地质、机场、医药卫生、公安消防、林业等领域，提供相对应的专门作业服务，如救护车、消防车、检测车、冷藏车等。

2. 汽车的型号

我国的汽车产品型号表示方法如图 2 - 2 所示。

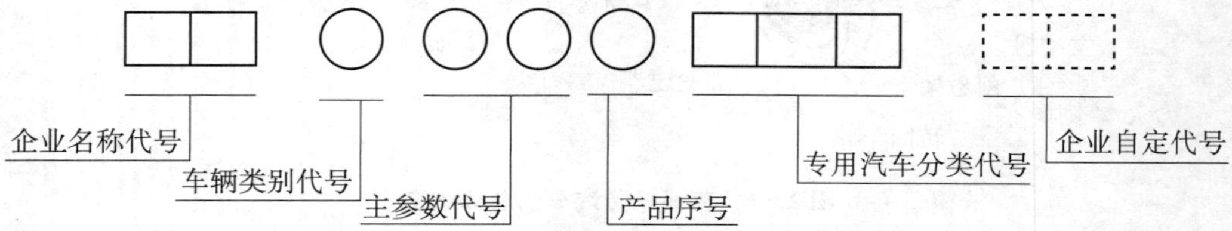

图 2 - 2　汽车产品型号表示方法

企业名称代号一般由企业名称前两个汉字的第一个拼音字母组成。

车辆类别代号用一个阿拉伯数字表示，见表 2-3 的规定。

表 2-3 车辆类别代号

类别代号	车辆种类	类别代号	车辆种类	类别代号	车辆种类
1	载货汽车	4	牵引汽车	7	轿车
2	越野汽车	5	专用汽车	8	未定
3	自卸汽车	6	客车	9	半挂车及专用半挂车

主参数代号：载货汽车、越野汽车、自卸汽车、牵引汽车及半挂车均用车辆总装载质量（t）表示；客车的车辆长度（m）小于 10m 时，应精确到小数点后一位，并以其值的十倍数表示；轿车的发动机排量（L），精确到小数点后一位，并以其值的十倍数表示。

专用汽车分类代号：首位，X—厢式汽车，G—罐式汽车，C—仓栅式汽车，T—特种结构汽车等；第 2、3 位为表示其用途的两个汉字的第一个拼音字母。

如 CA1091 表示中国第一汽车集团公司生产的 9.31t 货车（第二代）；JS6820 表示江苏亚星集团公司生产的长度为 8.2m 的中型客车；TJ7100 表示天津微型汽车厂生产的排量为 0.993L 的轿车；EQ4151C 表示东风汽车制造厂生产的 15t 牵引车。

三、汽车运输的特点

1. 操作简单

汽车的运行操作和火车、轮船、飞机相比较简单，很容易掌握，培养一名驾驶员只需 3 个月左右。

2. 自由度大

汽车的适应性很强，可以针对客货的不同情况采取不同的运行形式，如既可以单车运输，也可以拖挂运输；既能散货运输，又能集装箱运输。同一目的地有多种运行线路可以选择，运行时间也可灵活控制等。汽车体积较小，对道路的要求不高，不受车站、港口的限制，可以广泛地深入工厂、矿山、山区、城镇等，具有较大的活动范围，可实现直达运输，是理想的门到门运输工具。

3. 经济性好

汽车相对铁路、航空而言造价较低。就运行成本而言，在中短途运距内，通过高速公路运输，大吨位汽车的运送速度和经济效益均较铁路运输优越。

4. 不适合远程运输

汽车由于装载量小，因此从经济效益上一般适合于 300km 内的中短程运输，超过 300km 运距的运输成本通常要高于铁路。

5. 污染较大

汽车主要以燃油为动力，因此会产生尾气排放、燃油蒸发等问题。同时汽车一般运行在城区附近，所产生的空气污染、噪声污染等远比其他运输装备严重，需要采取特殊的技术、管理手段进行控制，如可采用天然气和酒精作为燃料，加装尾气过滤装置，控制货车进入城区的时间等。

四、载货汽车

1. 汽车的质量参数（单位：kg）

（1）整车整备质量：汽车完全装备好的质量，即包括燃润料、冷却液、随车工具和备用胎的整车质量。

（2）最大装载质量：设计允许的最大装载货物质量。

（3）最大总质量：汽车满载时的总质量（整车整备质量和最大装载质量之和）。

（4）最大轴载质量：汽车单轴所承载的最大总质量。

2. 汽车的主要尺寸参数

汽车的主要尺寸参数（见图2－3）有车长、车宽、车高、轴距、轮距、前悬、后悬、最小离地间隙、接近角、离去角等。

（1）车长：车体纵向的最大尺寸（前后最外端间的距离）。

（2）车宽：车体横向的最大尺寸。

（3）车高：车体最高点到地面间的距离。

（4）轴距：相邻两轴中心线之间的距离。

（5）轮距：同一车桥左右轮胎面中心线（沿地面）间的距离。双胎结构则为双胎中心线间的距离。

（6）前悬：汽车最前端至前轴中心线间的距离。

（7）后悬：汽车最后端至后轴中心线间的距离。

（8）最小离地间隙：满载状态下，底盘下部最低点到地面间的距离。

（9）接近角：车体前部突出点向前轮引的切线与地面间的夹角。

（10）离去角：车体后端突出点向后轮引的切线与地面间的夹角。

3. 汽车的性能参数

（1）最高车速：货车在平坦的公路上所能达到的最大速度。最高车速的大小直接影响物流作业的效率。

（2）最大爬坡度：货车满载时的最大爬坡度。

（3）百公里耗油量：货车在公路上行驶100km的平均燃料消耗量。降低货车的耗油量是降低物流费用的手段之一。

（4）一定车速下的制动距离：在一定车速下，货车制动后所能行走的距离。它反映货车的安全性能。

（5）转弯直径：转向盘转到极限位置时外转向轮的中心平面在车辆支承平面上的轨

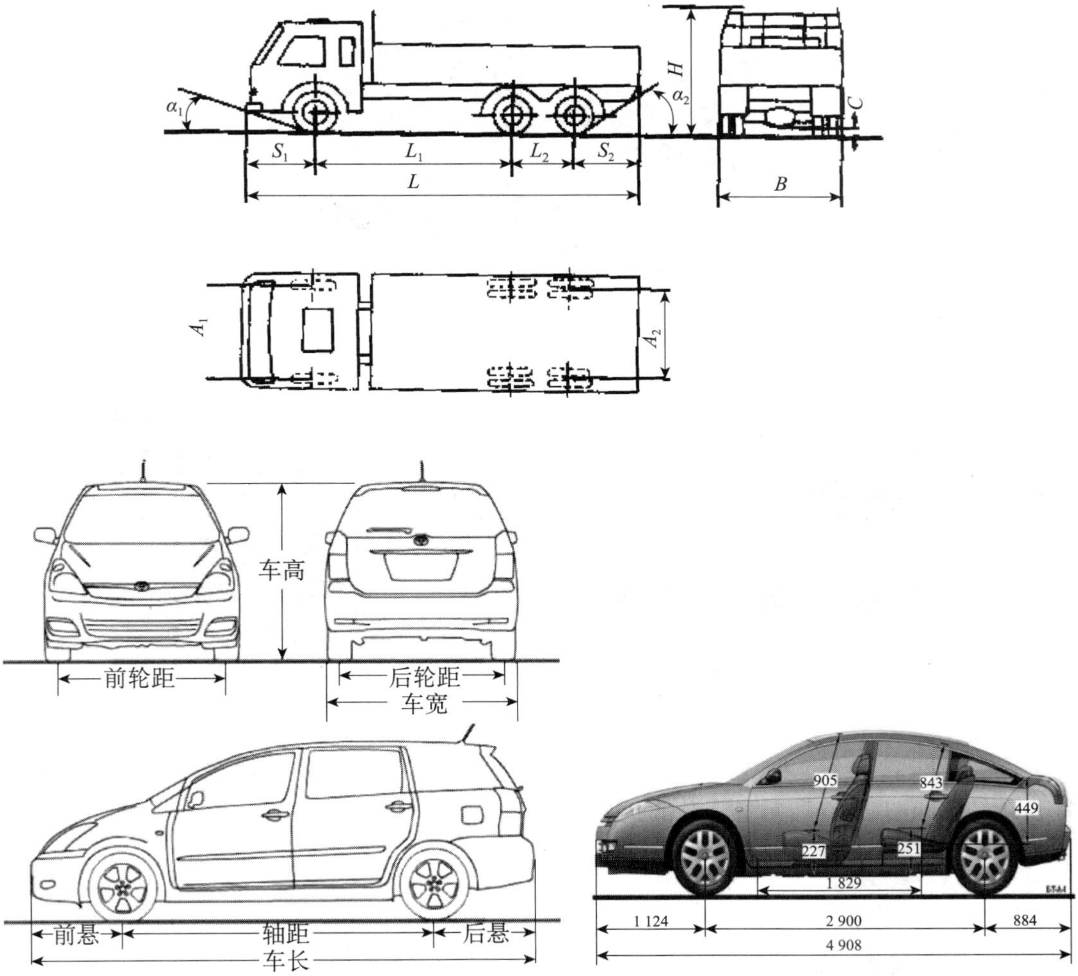

L—车长　B—车宽　H—车高　L_1、L_2—轴距　A_1、A_2—轮距

S_1—前悬　S_2—后悬　C—最小离地间隙　α_1—接近角　α_2—离去角

图2-3　汽车的主要尺寸参数

迹圆直径。

4. 货车的选用

(1) 厢式货车。厢式货车除具备普通车的一切构造外，还必须具备全封闭的厢式车身，便于装卸作业的车门，如图2-4所示。封闭式的车厢可使货物免受风吹、日晒、雨淋，将货物置于车厢内，能防止货物散乱、丢失，安全性好，比较适合于各种家用电器、电子产品、纺织品等轻工产品和邮政运输。

(2) 自卸式货车。自卸式货车可以自动后翻或侧翻，使货物能够依靠本身的重力自行卸下，具有较大的动力和较强的通过能力，如图2-5所示。矿山和建筑工地上的用车一般是自卸式货车。

(a) 普通厢式货车

(b) 厢式保温车

(c) 厢式冷藏车

图 2-4 各类厢式货车

(3) 栏板式货车。栏板式货车具有整车重心低、载重量适中的特点，适用于装卸百货和杂品，如图 2-6 所示。在装卸过程中，可以将拦板打开。

图 2-5 自卸式货车

图 2-6 栏板式货车

(4) 罐式货车。罐式货车具有密封性强的特点，如图 2-7 所示。运送易挥发、易燃、危险品，可选用罐式货车。

(5) 集装箱牵引车和挂车。集装箱牵引车专门用于拖带集装箱挂车或半挂车，两者结合组成车组，是长距离运输集装箱的专用机械。它主要用于港口码头、铁路货场与集装箱堆场之间的运输。集装箱挂车按拖挂方式不同，分为半挂车、全挂车两种，其中以半挂车最为常用。集装箱牵引车和半挂车，可装两个 20ft (1ft = 0.304 8m) 和一个 40ft

集装箱。它由车架、支腿、行走装置、制动装置和集装箱锁定装置组成。集装箱牵引车和挂车如图 2－8 所示。

图 2－7　罐式货车

（a）半挂牵引车　（b）集装箱专用半挂车

图 2－8　集装箱牵引车和挂车

阅读材料：比亚迪——创新的传奇

五、汽车维护管理

汽车在使用过程中，随着行驶里程的增加，各机件和零件必然会产生不同程度的磨损、松动、变形或损坏，导致汽车技术状况的恶化，使汽车的动力性、经济性下降，操纵性、可靠性、平顺性变差。因此，必须按规定对汽车进行维护，使汽车经常保持良好的技术状况。

1. 汽车维护的基本原则

我国的汽车维护贯彻“定期检测、强制维护、视情修理”的基本原则。

2. 汽车维护的主要工作

汽车维护的主要工作有清洁、检查、补给、润滑、紧固和调整等内容。

3. 汽车维护级别的划分

（1）汽车维护的级别。根据汽车不同时期的使用特点，汽车维护分为走合期维护、常规性维护和季节性维护。汽车常规性维护分为日常维护、一级维护、二级维护三种级别。

（2）汽车维护间隔里程。汽车各级维护的间隔里程或使用时间间隔，各车型有别。

由于引进车型的维护规定与国家对汽车强制维护规定的内容有所不同，为保证汽车的合理使用，在汽车实际维护工作中应以厂家规定内容为准。例如：桑塔纳普通型轿车维护规定为日常维护、7 500km 首次维护、15 000km 维护、30 000km 维护四种级别。

4. 汽车日常维护

日常维护是保持汽车正常状况的基础工作，以清洁、补给和安全检视为中心内容，每天出车前、行车中、收车后由驾驶员负责完成。日常维护的好坏，直接影响行车安全。为了预防事故和保证行车安全，了解和掌握汽车的技术状况，在使用汽车时，驾驶员必须坚持进行日常维护。

六、智能网联汽车

智能网联汽车（Intelligent Connected Vehicle，ICV）是车联网与智能车的有机联合，是指搭载先进的车载传感器、控制器、执行器等装置，并融合现代通信与网络技术，实现车与人、路、后台等智能信息交换共享，实现安全、舒适、节能、高效行驶，并最终可替代人来操作的新一代汽车（见图2－9）。智能网联汽车更侧重于解决安全、节能、环保等制约产业发展的核心问题，其本身具备自主的环境感知能力，其聚焦点在车上，发展重点是提高汽车安全性。

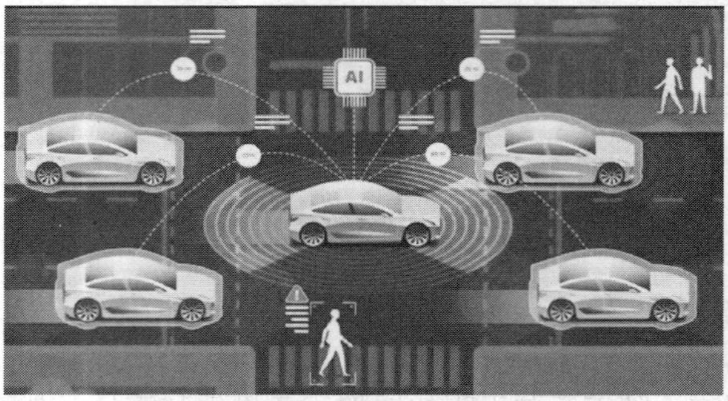

图2－9 智能网联汽车行驶状态图

智能网联汽车是一种跨技术、跨产业领域的新兴汽车体系，不同角度、不同背景对它的理解是有差异的，各国对于智能网联汽车的定义不同，叫法也不尽相同，但终极目标是一样的，即可上路安全行驶的无人驾驶汽车。智能网联汽车主要应用包括无人驾驶卡车和无人配送车。

基于人工智能的自动驾驶系统应用于物流领域，能够有效减少交通事故发生，降低碳排放，让长途货运更加安全、绿色和清洁。此外，自动驾驶还可以通过节省油耗及人力成本，极大地降低物流运输成本。

自动驾驶卡车是智能网联汽车应用于物流领域的主要体现形式。从自动驾驶卡车企业运营情况来看，其商业化的场景应用主要有封闭场景（包括干线物流场景、场内物流场景）、非封闭场景和全场景运营。

（1）干线物流场景运营。以高速公路为主的干线物流市场巨大，自动驾驶需求也大，是目前最大的货运场景之一。在这样的封闭场景中运行，路况较普通公路简单，不可控因素相对较少，自动驾驶技术相对容易落地，而且其产值比较大，因此成为众多企业激烈争夺的理想商业场景。

（2）场内物流场景运营。目前港口、机场、工业园、矿山等也成为货运自动驾驶商业化落地的重要场景。这些场景道路路线相对固定，便于自动驾驶落地，但与干线物流相比，单个产值相对较低，不过从长远而言，它们的综合价值也不容小觑。

（3）非封闭场景运营。除了封闭场景，城市、乡村等非封闭场景也是自动驾驶公司追逐的货运战场。由于非封闭场景的路况等环境更为复杂，因此对货运自动驾驶提出了更高要求。从目前市场情况来看，以城市快递、外卖等“最后一公里”配送为主的低速城市物流场景更容易商业化落地。

（4）全场景运营。全场景运营即实现无人驾驶从干线、支线到终端物流等的全场景覆盖。当前，菜鸟、京东、百度等公司均在积极布局物流全场景的无人驾驶技术装备。

阅读材料：小马智行发布第三代自动驾驶卡车系统：传感器达 20 个

阅读材料：改革——用四年走完十几年的路

课堂讨论： 读完“改革：用四年走完十几年的路”，我们从中能感受到什么？

任务实施

实训背景：

我国 2022 年全年与 2023 年 1—8 月新能源汽车销量如图 2－10 所示。

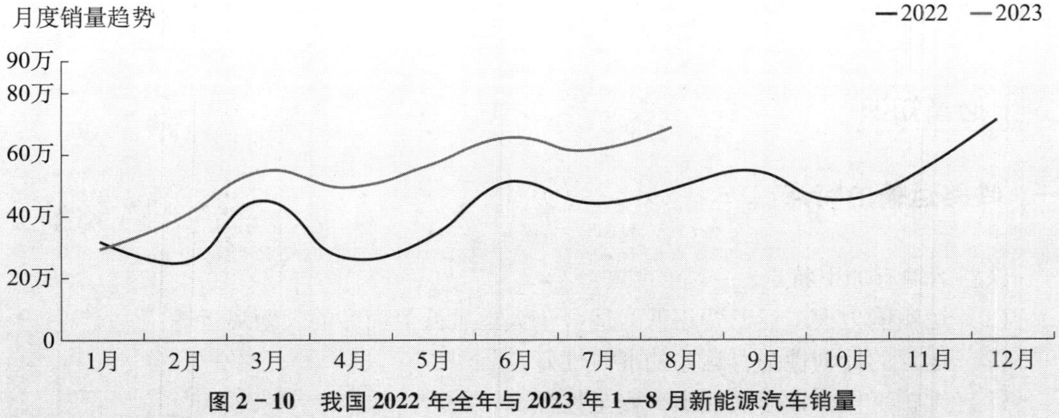

图 2－10　我国 2022 年全年与 2023 年 1—8 月新能源汽车销量

实训要求：

1. 3～4 人为一组，查找燃油车销售情况，与新能源汽车进行对比，谈谈你对新能源汽车发展的看法。

2. 如果你需要购买一辆小轿车，从汽车性能、驾驶安全性等方面考虑，你会选择燃油车还是新能源汽车？

任务二 铁路运输装备应用
——感受钢铁巨龙的力量

任务导入

铁路运输是一种大运量、现代化的陆上运输方式，它是指利用机车、车辆等技术设备沿铺设轨道运行，运送旅客和货物的一种运输方式。铁路运输设备是指通过铁路轨道运行的各种机车与车辆。

“义新欧”中欧班列于2014年11月18日从中国义乌首发，发展至今，不但服务义乌国际商贸城，也服务整个长三角地区，里面既装有义乌小商品市场上的小百货，也有来自绍兴的一些面料，来自上海的一些服装，还有来自江苏的一些电子产品。可以说，“义新欧”把中国制造的各种各样的小商品带向世界各地。在前几年疫情期间，这条线不单单是一条日用百货的运输线，也是疫情物资的一条供给线。疫情期间，“义新欧”中欧班列展现出强大韧性和旺盛的活力，保持开行不停，这不仅为“世界小商品之都”提供了稳定畅通的国际物流运输通道，也向沿线国家和地区展示了维护国际产业链供应链稳定的“钢铁驼队”的可靠形象。

和海运相比，“义新欧”中欧班列的运距和时间（40多天）都大大缩短，义乌已经成为国内开通国际班列最多的城市，进一步加强了中国东部沿海与中亚和欧洲地区的联系。“义新欧”中欧班列也成为浙江参与“一带一路”建设的一张金名片。

必备知识

一、铁路运输的特点

铁路运输有如下特点：

（1）运输能力大，运营费用低，适合于大批量低值商品的长距离运输。

（2）运行的计划性强，运输的准时性好。

（3）维护工作少，耐久性高，安全性强。

（4）可以方便地实现背驮运输、集装箱运输及多式联运。

（5）运行需要进行列车编组、解体和中转改编等作业环节，占用时间较长，因而增加了货物的运输时间。

（6）由于装卸次数多，货物毁损或丢失事故通常比其他运输装备多。

（7）通常需要依靠其他运输装备的配合，才能实现“门到门”运输。

（8）对铁路路线的依赖性强，一旦某一路段发生故障，将影响全线的正常运行。

二、铁路机车

机车是铁路运输的基本动力。由于铁路车辆大都不具备动力装置，因此列车的运行和车辆车站内有目的的移动均需要依靠机车牵引或推送。从原动力来看，机车分为蒸汽机车、内燃机车及电力机车。按运用分，机车分为客运机车、货运机车、调车机车。客运机车要求速度快，货运机车要求功率大，调车机车要有机动灵活的特点。

1. 蒸汽机车

蒸汽机车是通过蒸汽机，把燃料的热能转换成机械功，用来牵引列车的一种机车，如图 2－11 所示。在现代铁路运输中，蒸汽牵引已逐渐被其他新型牵引形式取代。

2. 内燃机车

内燃机车是以内燃机为原动力的一种机车。一般说来，内燃机车由动力装置（即柴油机）、传动装置、车体车架、走行部、辅助设备、制动装置和车钩缓冲装置等主要部分组成。根据传动装置的不同，内燃机车可分为两类：一类是将内燃机所产生的动力，经变速箱以机械的方式传递至车轮，称为柴油机车；另一类则是利用内燃机发电后供给发动机，用电带动车轮产生动力，称为柴电机车，如图 2－12 所示。

我国于 1958 年跨入内燃机时代，至 1997 年内燃机车占总机车数的 62%。东风 4 系列内燃机车是我国铁路干线客货运主型内燃机车，占国产内燃机车总数的一半以上。

图 2－11　蒸汽机车

图 2－12　柴电机车

3. 电力机车

电力机车靠其顶部升起的集电弓从接触网上取得电能，并转换成机械能牵引列车运行。电力机车由电气设备、车体与车架、走行部、车钩缓冲装置和制动装置等主要部分组成，如图 2－13 所示。电力机车功率大，获得能量不受限制，因而启动加速快，爬坡性能强，能高速行驶和牵引较重的列车，容易实现多机牵引，更适用于坡度大、隧道多的山区铁路和繁忙干线。

三、铁路车辆

铁路车辆是指不具备动力装置，连接成车列后由机车牵引运行的铁道运输设备。铁路车辆由车体、车底架、走行部、车钩缓冲装置和制动装置五个基本部分组成。根据其

图2-13 电力机车

用途，车辆可分为客车和货车两大类。

1. 客车

按照旅客旅行生活的需要和长、短途旅客的不同要求，常见的客车有硬座车（YZ）、软座车（RZ）、硬卧车（YW）、软卧车（RW）、餐车（CA）、行李车（XL）、邮政车（UZ）等。其括号内字母为车辆基本型号。

2. 货车

货车是指以运输货物为主要目的的铁路车辆。在特别情况下，货车也可用来运送旅客或兵员。为了适应不同货物的运送要求，货车的种类很多，在物流领域使用的铁路货车主要有：

（1）敞车。敞车（C）是铁路上的一种主要车型，无车厢顶，设有车厢挡板，有高挡板、低挡板等不同类型，如图2-14所示。敞车主要装运建材、木材、钢材，袋装、箱装杂货和散装矿石、煤炭等货物。

图2-14 敞车

（2）棚车。棚车（P）是铁路上主要的封闭式车型，较多采用侧滑开门式，可采用小型叉车、手推车、手车进入车厢内装卸。也有车顶设滑动顶棚式，拉开后和敞车类似，可采用吊车从上部装卸，如图2-15所示。它主要装运防雨、防潮，防止丢失、散失等较贵重的物品。

（3）罐车。罐车（G）是铁道上用于转运气、液、粉等货物的主要专用车型，有横卧圆筒形，也有立置筒形、槽形、漏斗形，如图2-16所示。其可分为装载轻油用罐车、粘油用罐车、酸类罐车、水泥罐车、压缩气体罐车等多种。

图2-15 棚车

图2-16 水泥罐车

（4）漏斗车。漏斗车（K）主要适用于散装货物的机械化装卸，如图 2－17 所示。

（5）保温及冷藏车。保温及冷藏车（B）是能进行调温并能保持一定温度及能进行冷冻运输的车辆，以适应冬、夏等季节生鲜食品的运送，如图 2－18 所示。

图 2－17　漏斗车

（a）加冰冷藏车　　（b）机械冷藏车

图 2－18　冷藏车

（6）特种车。特种车是指装运特殊货物的车辆，如长、大货物车，牲畜装运车，毒品车等，如图 2－19 所示。

（a）毒品车　　（b）钳夹车

图 2－19　特种车

四、货车装载要求

1. 装车要求

货车装车时应注意以下几点：

（1）货物均衡、稳固、合理地分布在货车底板上，不超载、偏载、集重、偏重。

（2）充分利用货车容积巧装满载，有条件时货车采取大小套装、轻重配重的办法，充分利用货车载重量。

（3）能够经受住正常调车与列车运行中产生的各种撞击的作用力，在运输过程中，货物不发生移动、滚动、倾覆、倒塌、坠落等。

（4）危险、鲜活、易腐等使用特种车辆装载的货物，因其性质特殊，必须严格按规定要求使用。

（5）装载的宽度、高度，除超限货物外不得超过铁路机车车辆限界和特定区段的装载限制。货物重量不得超过货车的容许载重量。

2. 卸车要求

货车卸车时应注意以下几点：

（1）货物卸净，不残留货底，进行清扫。

（2）货物装备物品，用于捆绑加固的铺垫物、索具清理干净，货车内壁、底板上的钉固物清理干净。

（3）卸车车辆的车门、车窗、端侧板，冷藏车的顶盖、仪表盖，罐车的盖、阀、螺栓都要关闭、拧牢。

（4）装运活动物、鲜鱼和某些易腐货物的车辆按规定进行洗刷、除污。

（5）装运剧毒品和受到危险品、污秽品污染的货车，按规定进行洗刷、消毒。

五、无人驾驶轨道列车

无人驾驶轨道列车（见图2－20），采用高度自动化的先进轨道列车控制系统，由轨道控制中心用大型电子计算机监控整个线路网的站际联系、信号系统、列车运行、车辆调度等，可完全实现无人化、全自动化运行。当前无人驾驶轨道列车主要应用于短途客运，在长途货运中具有良好的应用前景。

图2－20　无人驾驶轨道列车

阅读材料：智能技术，让高铁更聪明

任务实施

实训背景：

作为陆海交汇枢纽，连云港被称为新亚欧大陆桥经济走廊的“东方起点”，是畅通国内国际双循环的重要窗口。“连云港中欧班列的开行，不仅带动了长三角地区外贸发展，也吸引了来自日本、韩国等国家和地区的国际货物在此集聚中转。”中铁集装箱运输有限责任公司上海分公司总经理俞武骏表示，各地的货物正搭乘中欧班列奔向远方，中欧班列架起国际经贸合作桥梁，为国内外企业进出口货物提供了重要的物流通道。数据显示，自2013年以来，中欧班列已累计开行7.7万列，运送货物731万标箱，货值超3 400亿美元。在国内，形成经阿拉山口、霍尔果斯、二连浩特、满洲里、绥芬河等口岸出境的西、中、东3条运输主通道，时速120千米图定中欧班列运行线已达86条，联通112个城市；在境外，初步形成了北、中、南三大通道，通达欧洲25个国家和地区的217个城市，以及沿线11个亚洲国家和地区，超100个城市。

实训要求：

1. 中欧班列的快速发展，对当今国际贸易中运输方式的选择具有什么样的意义？
2. 请你写出中欧班列运输路线，并写出沿线国家的名称。

任务三　水路运输装备应用
——扬帆起航，驶向未来

任务导入

我国是世界海运需求最大的国家，打造现代化海运船队对构建安全、便捷、高效、绿色、经济的海运通道极其重要。《水运“十四五”发展规划》提出，要优化海运船队规模结构，提升船舶装备技术水平，建设规模适应、结构合理、技术先进、绿色智能的海运船队，提高海运船队国际竞争力。

截至2022年底，我国海运船队运力规模达3.7亿载重吨，较10年前增长1倍，船队规模跃居世界第二，船队现代化水平显著提升，海运承担了我国约95%的外贸货物运输量，为保障国民经济和对外贸易发展发挥了重要作用。水路基础设施加快完善，船舶运力不断优化。2022年，我国重大水运基础设施建设步伐加快，水路固定资产投资同比增长10.9%。运输保通保畅成效持续巩固，水路货运量、港口货物吞吐量、港口集装箱吞吐量同比分别增长3.8%、0.9%、4.7%，全球货物和集装箱吞吐量排

名前十的港口中，我国分别占八席和七席，运输生产规模持续增长，市场发展健康有序，为经济社会发展和对外贸易提质增效提供了坚实有力的服务保障。

近年来，尤其是党的十八大以来，中远海运、招商轮船、山东海运等航运企业积极扩大船队规模，优化运力结构，提升船队运营管理水平、船舶设备技术水平，推进船队数字化、智能化、绿色化转型，海运船队取得了长足进步。目前，我国已基本形成了大型化、专业化、船龄结构合理、规模居世界前列的海运船队，现代化海运船队建设取得阶段性成效。

必备知识

一、常见货船类型

1. 散货船

散货船又称散装货船，是用以装载粉末状、颗粒状、块状等无包装的大宗货物的船舶，如图 2－21 所示。因为散货船的货种单一，不需要包装成捆、成包、成箱的装载运输，不怕挤压，便于装卸，所以都是单甲板船，一般不装起货设备。由于谷物、煤和矿砂等的积载因数（每吨货物所占的体积）相差很大，所要求的货舱容积的大小、船体的结构、布置和设备等许多方面都有所不同。

2. 杂货船

杂货船又称普通货船，主要用于装载一般包装、袋装、箱装和桶装的件杂货物，如图 2－22 所示。由于件杂货的批量较小，杂货船的吨位亦较散货船和油船为小。典型的载货量在 10 000～20 000t 左右，一般为双层甲板，配备完善的起货设备。货舱和甲板分层较多，便于分隔货物。新型的杂货船一般为多用途型，既能运载普通件杂货，也能运载散货、大件货、冷藏货和集装箱。

图 2－21 散货船

图 2－22 杂货船

3. 冷藏船

大多数食品类货物，如鱼、肉、蛋、水果及蔬菜等，在常温条件下进行长时间的运输、保管，会产生腐败，失去食用价值。冷藏船（见图 2－23）通过特有的制冷和隔热系统，将货物保持在一定低温条件下，以使货物送达目的地时仍能保持一定的新鲜程度。冷藏船舱口尺寸较小，设有多层甲板，间舱高度较小，船壳多漆成白色，以防太阳的热辐射。

图 2－23　冷藏船

4. 油轮

油轮是专门用于运载原油或成品油的船舶，一般分为原油船和成品油船两种。

（1）原油船。专门用于载运原油的船舶，简称油船，如图 2－24 所示。由于原油运量巨大，油船载重量最多可达 70 多万吨，是船舶中的最大者。结构上一般为单底，随着环保要求的提高，结构正向双壳、双底的形式演变，上层建筑设于船尾。甲板上无大的舱口，用泵和管道装卸原油。设有加热设施在低温时对原油加热，防止其凝固而影响装卸。超大型油船的吃水可达 25m，往往无法靠岸装卸，而必须借助于水底管道来装卸原油。

（2）成品油船。成品油船是专门载运柴油、汽油等石油制品的船舶。成品油船结构与原油船相似，但吨位较小，且有更高的防火、防爆要求。

油轮在所有船舶中吨位最大，目前全世界油轮总吨位数已达 3.7 亿吨，油轮的航行速度一般为 12～16n mile/h。

5. 集装箱船

集装箱船是一种专门载运集装箱的船舶，如图 2－25 所示。其全部或大部分船舱用来装载集装箱，往往在甲板或舱盖上也可堆放集装箱。集装箱船的货口宽而长，货舱的尺寸按载箱的要求规格化。绝大多数的集装箱船上不设起货设备，因而须停靠专用集装箱码头，通过岸上专用起重机、集装箱装卸桥来进行装卸。集装箱船按载箱数多少（按标准箱 TEU 计算）分为第一代、第二代、第三代等，载箱数大致分别为 1 000TEU、2 000TEU 及 3 000TEU，现已发展到第五代、第六代集装箱船，载箱数为 6 000TEU 以上。集装箱船的平均航速在 20n mile/h 左右，最高可达 33n mile/h。集装箱船具有装卸效率高、经济效益好等优点，因而得到迅速发展。

图2-24 原油船

图2-25 集装箱船

6. 滚装船

滚装船又称滚上滚下船，主要用来运送汽车和集装箱，如图2-26所示。这种船本身无须装卸设备，一般在船侧或船的首、尾有开口斜坡连接码头，装卸货物时，或者是汽车，或者是集装箱（装在拖车上的）直接开进或开出船舱。这种船的优点是不依赖码头上的装卸设备，装卸速度快，可达普通货船的10倍，适宜于装载特大、特重、特长货物，便于实现“门到门”运输。但滚装船的舱容效率较低，通常为30%~40%，空船较重且为调整稳定性须加压载，船舶造价最贵。

7. 液化气船

液化气船是专门运输液化气体的船舶，如图2-27所示。其所运输的液化气体有液化石油气、液化天然气、氨水、乙烯、液氯等。这些液货的沸点低，多为易燃、易爆的危险品，有的还有剧毒和强腐蚀性。因此液化气运输船货舱结构复杂，造价高昂。

8. 驳船、推船与拖船

驳船常指靠拖船或推船带动且为单甲板的平底船，是内河运输货物的主要运载工具。驳船上层建筑简单，一般无装卸货设备，有的驳船自己有动力装置，称为自航驳。驳船往往用于转驳那些由于吃水等原因不便进港靠泊的大型货船的货物，或组成驳船队运输货物。推船是用以顶推驳船或驳船队的机动船，有强大的功率和良好的操纵性能。而拖船则是专门用于拖拽其他船舶、船队、木排或浮动建筑物的工具，是一种多用途的工作船，与推船一样具有强大的功率和较高的操纵性。

图2-26 滚装船

图2-27 液化气船

9. 载驳船

载驳船是专门载运货驳的船舶，又称母子船。其运输方式与集装箱运输方式相仿，因为货驳亦可视为能够浮于水面的集装箱。母船到锚地时，驳船队从母船卸到水中，由拖船或推船将其带走，母船则在装载另一批驳船后即可开航。驳船的装卸方式有三种：利用尾部门式起重机、尾部驳船升降平台或浮船坞原理装卸驳船。

二、船舶的主要性能

1. 航行性能

航行性能主要包括浮性、稳性、抗沉性、快速性、耐波性和操纵性。

（1）浮性是指船在各种装载情况下，能浮于水中并保持一定的首、尾吃水和干舷的能力。根据船舶的重力和浮力的平衡条件，船舶的浮性关系到装载能力和航行的安全。

（2）稳性是指船受外力作用离开平衡位置而倾斜，当外力消失后，船能恢复到原平衡位置的能力。

（3）抗沉性是指船体水下部分如发生破损，船舱淹水后仍能浮于水面而不沉和不倾覆的能力。

（4）快速性是指船在静水中直线航行速度，与其所需主机功率之间关系的性能。

（5）耐波性是指船舶在风浪中遭受由于外力干扰所产生的各种摇荡运动及抨击上浪、失速飞车和波浪弯矩等，仍具有足够的稳性和船体结构强度，并能保持一定的航速安全航行的性能。

（6）操纵性是指船舶能按照驾驶者的操纵保持或改变航速、航向或位置的性能，主要包括航向稳定性和回转性两个方面。

2. 重量性能

在海上货物运输中，船舶的重量性能是表示船舶能装载多少货物的能力。它分为船舶排水量和载重量，其计量单位为吨（t），还有船舶载重线。其中，排水量根据不同的装载状态可分为满载排水量、空载排水量；载重量是指船舶载重能力的大小，有总载重量和净载重量之分；载重线是指船舶满载时的最大吃水线，它是绘制在船舷左右两侧船舶中央的标志，指明船舶入水部分的限度。

3. 容积性能

船舶的装载能力除受船舶的重量性能限制外，还受船舶容积性能的限制。船舶容积性能是表示船舶装载多少体积货物的能力，其计量单位为立方米（m^3）。具体内容有：舱柜容积、舱容系数及船舶登记吨位等。

三、船舶装载要求

为了提高装卸效率，最大限度地利用船舶的装载能力，获得较好的经济效益，应尽可能提高船舶装载能力，合理地装载货物。

1. 提高船舶的载重能力

（1）根据航线上的限制水深或航次所应使用的载重线正确确定总载重量；

（2）确定合理的燃料、淡水补给方案，尽可能减少航次储备量；

（3）减少船上垃圾、废料和污物，减小船舶常数；

（4）确定船舶的净载重量。

2. 轻重货物合理搭配

当货源充足时，船舶能否达到满舱满载，取决于货物的组成，即取决于船舶舱容系数与所运货物的加权平均积载因数之间的关系。货物积载因数是指货物所具有的平均量尺体积与货物的重量之比，单位为 m^3/t，量尺体积是指货物的最大外形尺寸之长、宽、高的乘积。积载因数小于舱容系数，称为重货，反之为轻货。在为船舶分配货载时，应注意轻、重货的合理搭配，尽量做到满舱满载。配载时，往往是多种货物的品种与数量已经确定，而待选的货物品种及数量是其中的若干种。此时，在待选的货物中选择一票重货和一票轻货，就能通过求解方程组求得所选的重货重量和轻货重量。

3. 合理确定货位及提高堆装质量，减少亏舱

除货种轻重搭配外，实际工作中还要根据货件特点合理选择舱位。如将笨重的大件货尽量装在体积较大、形状规则的舱室，并配备一些小件货填空位。狭窄的舱位应堆装体积小的货或软包货，不在二层舱柜等高度不高的舱位堆积包装尺寸很大的货件，避免增加操作难度，以致上边出现剩余空位无法装货而浪费舱容。装货质量的高低直接影响舱容的利用程度，因此，要使装卸工人与船方密切配合，按照积载图的要求使货物在舱内紧密堆装，尽量减少亏舱损失。

4. 利用特殊舱室和舱面甲板装载货物

当舱容紧张，而载重能力又未得到充分利用时，可考虑利用特殊舱室和舱面甲板装载货物。如当深舱和冷藏舱没有得到利用时，可考虑把一些小包装、重量轻、易于搬运的货物装在这些舱室里。另外，当有可供在甲板上积载的货物，如重大件、坚固包装的桶装货，在征得货物托运人同意的情况下，应尽量利用舱面甲板装载。这些措施也是充分利用船舶装载能力不可忽视的有效办法。

四、智能船舶

智能船舶是指利用传感器、通信和互联网等技术手段，自动感知和获得船舶自身、海洋环境、物流、港口等方面的信息和数据，并基于计算机技术、自动控制技术、大数据处理和分析技术，在船舶航行、管理、维护保养、货物运输等方面实现智能化运行的船舶。

从功能上划分，智能船舶可分为智能航行、智能船体、智能机舱、智能能效管理、智能货物管理和智能集成平台。

伴随着我国海洋产业的迅猛发展、科学技术水平的快速进步，电子信息化技术在造船领域发挥着越来越大的作用，成为船舶产业的重要支撑。目前，智能船舶也是我国明

确重点发展的领域，代表了船舶未来的方向，关乎航运业的转型升级。

阅读材料：智能船舶“青港拖1”轮

任务实施

实训背景：

海运是国际货运的主渠道，中国外贸进出口货运量的90%以上是通过海运完成的，船舶在当今的国际贸易活动中扮演着越来越重要的角色。截至2023年8月，全球在运营集装箱船数量共计6 671艘，总运力为2 751万TEU。全球集装箱船班轮公司运力百强榜完整榜单中，前十大班轮公司总运力占全球市场的84.3%（见表2－4），中国3家航运公司名列前10。

表2－4 全球班轮公司运力排名（前10位）（截至2023年8月）

排名	公司名称	总运力（TEU）	船舶数量（艘）
1	地中海航运/MSC	5 212 490	774
2	马士基/Maersk	4 146 335	683
3	达飞/CMA CGM	3 512 668	630
4	中远海运/COSCO	2 928 271	463
5	赫伯罗特/Hapag-Lloyd	1 887 396	259
6	ONE	1 681 897	217
7	长荣海运/Evergreen Line	1 673 600	213
8	韩新海运/HMM	792 074	72
9	阳明海运/Yang Ming	705 614	93
10	以星海运/Zim	587 350	134

实训要求：

1. 查找表格中班轮公司船舶的图片和集装箱图片。
2. 查找10个著名港口的名字，并标注其所在国家。

任务四 航空运输装备应用
——翱翔蓝天，快速送达

任务导入

航空运输装备主要是指通过空中运行实现客货运输的各种航空器，如气球、汽艇、飞机等。航空运输装备和其他运输装备相比，具有速度快、不受地形限制、舒适性好、安全性高等优点，是中长途快速客货运输的重要工具。

2022 年，新冠疫情对民航运输生产影响的深度和持续性远超预期。据中国民航局数据，2022 年全行业完成运输总周转量 599.28 亿吨千米，比上年下降 30.1%；全行业完成旅客周转量 3 913.87 亿人千米，比上年下降 40.1%；全行业完成货邮周转量 254.10 亿吨千米，比上年下降 8.7%。

必备知识

一、飞机的类型

飞机依据其分类标准的不同，可有以下划分方法：

1. 按飞机的用途划分

飞机有民用航空飞机和国家航空飞机之分。国家航空飞机是指军队、警察和海关等使用的飞机，民用航空飞机主要是指民用飞机和直升飞机，民用飞机指民用的客机、货机和客货两用机。

2. 按飞机发动机的类型划分

飞机有螺旋桨飞机和喷气式飞机之分。其中喷气式飞机的结构简单，制造、维修方便，速度快（一般时速可达 500 ~ 600mile），节约燃料费用，装载量大，使用率高（每天可飞行 16 小时），所以目前已经成为世界各国机群的主要机种。

3. 按飞机的航程远近划分

飞机有近程、中程、远程飞机之别。远程飞机的航程为 8 000km 以上，可以完成中途不着陆的洲际跨洋飞行。中程飞机的航程为 3 000 ~ 5 000km，近程飞机的航程一般小于1 000km。近程飞机一般用于支线，因此又称支线飞机。中、远程飞机一般用于国内干线和国际航线，又称干线飞机。

4. 按飞机客座数划分

我国民航局是按飞机客座数划分大、中、小型飞机的，飞机的客座数在 100 座以下的为小型飞机，100～200座的为中型飞机，200座以上的为大型飞机。航程在2 400km以下的为短程，2 400～4 800km的为中程，4 800km以上的为远程。但是分类标准是相对而言的。

用于物流领域的航空运输设备主要有货机和客货机两类。客货机以运送旅客为主，运送货物为辅。货机专门用于运送各类货物。现役货机多由客机改装而来，目前世界上最大的货机是B747F，该机可载货100t，拥有56m^3的载货容积或29个20ft航空集装箱舱位。

二、飞机的系列

世界上主要的飞机机型有波音（B－）系列、麦道（MD－）系列、空中客车（A－）系列、图（Tu－）系列。除这些主要机型外，还有安（An－）系列、伊尔（Il－）系列以及我国的运（Y－）系列等。

1. 波音系列（B－）

波音系列是美国波音公司研制生产的运输机，从波音707到波音777系列，如图2－28所示。波音707主要型号有707－120、707－220、707－320和707－420等，波音707原型机于1954年7月15日首飞，最初的型号为美国空军研制的KC－135型空中加油机。经美国空军同意，波音公司于1957年在KC－135基础上成功研制出波音707民用客机，1958年交付使用。波音777是美国波音公司研制的双发宽体客机，1990年10月29日正式启动，1995年5月17日首架交付用户。波音777系列主要型别有：－200“A”市场型、－200“B”市场型、－200“C”市场型。

2. 麦道系列（MD－）

麦道系列飞机是美国麦克唐纳·道格拉斯公司研制的运输机，包括MD－11中远程宽机身运输机（见图2－29）、MD－12大型远程四发宽机身客机、MD－80中短程客机、MD－90双发中短程客机、MD－95双发喷气商用运输机等。

图2－28　B－747

图2－29　MD－11

3. 空中客车系列（A－）

空中客车是由国际合作欧洲空中客车工业公司研制的系列运输飞机，包括A300双发宽机身客机、A310中程宽机身客机、A318双发中短程窄机身客机、A319双发中/短程客机、A319/A321 双发中/短程客机、A320 双发窄机身中短程客机、A321 双发中/短程客机、A330/A340 双过道宽机身客机（见图 2-30）、A350 四发洲际航程宽体客/货两用运输机以及最新研制生产的 A380 货机，其能降低远程航线货运成本高达 25%。

4. 图系列（Tu-）

图系列飞机是俄罗斯图波列夫设计局研制的系列运输机，包括 Tu-114 超音速客机、Tu-134 支线运输机、Tu-144 超音速客机、Tu-154 三发中程客机（见图 2-31）和 Tu-204 双发中程客机。

图 2-30 A340

图 2-31 Tu-154

5. 安系列（An-）

安系列运输机是由乌克兰安东诺夫航空科研技术联合体研制的飞机，包括 An-12 军用运输机、An-74 短距起落运输机、An-24 双发涡轮螺桨支线客机、An-26 双发涡轮螺桨支线运输机、An-32 双发短程运输机、An-124 四发远程重型运输机（见图 2-32）、An-225 六发涡轮风扇式重型运输机。

6. 伊尔系列（Il-）

伊尔系列飞机是由俄罗斯伊留申设计局研制的运输机，包括 Il-114 双发涡轮螺桨短程客/货支线运输机、Il-18 四发涡轮螺桨短程客机、Il-62 远程客机、Il-76 四发中远程重型运输机（见图 2-33）、Il-86 四发宽机身客机、Il-96 四发远程宽体客机等。

图 2-32 An-124

图 2-33 Il-76

7. 运系列（Y-）

运系列飞机是我国研制的运输机，包括 Y-5、Y-7、Y-8、Y-10、Y-11、Y-12 等。其中，Y-8 是陕西飞机制造公司研制的四发涡轮螺桨中程多用途运输机，如图 2-34 所示。新舟 60 是中国西安飞机工业公司在 Y-7200 基础上研制生产的新一代双发涡轮螺桨短/中程客货运输机，如图 2-35 所示。

图 2-34　Y-8

图 2-35　新舟 60

三、飞机的组成

飞机主要由机翼、机身、动力装置、起落装置、操纵系统等部件组成。

(1) 机翼。机翼是为飞机飞行提供升力的部件。机翼受力构件包括内部骨架、外部蒙皮以及与机身联接的接头。

(2) 机身。机身是装载人员、货物、燃油、武器、各种装备和其他物资的部件，连接机翼、尾翼、起落架和其他有关构件。

(3) 动力装置。飞机飞行速度提高到需要突破“音障”时，要用结构简单、重量轻、推力大的涡轮喷气式发动机。涡轮喷气式发动机包括进气道、压气机、燃烧室、涡轮和尾喷管五部分。

(4) 起落装置。飞机起落装置使飞机能在地面或水面上平顺地起飞、着陆、滑行停放，由吸收着陆撞击能量的机构、减震器、机轮和收放机构组成。改善起落性能的装置包括增举装置、起飞加速器、机轮刹车和阻力伞或减速伞等。

(5) 操纵系统。飞机操纵系统分为主操纵系统和辅助操纵系统。主操纵系统是指对升降舵、方向舵和副翼三个主要操纵面的操纵；辅助操纵系统是指对调整片、增举装置和水平安定面等的操纵。

四、飞机的飞行性能

飞机的飞行性能是评价飞机优劣的主要指标。其主要包括下列几项：

1. 最大平飞速度

飞机的最大平飞速度是在发动机最大功率或最大推力时飞机所获得的平飞速度，其单位是 km/h。影响飞机最大平飞速度的主要因素是发动机的推力和飞机的阻力。由于发动机推力、飞机阻力与高度有关，因此说明最大平飞速度时，要明确是在什么高度上达到的。通常飞机不用最大平飞速度长时间飞行，因为耗油太多，而且发动机容易损坏。

2. 巡航速度

巡航速度是指在发动机每千米消耗燃油最少情况下的飞行速度，其单位是 km/h。

这时飞机的飞行最经济，航程也最远，发动机也不大吃力。

3. 爬升率

飞机的爬升率是指单位时间内飞机所上升的高度，其单位是 m/s。爬升率越大，说明飞机爬升得越快，上升到预定高度所需的时间越短。爬升率与飞行高度有关。随着飞行高度增加，空气密度降低，发动机推力降低，所以一般最大爬升率在海平面时达到，随着高度增加而减小。

4. 升限

飞机上升时所能达到的最大高度，叫作升限。

5. 航程及续航时间

航程是指飞机一次加油所能飞越的最大距离，用巡航速度飞行可取得最大航程。增加航程的主要办法有：多带燃料、减少发动机的燃料消耗和增大升值比。续航时间是指飞机一次加油，在空中所能持续飞行的时间。

五、人工智能在飞机上的应用

1. AI +VR 在飞行员培训过程中的应用

通过人工智能来模拟飞行，可设置不同的恶劣环境因素和加入突发事件变量，考验飞行员的随机应变能力以及危机处理能力，为日后飞行提供宝贵的实操经验。

2. 自动化飞机驾驶系统

将 AI 应用于下一代驾驶舱，模拟人类行为，将有助于开发出飞行员培训解决方案，应对各种风险。

3. 航空维修智能化

AI 能根据各传感器上传的数据快速进行分析，也能实时识别和报告潜在故障，并给出对应的维修时间，从而创建更智能的维修计划。

4. AI 调度飞机起落

人工智能能够进行合理规划，确保每个航班都能高效中转，减少延误，帮助乘客顺畅登机。

阅读材料：5G + 智慧飞机维修新场景应用

课堂讨论： 畅想未来“以旅客为中心”的智慧机场是怎样的。

任务实施

实训背景：

地球自转造成了经度不同的地区时刻不同。当飞机跨越经度时，就会产生时刻上的不统一。正确地掌握时差换算，对于安排航班和更好地进行航空运输都是非常重要的。

实训要求：

某批货物由飞机从北京运往华盛顿，北京时间 2 月 20 日 9:44 从北京启程，到达华盛顿时，当地时间为 2 月 20 日 15:30。请计算该票货物在运输过程中的飞行时间。

项目小结

本项目首先介绍了汽车的结构、主要尺寸、性能参数及日常维护方法，接着介绍了常见的铁路运输装备，其中无人驾驶轨道列车的发展为铁路运输装备发展指明了方向。水路运输装备中，本项目介绍了多种货船及船舶的主要性能，其中集装箱船舶因其装卸效率高、经济效益好等优点得到迅速发展，是目前国际贸易中最常用的船舶类型。本项目最后介绍了航空运输装备。通过本项目的学习，希望大家能够了解和认识物流运输装备，掌握不同运输装备的特点和用途。

项目自测

一、单项选择题

1. （　　）是最大载重量船舶。

A. 散装货船　B. 油轮　C. 集装箱船　D. 滚装船

2. 用于专门装运以载货车辆为货物单元的船舶是（　　）。

A. 滚装船　B. 载驳船　C. 子母船　D. 汽车专用船

3. 下列不属于航空运输特点的是（　　）。

A. 速度快　B. 运输成本较高

C. 受气候条件影响较大　D. 能实现“门到门”运输

4. 以下属于公路运输缺点的是（　　）。

A. 容易装车　B. 适应性强　C. 灵活性强　D. 消耗能量多

二、简答题

1. 货运船舶有哪些主要类型？各有什么特点？

2. 各种运输方式的优缺点是什么？

三、案例分析题

中国铁路发展趋势

铁路作为国家重要的基础性设施、国民经济的大动脉和百姓出行的交通工具，与民众有着不可分割的联系。100 年来，中国铁路经历了跨越式发展。从蒸汽机车到内燃机车，从内燃机车到绿皮火车，从绿皮火车到高速列车，最后到现在的和谐号、复兴号，中国铁路经历了翻天覆地的变化。

截至 2022 年底，国家铁路机车拥有量为 2. 20 万台，其中，内燃机车 0. 78 万台、电力机车 1. 42 万台，国家铁路客车拥有量为 7. 7 万辆，货车拥有量为 99. 7 万辆。

高铁技术的进步越来越依赖科技发展，呈现出明显的智能化趋势。我国立足于智能铁路总体框架布局，利用 BIM、大数据、5G 通信等新兴技术，打造了智能京张、智能京雄等精品工程，成功运行故障自诊断、自动驾驶、智能引导、生物特征自动识别等功能。在全球互联网、人工智能快速发展的新形势下，世界主要国家将利用新技术赋能高速铁路基础设施发展，实现信息化与建设管理、装备制造、运营监测深度融合，加强既有铁路基础设施提质升级，提高设施利用效率和服务水平，持续推进高速铁路智能化向纵深发展。

（数据来源：国家铁路局）

问题：

1. 基础设施的高速发展对中国有怎样的重大意义？
2. 为什么铁路不断追求高速化？

项目三
集装单元化装备的巧用

学习目标

※ 应知目标

- 了解集装单元化的定义、发展和类型
- 掌握托盘的标准、集装方法及使用方法
- 熟悉物流箱的概念、标准及应用
- 掌握集装箱的分类、结构和使用管理

※ 应会目标

- 能根据托盘实物采取不同的方法，如重叠式、纵横交错式等进行码垛
- 能分析标准化托盘在企业中的应用

※ 素养目标

- 感受集装化作业加快物流速度，培养专业自信和民族自豪感

引导案例

天津港完成全球首个集装箱码头自动化升级项目

2022 年 7 月 1 日，全球首个传统集装箱码头全流程自动化升级改造项目在天津港全面竣工，该项目为全球范围内传统集装箱码头自动化升级改造提供了范例。

天津港是世界等级最高的人工深水大港，是全球十大港口之一，也是中国（不含港澳台）建成的首个专业化集装箱码头。近年来，天津港集团从传统集装箱码头升级改造实际需求出发，探索出一条更适合传统集装箱码头升级改造的“中国路径”。自全流程自动化升级改造项目实施以来，项目团队推进 8 台集装箱岸桥的自动化改造（见图 3－1），同步优化解决作业工序、内外集卡混行等复杂问题，不断释放自动化升级改造规模效应。

图 3－1　天津港自动化集装箱码头

目前，天津港东突堤码头北区 4 个泊位全部实现高效自动化作业，平均作业效率提升 20% 以上，平均单箱能耗下降 20%，综合运营成本下降 10%，项目的可靠性、稳定性、实用性得到检验，成为全球投产最早、建成规模最大的自动化集装箱码头。

天津港集团副总裁表示，全球首个传统集装箱码头全流程自动化升级改造项目竣工后，天津港集装箱大型装卸设备自动化占比达到 49.5%，在行业内居于领先地位。未来，天津港还将在基础设施智慧化、生产操作智能化、运营管理数字化等方面持续发力，更好地服务京津冀协同发展和“一带一路”建设。

解析：集装箱是 20 世纪最伟大的发明之一。集装箱系统最大的成就在于将全世界的物流系统进行了统一。当这个载重几十吨的货物容器实现了尺寸标准化之后，全球范围内的船舶、港口、航线、公路、桥梁、隧道被整合进一个相配套的物流系统中。运输系统成为现代物流系统的基石。

任务一　认识集装单元化——开启智慧物流之门

任务导入

为了便于运输和储存，把货物规整成统一规格的作业单元，这种统一的作业单元称为集装单元。集装单元可以实现物流的自动化、机械化，从而大大提高物流的作业效率。单元化物流在整个物流供应链中的占比越高，供应链优化的质量也就越好，在提高物流系统运行效率的同时，也大大降低了物流成本。随着现代物流行业的发展壮大，物流行业的竞争也在加大，客户对于物流的配送速度及保证物流品质的精细化作业的要求也在提高。物流企业想要生存，就必须在提升物流供应链的效率和降低物流运行体系的成本上下功夫。而单元化物流因其能够加快货物流通速度、减少物流环节、保证物流质量、实现物流各个环节的无缝衔接、降低物流成本等特点，成为物流行业发展的新趋势。

必备知识

一、集装单元化的定义和发展

现代物流的特征之一是集装单元化，集装单元化程度的高低是判断一个国家现代物流是否发达的重要标志之一，集装单元化在现代物流中占有重要的地位。

1. 集装单元化的定义

在货物的储运过程中，为便于装卸和搬运，用集装器具或采用捆扎方法将物品组成标准规格的单元货件，称为货物的集装单元化（见图 3－2）。被集装单元化的货物称为单元货物。用于集装货物的工具称为集装单元器具，它必须具备两个条件：一是能使货物集装成一个完整、统一的重量或体积单元；二是具有便于机械装卸搬运的结构，如托盘有叉孔，集装箱有角件吊孔等，这是它与普通货箱和容器的主要区别。

图 3－2　货物的集装单元化

从包装角度来看，集装是一种按一定单元将杂散物品组合包装的形态，属于大型包装的形态。在多种类型的产品中，小件杂散货物很难像机床、构件等产品那样进行单件处理，由于其杂、散且个体体积、重量都不大的特点，因此总是需要进行一定程度的组合，才能有利于销售、物流和使用。从这一点上说，商品的外包装、粉粒体物料的纸袋及液体、气体的容器等也是一种集装单元。但一般物流技术上所称的集装单元化，则是指固体物料（如机械零部件）和商品运输包装的集装单元化，如零件堆放在集装盘内或洗衣皂纸箱堆码在托盘上等。集装是在材料科学和装卸技术两个方面都有了突破进展之后才出现的，用大单元实现组合，是整个包装技术的一大进展。

从运输角度来看，集装所组合的组合体往往又正好是一个装卸运输单位，非常利于运输和装卸，因而在这个领域把集装主要看成一个运输体（货载），称为单元组合货载或集装货载。

2. 集装单元化的发展

集装单元化的概念源于装卸搬运方式的演进，自古有之。近代，特别是20世纪50年代以来，运输业的迅速发展，运输工具的大型化、高速化，使高效率运输与一件一件的低效率装卸，成为物流过程中的“瓶颈”问题。集装单元化是解决这一问题的最有效的方法，因而从20世纪30年代初，集装单元化随着叉车和托盘的使用而开始出现，此后的发展极为迅速。

从使用功能看，集装单元化技术由装卸搬运工具发展成为储存工具、运输工具、货物流通用工具以至商场售货工具，集装单元器具使用的范围已扩大到物流全过程。

现代物流技术已离不开货物的集装单元化。集装单元化技术包括模数和标准的制定、集装器具的改进和发展、托盘堆码和卸码技术以及薄膜包扎技术等，已成为物流技术中的一个重要分支。

阅读材料：行业巨变——单元化颠覆式创新成为零担物流新起点

二、集装单元化的类型

集装单元化有若干种方式，通常使用的集装单元主要有下列几种类型。

1. 托盘

托盘是用于集装、堆放、搬运和运输，放置单元负荷物品的水平平台装置。托盘运输是将货物以一定数量组合码放在托盘上，连盘带货一起装入运输工具运送物品的运输方式。托盘作为一种机械化和单元化的储运工具，从19世纪下半叶在欧美地区开始推行，距今已有百余年的历史。托盘的出现也促进了集装箱和其他集装方式的形成和发展。现在，托盘和集装箱一样，成为重要的集装方式。

2. 集装箱

集装箱是目前集装单元化发展的最高阶段。集装箱运输在物流系统中占有重要地位，集装箱联运是国际物流运输的主要方式之一。经济全球化的趋势决定了集装箱运输已经涉及企业的核心利益，乃至国家的经济命脉，开展集装箱运输有着深远的战略意义。

3. 物流箱

物流箱主要用于存放、包装和集装货物，以便单元化形式在物流各环节中进行流转。物流箱可用于配送中心或工厂内部货物搬运，是一种可循环使用的快递包装，也可以认为是一种物流周转箱。

4. 其他集装容器

其他集装容器包括集装袋、集装网和罐式集装箱等，主要用于散装货物、石油等物料的运输。其中，集装袋又称柔性集装单元器具，配以起重机或叉车就可以实现集装单元化运输，适用于装运大宗的散装粉粒状物料。

三、集装单元化的基本原则

为了充分发挥货物集装单元化的优势，降低物流费用，提高社会的经济效益，在实现集装单元化时，必须遵循下列几个基本原则：

1. 通用化

通用化，即集装化要与物流全过程的设备与工艺相适应，不同形式的集装化方法之间、同一种集装化方法的不同规格的集装之间相互协调，以便在物流全过程中畅通无阻。因此，集装单元化的原则应贯彻在物流的全过程，集装单元器具要流通到物流的各个部门，它必须适用于各个环节的工艺和设备，才能在各个环节之间通用。如大型集装箱，从规格到结构部件，不仅适用于海运，也应适用于公路和铁路运输，否则就无法实现“多式联运”。

2. 标准化

标准化是指从集装化术语的使用，到集装工具的尺寸、规格、强度、外形和重量，集装工具的材质、性能、实验方法，装卸搬运加固规则，编号、标志、操作规范和管理办法等，都必须标准化，以便进行全社会和国际的流通和交换。标准化是实现集装器具通用化所必需的。国际上有国际标准化组织标准（ISO），我国有国家标准（GB），一个企业也可以有企业标准。企业标准应与国家标准基本一致，国家标准也正在逐步向国际标准靠拢，以利于国际流通。

标准化是通用化的前提，也是集装单元化的关键。不同形式的集装化之间，其标准应互相适应、互相配合。例如：商品包装的标准必须与托盘的标准协调，这样才能提高托盘的满载率，而托盘的标准又必须与集装箱、汽车车厢和库房的标准相适应。

3. 系统化

集装单元化技术的内容甚广，不单纯指集装工具，而是包括集装工具在内的成套物流设施、设备、工艺和管理的总和，是一个联系生产与生产、生产与消费的动态系统。因此，集装单元化技术中的每个问题都必须置于物流系统中来考虑，否则就难以实现或难以获得成效。例如：为了实现“门到门”的集装箱运输，不仅需要配套的起重、运输工具，还要考虑桥梁的通过能力。在一个企业内实现货物的集装单元化时，也必须统筹考虑。

任务实施

实训背景：

集装单元化可以使整个物流系统采用统一的标准，可以有效加快货物流通速度和中转速度，减少装卸费用和中转损失。集装单元化是物流行业发展的新趋势。货物单元的规格标准取决于集装单元器具的规格标准，所以集装单元器具标准化是物流标准化最重要的内容之一。

未来物流器具行业正朝着标准化、通用化、智能化方向发展，为满足工业4.0时代的需求，智慧物流器具也成为智慧物流的载体。另外，物流器具也要顺应自动化发展需求，顺应时代潮流，推出低成本自动化的物流器具系统解决方案，解决物料在加工、组装、搬运过程中的问题。

实训要求：

3~4人为一组，分析集装单元化应用的优势有哪些。

任务二　托盘巧用——物畅其流，托举高效

任务导入

托盘是在物流系统中为适应装卸机械化、自动化而发展起来的一种集装器具，在应用过程中又进一步发展成为储存设施，托盘的下面有供叉车插入并将托盘托起的插入口，叉车与托盘的配合使用，形成了有效的装卸系统，大大促进了装卸活动的发展，使长期以来运输过程中的装卸瓶颈得以解决。托盘已成为物流系统化的重要设备，它与集装箱一起形成了集装系统的两大支柱。

必备知识

一、托盘的概念和优缺点

1. 托盘的概念

根据我国国家标准《物流术语》（GB/T 18354—2021），托盘是指在运输、搬运和存储过程中，将物品规整为货物单元时，作为承载面并包括承载面上辅助结构件的装置。

2. 托盘的优缺点

托盘的优点有：

（1）自重量小。托盘用于装卸、运输所消耗的劳动强度较小，无效运输及装卸负荷相对也比集装箱小。

（2）返空容易。托盘返空时占用运力很少。由于托盘造价不高，又很容易互相代用，互相以对方托盘抵补，因此无须像集装箱那样必须有固定归属者，也无须像集装箱那样返空。即使返运，也比集装箱容易操作。

（3）装盘容易。托盘无须像集装箱那样深入箱体内部，装盘后可采用捆扎、紧包等技术处理，使用更简便。

（4）托盘装载量适宜，组合量较大。

托盘的缺点有：露天存放困难，需要有仓库等设施；回运需要一定的成本支出；托盘本身也占用一定的仓容空间。

二、托盘的分类

托盘作为物流作业中的一种作业工具，不但要为不同种类的货物提供存储平台，还要和叉车等装卸搬运工具配合使用。按照不同的分类标准，托盘可以分为以下几种形式。

1. 平托盘

平托盘是由承载面和一组纵梁相结合而构成的平板货盘，其承载面上一般没有辅助结构件，底部设有叉车叉孔，可用于集装物料，可使用叉车或托盘搬运车等进行作业。

（1）平托盘的结构类型。平托盘根据承载面的数量和形状可以分为单面型、单面使用型、双面使用型和翼边型等类型，根据叉车货叉的插入方式可以分为双向进叉型、四向进叉型等类型，由此组合形成的平托盘结构类型如图 3－3 所示。

（2）平托盘的材料类型。平托盘根据制造材料不同，可以分为木制平托盘、塑料平托盘、钢制平托盘、铝合金平托盘、纸质平托盘、复合材料平托盘等。

1）木制平托盘，是应用最广泛的平托盘。木制平托盘制造简单，价格便宜，重量较轻，维修方便，所以在一般物流作业场所都有大量的木制平托盘在使用。但是木制平托盘易破损、使用寿命短，严重消耗木材资源，而且在国际贸易中必须进行防虫害熏蒸，否则会造成贸易障碍。

(a) 单面四向进叉型　(b) 单面使用双向进叉型

(c) 双面双向进叉型　(d) 双面四向进叉型　(e) 单面翼边型

图 3－3　平托盘结构类型

2）塑料平托盘，是采用热塑性塑料通过注塑或吹塑等工艺制造的平托盘。由于塑料本身强度较低，因此很少有翼边型的平托盘。塑料平托盘最主要的特点是重量轻、耐腐蚀性强、不易破损、使用寿命较长，而且塑料平托盘报废之后可以回收再利用。但其承载能力不如钢制、木制平托盘，而且价格较高。

3）钢制平托盘，是采用型钢或钢板焊接制成的平托盘，其承载面结构主要有框格型和平面型，如图 3－4 所示。钢制平托盘的最大特点是强度高，承载能力强，不易损坏和变形，维修工作量较小，常用于工厂车间、铁路货运站等场所，主要用来装运金制品和重型货件。

4）铝合金平托盘，是以铝合金等为原材料加工制造的平托盘，如图 3－5 所示。铝合金平托盘重量较轻，坚固耐用，不易损坏和变形，使用寿命长，耐腐蚀性好，清洁美观，维修工作量较小，主要适用于需要清洁、耐腐蚀的作业场所，在冷链物流系统中得到广泛应用。

图 3－4　钢制平托盘

图 3－5　铝合金平托盘

5）纸制平托盘，是以纸为原料制成的平托盘。根据制造方式不同，常见的纸制平托盘主要分为瓦楞纸板平托盘、蜂窝纸平托盘、纸浆压塑平托盘等多种类型，如图3－6所示。纸制平托盘的最大优点是重量轻，价格便宜，而且用于国际贸易中不需要进行防虫害熏蒸处理，在很多物流场合能够替代木制平托盘，可以大量减少木材消耗。纸制平托盘的缺点是强度较低，容易破损，使用寿命较短。

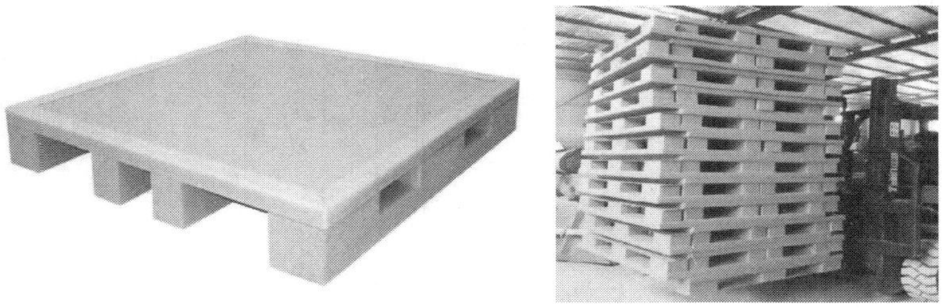

图3－6　纸制平托盘

6）复合材料平托盘。复合材料是指由两种或两种以上的材料，经过先进的复合加工工艺形成的新型材料。用于制作托盘的复合材料种类很多，常用的复合材料平托盘有塑木平托盘、高密度复合板平托盘、贴面刨花板平托盘等多种类型。复合材料的主要特点是充分利用各种废弃物，所以复合材料平托盘制造成本较低，而且由于复合材料的强度一般都较高，因而托盘比较坚固耐用。随着物流的绿色化发展以及复合材料生产技术的不断提高，复合材料平托盘的应用会越来越广泛，而且各种新型的绿色复合材料平托盘也在不断地产生和应用。

2. 立柱式托盘

立柱式托盘是指带有用于支承堆码货物的立柱的托盘，如图3－7所示。立柱式托盘的基本结构是在托盘的四个角设置钢制立柱。立柱与托盘之间的连接形式有固定式、折叠式和可拆装式三种。有的立柱式托盘为了增强立柱的支撑刚度，在立柱之间用横梁相互连接，形成框架式结构。立柱式托盘适用于集装不规则的、不便于堆码的或者要求避免堆垛积压的货物。在某些场合，立柱式托盘还可以作为可移动的货架使用。

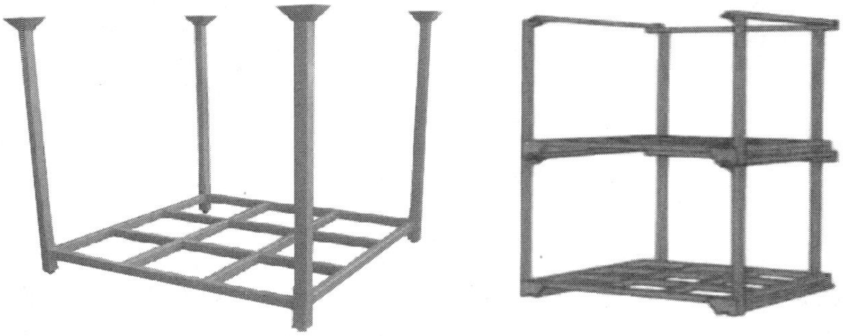

图3－7　立柱式托盘

3. 箱式托盘

箱式托盘是在四面装有壁板而构成箱形的托盘，如图3－8所示。箱式托盘的壁板有整板式、条板式和格栅式等结构形式。壁板与底座之间的连接形式有固定式、折叠式、可拆卸式三种。有的箱体上还装有顶板，有的壁板设有可开启的便于装卸货物的箱门，还有的箱式托盘采用网式壁板，这种托盘也称为笼式托盘。

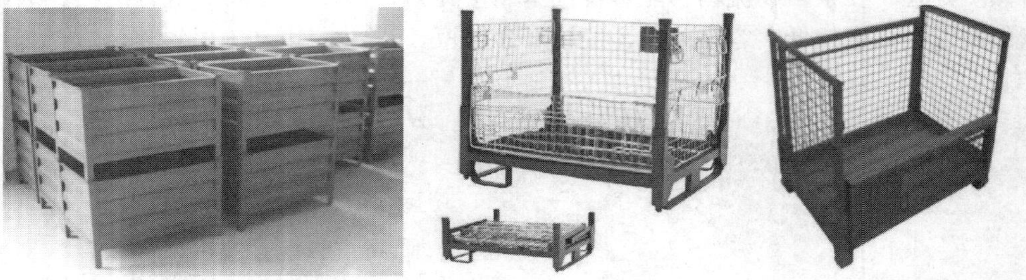

(a) 普通箱式托盘　(b) 折叠箱式托盘　(c) 半开门箱式托盘

图3-8　箱式托盘

箱式托盘的特点与立柱式托盘相同，而且对货物的防护能力更强，可以更有效地防止货物塌垛和货损。箱式托盘装载货物的适应性更强，可装载各种特异类型、不能稳定堆码的货物，应用范围更广泛。

4. 轮式托盘

轮式托盘是在立柱式托盘或箱式托盘的基础上，在底部装小型轮子而构成的一种托盘，如图3-9所示。轮式托盘也称为物流笼车，它具有立柱式托盘和箱式托盘的共同优点，还能利用轮子做短距离移动。轮式托盘适用于配送中心与用户之间的物流配送、企业各工序之间的物流搬运，既可以作为托盘随车运送，又可以作为移动式货架存放货物，适用性强，在各种物流作业场所得到了越来越广泛的应用。

图3-9　轮式托盘

5. 滑片托盘

滑片托盘是一种新型托盘，它是由瓦楞纸、板纸或塑料简单地折曲而成的板状托盘，也叫薄板托盘，仅在操作方向有突出的折翼，以便进行推、拉操作，如图3-10所示。按折翼的个数不同，滑片托盘分为单折翼型滑片托盘、双折翼型滑片托盘、三折翼型滑片托盘和四折翼型滑片托盘。滑片托盘和木质平托盘比较，有重量轻（每个约1.5kg）、可充分利用保管空间（厚度一般在0.8~2mm左右）、价格低等优点。

图 3－10　滑片托盘

6. 特种货物专用托盘

上述各种托盘，对于一般货物和大多数物流作业场合都适用，具有广泛的通用性。对于一些特殊行业和特殊货物，在物流作业过程中，为了提高货物的装卸搬运、储存与运输的便利性和作业效率，通常会根据货物的特殊性质而专门设计制造一些特殊的专用托盘，因此形成了多种多样的特种货物专用托盘。常见的比较典型的特种货物专用托盘主要有以下几种：

（1）平板玻璃专用托盘。平板玻璃专用托盘是专门用于集装大规格平板玻璃的托盘，也称为平板玻璃集装架，如图 3－11 所示。平板玻璃专用托盘的特点是结构牢固、自重较轻，能够支撑和固定竖向放置的大规格平板玻璃，便于进行装卸和运输，玻璃破损率小，车辆运输满载率高，空载时可堆码存放，既可用叉车也可用吊车进行装卸。平板玻璃专用托盘是平板玻璃集装运输的理想器具。

（2）轮胎专用托盘。轮胎专用托盘是专门用于装运汽车及工程机械轮胎的托盘，如图 3－12 所示。轮胎专用托盘一般采用单层或多层框架式结构，实际上是一种特殊的立柱式托盘。轮胎可以竖立摆放于托盘框架之内，利用横梁将轮胎限位以防止滚动；分层放置，可以避免轮胎相互挤压；托盘载货堆垛时，可以利用立柱的支承作用防止造成挤压。

图 3－11　平板玻璃专用托盘

图 3－12　轮胎专用托盘

（3）油桶专用托盘。油桶专用托盘是指专门用于装运油桶等桶类货物的托盘，如图 3－13 所示。油桶一般采用卧式摆放和立式摆放两种方式，所以其托盘相应也有两种：卧式油桶托盘一般在托盘平面上设有挡板或挡块，防止油桶发生滚动；立式油桶托盘一般在托盘平面上设有凸出的挡边，将油桶直立放进去之后可以形成有效的限位。

图 3-13 油桶专用托盘

三、托盘的标准化

托盘虽然是一个小小的器具，但由于托盘具有重要的衔接功能，对其他设备具有举足轻重的连带作用，在提高装卸搬运、保管、运输和包装等各个物流环节的效率时处于中心位置，因此托盘的规格尺寸是选择包装尺寸、车厢尺寸、集装单元尺寸的关键。

为了达到国际联运的目的，托盘的尺寸规格应有国际标准，但是由于世界各国使用托盘的历史不同，各国的托盘尺寸均有所不同。根据《联运通用平托盘主要尺寸及公差》（ISO 6780）的规定，现有托盘分四个系列。

（1）1200 系列（1 200 毫米 ×800 毫米和 1 200 毫米 ×1 000 毫米）。1 200 毫米 ×800 毫米托盘也称欧洲托盘。这种托盘应用范围最广，欧洲各国、加拿大、墨西哥等国家采用此种标准托盘居多。1 200 毫米 ×1 000 毫米托盘多用于化学工业。

（2）1100 系列（1 100 毫米 ×1 100 毫米）。这个尺寸系列是由发展较晚的国际集装箱最小宽度尺寸 2 330 毫米确定形成的。日本、韩国、新加坡等国家和地区所采用的标准托盘即为这个系列。1100 系列的托盘由于与 ISO 国际标准集装箱相配合，因此普及率很高。

（3）1140 系列（1 140 毫米 ×1 140 毫米）。此系列是对 1100 系列的改进，目的是充分利用集装箱的内部空间。

（4）1219 系列（1 219 毫米 ×1 016 毫米）。这是美国托盘的国家标准尺寸。

1996 年我国颁布的国家标准《联运通用平托盘主要尺寸及公差》（GB/T 2934—1996），将联运托盘的平面尺寸定为 800 毫米 ×1 000 毫米、800 毫米 ×1 200 毫米、1 000 毫米 ×1 200 毫米三种，具体尺寸、公差及叉孔高度如表 3-1 所示。

表 3-1 联运平托盘外部尺寸系列

<table>
<tr><th>代号</th><th>公称尺寸/
mm × mm</th><th>长度公差/
mm</th><th>宽度公差/
mm</th><th>叉孔高度尺寸/
mm</th><th>公差/
mm</th><th>载重量/
千克</th></tr>
<tr><td>TP1</td><td>800 × 1 000</td><td rowspan="3">±3</td><td rowspan="3">±3</td><td rowspan="3">使用托盘搬运车 100，使用叉车或其他机具 70</td><td rowspan="3">±6</td><td rowspan="3">1 000</td></tr>
<tr><td>TP2</td><td>800 × 1 200</td></tr>
<tr><td>TP3</td><td>1 000 × 1 200</td></tr>
</table>

2007 年，国家标准再次进行修订，从现行国际标准的尺寸规格中，选取了 2 种规格作为我国今后推行使用的标准托盘规格尺寸，即 1 200 毫米 ×1 000 毫米和 1 100 毫米 ×1 100 毫米两种，其中优先推荐 1 200 毫米 ×1 000 毫米。这两种标准托盘中，1 200 毫米 ×1 000 毫米为长方形托盘，1 100 毫米 ×1 100 毫米为正方形托盘。国家标准规定这样两种规格的托盘，便于在物流作业过程中根据装载的货物尺寸规格、集装箱和运输车辆的车厢尺寸等条件，灵活选用合适规格和形状的托盘。

阅读材料：托盘标准化建设的五种典型模式

四、托盘的集装方式及紧固方式

1. 集装方式的选择

在托盘上放同一形状的立体包装货物时，可采取各种交错咬合的办法码垛，以提高货垛的稳定性。从货物在托盘上堆码时的行列配置来看，托盘的集装方式有重叠式、纵横交错式、正反交错式和旋转交错式四种，如图 3－14 所示。

（1）重叠式。重叠式即各层码放方式相同，上下对应，各层之间不交错堆码。这种方式的优点是工人操作速度快，包装物四个角和边重叠垂直，能承受较大的荷重。缺点是各层之间缺少咬合作用，稳定性差，容易发生塌垛。在货体底面积较大情况下，采用这种方式具有足够稳定性。重叠式码放再配以各种紧固方式，不仅能保持稳固，而且装卸操作省力。

（2）纵横交错式。相邻两层货物的摆放旋转 90°角，一层成横向放置，另一层成纵向放置，层间纵横交错堆码。这种方式层间有一定的咬合效果，但咬合强度不高。重叠式和纵横交错式较适合自动装盘机进行装盘操作。

（3）正反交错式。同一层中，不同列的货物以 90°角垂直码放，相邻两层的货物码放形式是另一层旋转 180°码放。采用这种方式，不同层间咬合强度较高，相邻层之间不重缝，码放后稳定性很高，但操作较为麻烦。

（4）旋转交错式。第一层相邻的两个包装体都互为 90°角，两层间的码放又相差 180°角，这样相邻两层之间咬合交叉，托盘货体稳定性较高，不易塌垛。其缺点是码放难度较大，中央部分的无效空间也过大，致使托盘的利用率降低，从而降低托盘装载能力。

2. 紧固方式的选择

托盘货物的紧固是保证货物稳定性，防止塌垛、散垛，避免货差货损的重要手段。托盘货物紧固方法有如下 10 种：

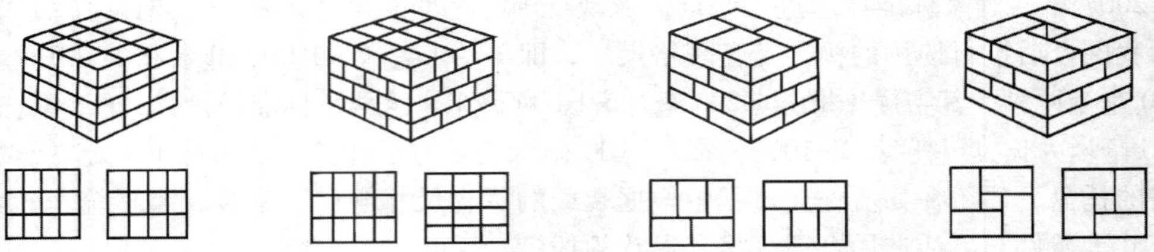

（奇数层）（偶数层）（奇数层）（偶数层）（奇数层）（偶数层）（奇数层）（偶数层）

(a) 重叠式 (b) 纵横交错式 (c) 正反交错式 (d) 旋转交错式

图 3－14 托盘的集装方式

（1）捆扎。捆扎是指用绳索、打包带等对托盘货物进行捆扎以保证货物的稳固。其方式有水平、垂直和对角等，如图 3－15 所示。捆扎打结的方法有扎结、黏合、热融、加卡箍等。捆扎可用于多种货物的托盘集合包装。

图 3－15 托盘货物捆扎

（2）加网罩紧固。这种方式主要用于装有同类货物的托盘的紧固，如图 3－16 所示。其多见于航空运输，将网罩套在航空专用托盘码垛的货物上，再将网罩下端的金属配件挂在托盘周围的固定金属片上，以防形状不整齐的货物发生倒塌。为了防水，可在网罩之下用防水层加以覆盖。

图 3－16 加网罩紧固

（3）加框架紧固。加框架紧固是将框架加在托盘货物相对的两面或四面以至顶部，再用打包带或绳索捆紧以起到紧固货物的作业，如图 3－17 所示。框架的材料以木板、胶合板、瓦楞纸板和金属板等为主。加固方法有固定式和结合式两种。采用结合式需要用打包带紧固，使托盘和货物结合成一体，增大货体刚性和稳定性。

（4）中间夹摩擦材料紧固。这种方式是指将具有防滑性的纸板、纸片或软性塑料片夹在各层容器之间以增加摩擦力，防止水平移动（滑动）或冲击时托盘货物各层间的移位，如图 3－18 所示。摩擦材料除纸板外，还有软质聚氨酯泡沫塑料等片状物。

（5）专用金属卡具固定。对某些托盘货物，最上部如可伸入金属夹卡，则可用专用夹卡将相邻的包装物卡住，以使每层货物通过金属卡具成为一个整体，防止个别分离滑落，如图 3－19 所示。

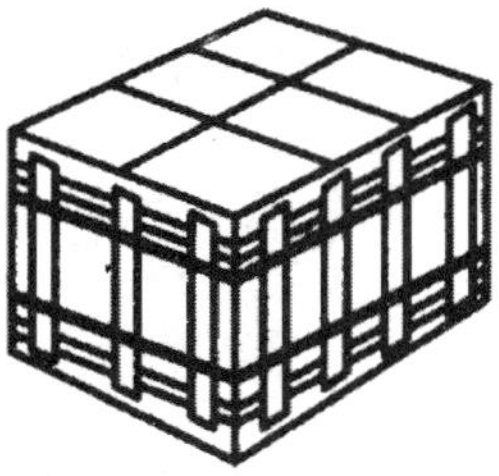

图 3－17　加框架紧固

图 3－18　中间夹摩擦材料紧固

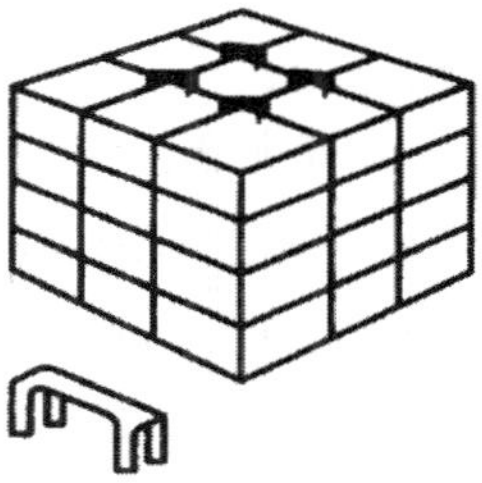

图 3－19　专用金属卡具固定

（6）黏合。在每层之间贴上双面胶条，可将两层通过胶条黏合在一起，这样可防止托盘上货物从层间发生滑落，如图 3－20 所示。

（7）胶带粘扎。托盘货体用单面不干胶包装带粘捆，即使胶带部分损坏，由于全部贴于货物表面，也不会出现散捆，如图 3－21 所示。与这种方式相近的，也有在货物表面涂耐热树脂，货物间不相互胶结但可以增加摩擦力。

（8）平托盘周边垫高。这种方式是指将平托盘周边稍微垫高，托盘上的货物会向中心互相依靠，在装卸搬运过程中，发生摇动、振动时可防止层间滑动错位，防止货垛外倾，因而能起到稳固作用，如图 3－22 所示。

图 3－20　黏合

图 3－21　胶带粘扎

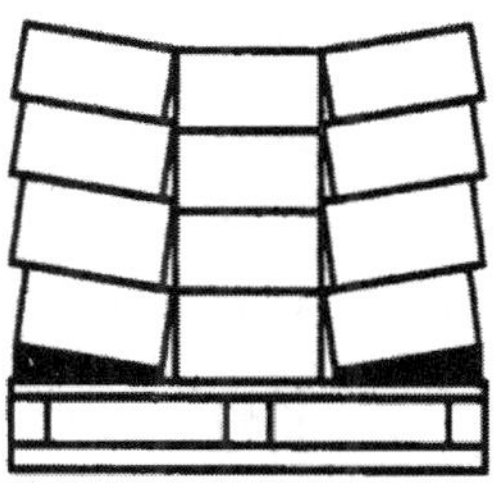

图 3－22　平托盘周边垫高

（9）收缩薄膜紧固。这种方式是指将热缩塑料薄膜套于托盘货体上，然后进行热缩处理，塑料薄膜收缩后，便将托盘货体紧固成一体。这种紧固形式属五面封，托盘下部与大气连通。它不但起到紧固、防止塌垛作用，而且由于塑料薄膜的不透水作用，还可起到防水、防雨的作用，这有利于克服托盘货体不能露天存放、需要仓库的缺点，可大大扩展托盘的应用领域。

（10）拉伸薄膜紧固。这种方式是指用拉伸塑料薄膜将货物和托盘一起缠绕包裹，当拉伸薄膜外力撤除后，收缩紧固托盘货体形成集合包装件。顶部不加塑料薄膜时，形成四面封；顶部加塑料薄膜时，形成五面封。拉伸包装不能完成六面封，因此不能防潮。此外，拉伸薄膜比收缩薄膜捆缚力差，只能用于轻量的集装包装。

五、塑料托盘的使用注意事项和维护保养

1. 塑料托盘的使用注意事项

物流行业中，塑料托盘的使用越来越广泛。正确合理使用塑料托盘，除让其行使正常功能外，还可以使托盘的使用寿命延长，从而降低采购成本。所以，在托盘的使用过程中，需要注意以下事项：

（1）应轻放塑料托盘，避免落地时受力不均，发生损坏。

（2）放置货物时，应均匀放置，避免搬运时发生侧歪。

（3）堆垛使用时，应考虑最下面一块托盘的承重。

（4）使用搬运设备时，应考虑货叉尺寸是否适合此塑料托盘使用，避免因尺寸不合适而撑坏塑料托盘。

2. 塑料托盘的维护保养

正确使用塑料托盘应该做到将货物包装组合码放在塑料托盘上，加上适当的捆扎和裹包，便于利用机械装卸和运输，从而满足装卸、运输和存储的要求。为了使塑料托盘能够长久安全地使用，塑料托盘也需要正确维护和保养。

（1）塑料托盘应避免遭受阳光暴晒，以免引起老化，缩短使用寿命。

（2）严禁将塑料托盘从高处抛落，避免因猛烈撞击而造成托盘破碎、开裂。

（3）严禁将货物从高处抛掷在塑料托盘内。合理确定货物在托盘内的堆放方式。货物均匀置放，不要集中堆放、偏心堆放。承载重物的托盘应放在平整的地面或物体表面上。

（4）托盘上货架时，必须采用货架型托盘，承载量根据货架结构而定，严禁超载使用。

（5）叉车或手动液压车作业时，货叉尽量向托盘叉孔外侧靠近，货叉应全部伸进托盘内，平稳抬起托盘后才可变换角度。货叉不可撞击托盘侧面，以免造成托盘破碎、开裂。

（6）在承载具有腐蚀性的物品时，注意物品的包装和装载，避免对托盘造成污染。

（7）在使用塑料托盘的时候，尽量不要将其放在潮湿阴暗的地方，以免影响其使用寿命。

任务实施

实训背景：

堆码是物流作业中最常见，也是必不可少的一个环节，合理堆码更是物流保管中一项重要的技术工作，它对维护物品质量、充分利用库房容积和提高装卸作业效率等具有重要影响。

现有80个纸箱，需要装在托盘上运送到某仓储公司存储保管，货物的规格为200mm×250mm×300mm，每箱货物重5kg，托盘尺寸为1 200mm×1 000mm。

实训要求：

3~4人为一组，用四种堆码方式在托盘上对货物进行堆码，以PPT形式展示堆码示意图及每种堆码方式的特点。

任务三　物流箱巧用——小箱子，大作用

任务导入

标准化物流周转箱循环共用可以有效替代现有纸箱、塑料袋、泡沫箱等传统包装材料，大幅减少一次性包装物用量，实现物流包装可循环、减量化，有利于改善市场环境、推进生态文明建设。同时，物流周转箱作为标准化包装和装载单元，可以实现模块化作业、集装化运输、智能化分拣，是推进物流业实现绿色化、模块化、机械化作业的关键要素。加快推广物流周转箱循环共用，对降低货物损耗、提高流通效率、支撑物流业高质量发展具有重要意义。

必备知识

一、物流箱的概念和特点

1. 物流箱的概念

物流箱也称为物流周转箱、周转箱，是广泛应用于物流运输、配送、储存、流通加工等环节的单元化设备。物流箱可与多种物流设备相配合，适用于仓库、生产现场等多种场合。随着物流管理越来越受重视，物流箱能够帮助企业进行物流容器的通用化、一体化管理，是生产及流通企业进行现代化物流管理的必要设备之一。

2. 物流箱的特点

（1）重量轻。物流箱重量轻，便于人工搬运，并降低运输成本。

（2）抗压性好。物流箱在使用、流转过程中，经常会受到各种外力的作用，包括正常使用情况下承受的负荷和受到意外的撞击、破坏。为使箱体不受损坏或产生较大的变形，箱体应有良好的拉伸强度、压缩强度、冲击强度、弯曲刚性及表面硬度等。

（3）对内装物的适应性好，既能对商品起到足够的保护作用，又不影响周转箱的使用性能。盛装食品一类商品的物流箱，产品的卫生性能应符合有关的卫生法规。

（4）受污染后容易清洗，不妨碍物流箱的重复使用。

（5）便于堆垛，有良好的堆垛稳定性。

二、物流箱的分类

物流箱可从不同角度进行分类，按照外形结构，可分为通用型、斜插型和折叠型等类型。

1. 通用型物流箱

通用型物流箱的四面箱壁与底面垂直，如图 3－23 所示。箱底面外围四边的尺寸与箱口内沿四边的尺寸一致，小于箱外壁的尺寸，因而在箱底上方构成堆垛凸台，以便周转堆垛时将上层箱的箱底卡入底层箱的箱口内，形成较紧密的配合，保证堆垛稳定可靠，并且可以保证在小倾角偏斜时不会造成滑垛。所以，通用型物流箱也称为可堆式物流箱，可以把相同规格或具有相同模数关系的物流箱多层堆垛。一般不带盖的物流箱满载时可堆叠 7～8 层，带盖时可堆叠 5 层。通用型物流箱有的设有箱盖，有的没有箱盖。箱盖的形式有扣盖和翻盖等类型。箱壁外侧一般都设有加强筋，以提高物流箱的装载能力，并减轻箱壁的变形。物流箱的短边两侧设有把手，以便于人工搬运。通用型物流箱被广泛应用于汽车、医药、烟草、家电等行业物流中的运输、储存、流通加工等闭环回路配送系统。

图 3－23 通用型物流箱

2. 斜插型物流箱

斜插型物流箱的四面箱壁与箱底面之间具有一定的倾斜角度，形成上大下小的倒梯形结构，以便于空箱堆垛时，上层箱可以插入底层箱内，从而减小所占用的空间，提高仓库和运输工具的有效空间利用率，如图 3－24 所示。

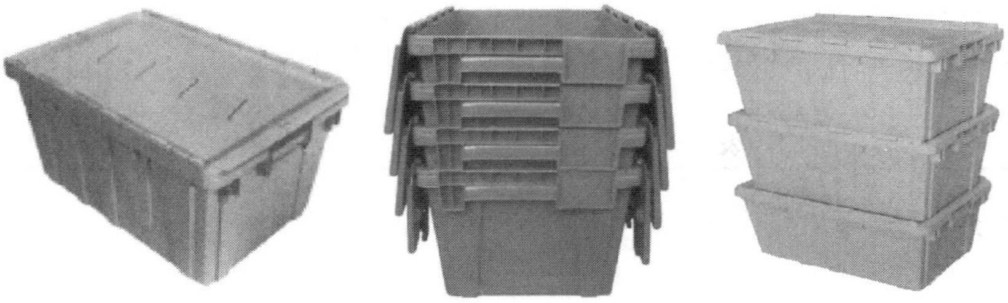

图 3 - 24 斜插型物流箱

3. 折叠型物流箱

折叠型物流箱的四面壁板可以折叠放平，以便于空箱堆垛或回空运输时将物流箱折叠堆垛，从而大大减少所占用的空间，提高仓库和运输工具的有效空间利用率，如图 3 - 25 所示。

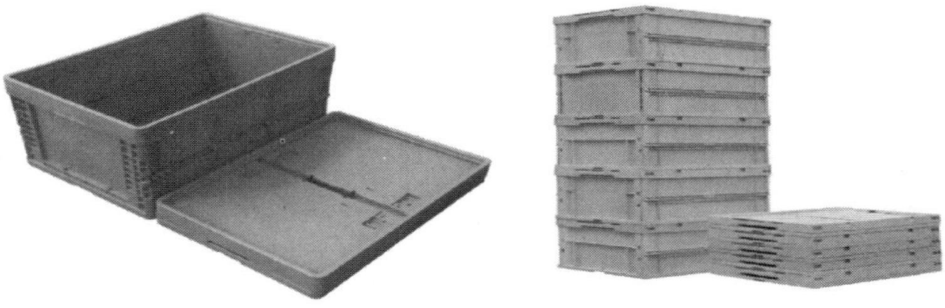

图 3 - 25 折叠型物流箱

阅读材料：在全国推广应用标准化物流周转箱

三、物流周转箱的规格尺寸系列

根据我国包装行业标准《塑料物流周转箱》（BB/T 0043—2007）的规定，标准规格的周转箱规格尺寸（长 × 宽）优先数系为：600mm × 400mm、400mm × 300mm、300mm × 200mm；高度优先数系为：120mm、160mm、230mm、290mm、340mm。采用标准规格尺寸系列，便于物流箱与托盘等物流器具实现完美的尺寸配合关系。标准规格周转箱的设计载重量一般为 70kg。

另外，《果蔬类周转箱尺寸系列及技术要求》（GB/T 39907—2021）中给出了果蔬类周转箱尺寸系列推荐，如表 3 - 2 所示 。以 600mm × 400mm 为宜，高度在 120mm ~ 340mm。受箱体尺寸的影响，600mm × 400mm 的周转箱最大箱体载重为 30kg，最大堆垛承重为

250kg；400mm×300mm的周转箱最大箱体载重为20kg，最大堆垛承重为250kg；300mm×200mm的周转箱，最大箱体载重为5kg，最大堆垛承重为60kg。

表3-2 果蔬类周转箱尺寸系列推荐

长（mm）×宽（mm）	高（mm）
600×400	120
	140
	160
	180
	220
	230
	290
	300
	340
400×300	120
	140
	160
	180
	220
	230
300×200	180
	220

四、物流箱的循环共用模式

循环共用是为了实现高效物流和资源有效循环，在区域或全国范围保障托盘、物流箱等运输包装物循环共用的网络及运营模式，是单元化物流载具合理的应用模式。以生鲜农产品为例，在物流箱循环共用模式下，从为农户提供生鲜物流箱开始，生鲜物流箱循环共用服务商将这些装满生鲜产品的物流箱从田间地头直接运送到零售终端。待终端使用完毕，服务商会对这些回收的周转箱进行清洗、维修、检查，以便下次循环共用。

据统计，从田间地头到消费者的餐桌这个过程中辗转环节过多，我国果蔬产品损耗率约25%，物流箱的使用可以降低果蔬在流通过程中的损耗，同时也响应了绿色发展的理念。

目前物流箱的循环共用模式主要有三种：租赁模式、交换模式和押金（借用）模式。

1. 租赁模式

租赁模式是物流箱循环共用的主流模式，其循环共用流程如图3－26所示。在该模式下，物流箱可贯穿于供应链全流程，大大降低了物流装卸成本，减少了包装费用，同时降低了货损率。

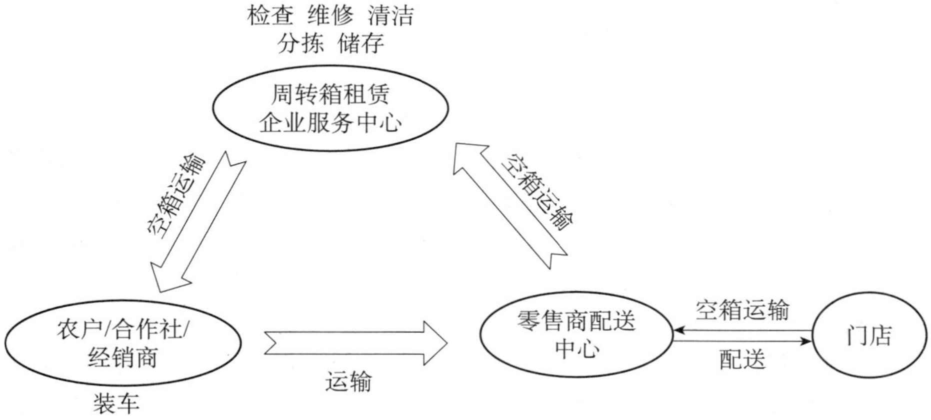

图3－26　周转箱的循环共用流程

2. 交换模式

该模式主要运用于“农超对接”的流通渠道中，对上下游企业协同性要求高。农业专业合作社或蔬果经销商与超市共同购买同一个公司生产的同种规格的物流箱，农业专业合作社或蔬果经销商用该物流箱盛装蔬果后送到超市配送中心，然后交换回同样数量的空箱。

3. 押金（借用）模式

该模式主要用于蔬果批发市场中，蔬果流通渠道中某个主体（超市/农业专业合作社/蔬果经销商）购买一批物流箱，当向上游采购或向下游销售果蔬时，通过收取押金或办理借用手续的方式，将一定数量的物流箱空箱或满箱转移到上下游使用，当物流箱归还时，再归还押金或办理退还手续。

五、物流箱的选用与养护

以塑料物流箱为例，质量较好的塑料物流箱，其使用寿命自然要比一般劣质的塑料物流箱长。任何物品都有产品的使用说明，塑料物流箱也是一样，它有具体的使用场合、使用方法。在使用过程中，按照使用说明书进行使用是必要的。

同时，在塑料物流箱的使用过程中要避免阳光暴晒，以免引起老化，缩短使用寿命。严禁将货物从高处抛掷在塑料物流箱内，应将货物均匀置放，不应集中堆放、偏心堆放；严禁将塑料物流箱从高处抛落，从而避免因猛烈的撞击而造成塑料物流箱破碎、开裂；堆垛使用时，应考虑塑料物流箱承重和堆垛高度最高限制。

在正确使用塑料物流箱以外，做好日常保养工作也是很有必要的，只有当养护工作做到位了，才能够避免不必要的磨损。对塑料物流箱要及时进行修补，以免损坏继续扩大化。

任务实施

实训背景：

近年来，我国汽车产业迅猛发展，与汽车产业密切相关的汽车物流行业，也面临着巨大的机遇和挑战。而汽车零部件物流作为汽车物流中最重要的一环，是连接汽车供应链体系中各级零部件供应商、整车生产企业及终端用户的纽带。零部件入厂物流是指供应部门在采购部门完成零部件采购活动后，将生产所需的零部件从供应商配送到整车生产企业生产线的物流活动。在取货环节中，物流商使用的塑料周转箱是重要的物流器具之一，尽管目前仍有相当数量的零部件供应商采用纸箱，但随着零部件入厂物流模式的不断进步，采用可循环使用的塑料周转箱已成为汽车生产企业和物流服务商的首选。

在塑料周转箱标准化的过程中，原有的塑料周转箱由于所有权分属不同企业，一部分为整车生产企业所有，一部分由零部件供应商自行提供，还有相当数量的塑料周转箱是第三方物流企业采购的资产，对塑料周转箱的标准化产生了一定的影响。

实训要求：

3～4 人为一组，讨论周转箱标准化的好处，并分析企业该如何管理周转箱。

任务四　集装箱巧用——装载世界，连接未来

任务导入

随着国家“一带一路”倡议深入实施以及铁路部门不断推行“散改集”运输模式，中欧班列东部通道作用日益凸显，口岸运量不断增加，一大批重点工程和服务项目落地生根，建成集运输、仓储、集散、通关功能为一体的哈尔滨国际集装箱中心站，相继完成了绥芬河货场改造，牡绥扩能改造，滨洲、滨绥铁路电气化改造，哈佳铁路建设，同江中俄黑龙江铁路铁路大桥铺轨贯通，口岸后方通道建设逐步完善。满洲里、绥芬河站相继投用95306“数字口岸”，实现口岸“无纸化通关”，出国机车由内燃机车升级为和谐型大功率机车，新型机车牵引重量达到6 000吨，结束超吨加挂补机的历史，与俄铁建立定期会晤沟通机制，常态化组织中欧班列“三并二”集并运输，国际联运业务办理更加高效便捷。

必备知识

一、集装箱的概念及特点

1. 集装箱的概念

我国国家标准《集装箱术语》（GB/T 1992—2023）中规定集装箱应具备下列条件：

（1）具有足够的强度，在有效使用期内能反复使用；

（2）适用于一种或多种运输方式，途中无须倒装；

（3）设有供快速装卸的装置，便于从一种运送方式转到另一种运输方式；

（4）便于箱内货物装满和卸空；

（5）内容积大于或等于 $1m^3$（$35.3ft^3$）。

集装箱既是一种包装方式，也是一种运输器具，在运输有包装的箱、坛、罐、袋等有一定强度和一定形态的货物时，是一种刚性或半刚性容器；在运输粉状或颗粒状的无包装散货时，是一种柔性容器。通常所说的集装箱一般是指具有一定容积，适合于在不同运输方式中转运，具有一定强度、刚度，能反复使用的金属箱。

2. 集装箱的特点

集装箱作为一种集合运输包装，有着其他包装形式无法比拟的优点：

（1）强度高、保护防护能力强，因而货损小。

（2）功能多，本身还是一个小型的储存仓库。因此，使用集装箱，可以不再配置仓库、库房。

（3）可以重叠堆放，有利于提高单位地面的储存数量，在车站、码头等待外运，占地也较少。

（4）在几种集装方式中，尤其在散杂货集装方式中，集装箱的集装数量较大。集装箱的装载量与自重之和，最高可达 30 吨以上。

（5）集装箱还具有标准化装备的一系列优点，例如：尺寸、大小、形状有一定规定，便于对装运货物和承运设备作出规划；可统一装卸、运输，简化装卸工艺，通用性、互换性强，有利于实现物流的通用化、系统化和配套化，提高物流作业效率。

但是集装箱也存在着较为明显的缺点，这些缺点限制了集装箱在更广的范围中的应用，主要包括：

（1）自重大，因而无效运输、无效装卸的比重大。物流过程中，许多劳动消耗于箱体本身，增加了货物的运费。

（2）本身造价高，需要大量投资，会产生资金困难，提高物流成本。

（3）集装箱租赁返还时必须空箱，这就造成了浪费，从而影响了经济效益。

二、集装箱的分类

集装箱的形式和种类多样，以满足不同的集装货物和使用场合的要求。根据用途、尺寸、材料、结构，集装箱可分为不同的种类：按材料可分为钢集装箱、铝集装箱、玻璃钢集装箱、不锈钢集装箱；按结构可分为内柱式集装箱和外柱式集装箱、折叠式集装箱和固定式集装箱、预制骨架式集装箱、薄壳式集装箱等。使用较多的是按用途分类。以下是几种常见的集装箱。

1. 通用干货集装箱

通用干货集装箱也称为杂货集装箱，如图3－27所示，用来运输无须控制温度的件杂货。这种集装箱通常为封闭式，在一端或侧面设有箱门。它通常用来装运文化用品、化工用品、电子机械、工艺品、医药、日用品、纺织品及仪器零件等。它是平时最常用的集装箱。不受温度变化影响的各类固体散货、颗粒或粉末状的货物都可以由这种集装箱装运。

2. 保温集装箱

保温集装箱是为了运输需要冷藏或保温的货物，所有箱壁都采用导热率低的材料而制成的集装箱，可分为以下三种：

（1）冷藏集装箱。它是以运输冷冻食品为主，能保持一定温度的保温集装箱，如图3－28所示。它是专为运输鱼、肉、新鲜水果、蔬菜等食品而特殊设计的。目前国际上采用的冷藏集装箱基本上分两种：一种是集装箱内带有冷冻机的，叫机械式冷藏集装箱；另一种箱内没有冷冻机而只有隔热结构，即在集装箱端壁上设有进气孔和出气孔，箱子装在舱中，由船舶的冷冻装置供应冷气，这种叫离合式冷藏集装箱（又称外置式冷藏集装箱）。

图3－27　杂货集装箱

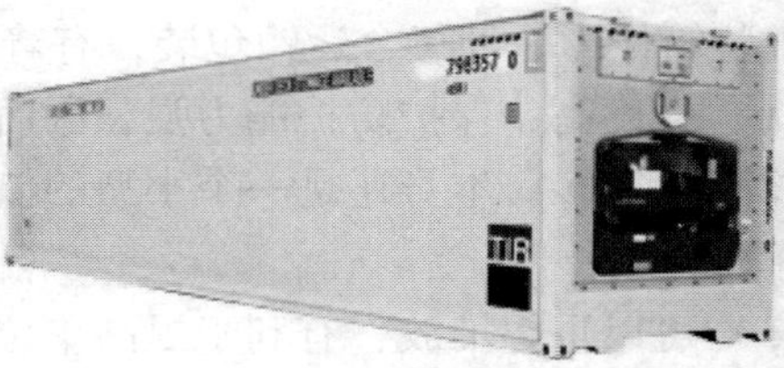

图3－28　冷藏集装箱

（2）隔热集装箱。它是为载运水果、蔬菜等货物，能够防止温度上升过多，以保持货物鲜度而具有充分隔热结构的集装箱。它通常用冰作制冷剂，保温时间为72小时左右。

（3）通风集装箱。它是专为装运水果、蔬菜等货物而使用的集装箱，在端壁和侧壁上设有通风孔，如将通风口关闭，同样可以作为杂货集装箱使用。

3. 罐式集装箱

罐式集装箱是专用以装运酒类、油类（如动植物油）、液体食品以及化学品等液体货物的集装箱，如图3－29所示。它还可以装运其他液体危险货物。这种集装箱有单罐和多罐数种，罐体四角由支柱、撑杆构成整体框架。

4. 散货集装箱

散货集装箱是一种密闭式集装箱，如图3－30所示。它有玻璃钢制和钢制两种。前者由于侧壁强度较大，故一般用以装载麦芽和化学品等相对密度较大的散货，后者则用于装载相对密度较小的谷物。散货集装箱顶部的装货口应设水密性良好的盖，以防雨水侵入箱内。

5. 台架式集装箱

台架式集装箱是没有箱顶和侧壁，甚至连端壁也去掉，而只有底板和四个角柱的集装

图3－29　罐式集装箱

图3－30　散货集装箱

箱，如图3－31所示。这种集装箱可以从前后、左右及上方进行装卸作业，适合装载长大件和重货件，如重型机械、钢材、钢管、木材、钢锭等。台架式集装箱没有水密性，怕水湿的货物不能装运，或用帆布遮盖装运。

6. 平台集装箱

平台集装箱是在台架式集装箱上再简化而只保留底板的一种特殊结构集装箱。平台的长度和宽度与国际标准集装箱的箱底尺寸相同，可使用与其他集装箱相同的紧固件和起吊装置。这种集装箱的采用打破了过去一直认为集装箱必须具有一定容积的概念。

7. 敞顶集装箱

敞顶集装箱是一种没有刚性箱顶的集装箱，但有由可折叠式或可折式顶梁支撑的帆布、塑料布或涂塑布制成的顶篷，其他构件与通用集装箱类似，如图3－32所示。这种集装箱适于装载大型货物和重货，如钢铁、木材，特别是像玻璃板等易碎的重货，利用吊车从顶部吊入箱内，不易损坏，也便于在箱内固定。

图3－31　台架式集装箱

图3－32　敞顶集装箱

8. 汽车集装箱

汽车集装箱是专门用于装运小型商品车的集装箱。汽车集装箱的结构，有的与普通杂货集装箱相似，有的是在简易箱底上装一个钢制框架，没有端壁和侧壁。箱底采用防滑钢板，以防止汽车在箱内滑动，箱内还设有固定汽车的装置。一般小型汽车的高度为1.35～1.45m，如果在标准高度（2.438m）的集装箱内装载单层汽车，则会造成集装箱容积极大的浪费。所以，为了提高集装箱容积利用率，双层汽车集装箱应用较多，而双层汽车集装箱的高度显然高于国际标准集装箱。

9. 动物集装箱

动物集装箱是一种装运鸡、鸭、鹅等活家禽和牛、马、羊、猪等活家畜用的集装箱。为了遮蔽太阳，箱顶采用胶合板覆盖，侧面和端面都有用铝丝网制成的窗，以求有良好的通风。侧壁下方设有清扫口和排水口，并配有上下移动的拉门，可把垃圾清扫出去。另外，还必须装有喂食口。动物集装箱在船上一般应装在甲板上，因为甲板上空气流通，便于清扫和照顾。

10. 服装集装箱

服装集装箱的特点是在箱内上侧梁上装有许多根横杆，每根横杆上垂下若干条皮带扣、尼龙带扣或绳索，成衣利用衣架上的钩，直接挂在带扣或绳索上。这种服装装载法属于无包装运输，不仅节约了包装材料和包装费用，而且减少了人工劳动，提高了服装的运输质量。

三、集装箱标准

为了有效地开展国际集装箱多式联运，必须强化集装箱标准化，进一步做好集装箱标准化工作。集装箱标准按照使用范围划分，有国际标准、国家标准、地区标准和公司标准四种。

1. 国际标准

国际标准集装箱是指根据国际标准化组织第 104 技术委员会（ISO/TC104）制定的国际标准来制造和使用的国际通用的标准集装箱。

ISO/TC104 自 1961 年成立以来，对集装箱国际标准做过多次补充、增减和修改，现行的国际标准为第 1 系列，共 13 种，其宽度均一样（2 438mm），长度有四种（12 192mm、9 125mm、6 058mm、2 991mm），高度有四种（2 896mm、2 591mm、2 438mm、小于 2 438mm），如表 3 - 3 所示。

表 3 - 3 国际标准集装箱尺寸

规格/ft	箱型	长度/mm	宽度/mm	高度/mm	最大总重量	
					kg	lb
40	1AAA	12 192	2 438	2 896	30 480	67 200
	1AA			2 591		
	1A			2 438		
	1AX			<2 438		
30	1BBB	9 125		2 896	25 400	56 000
	1BB			2 591		
	1B			2 438		
	1BX			<2 438		
20	1CC	6 058		2 591	24 000	52 900
	1C			2 438		
	1CX			<2 438		
10	1D	2 991		2 438	10 160	22 400
	1DX			<2 438		

2. 国家标准

国家标准是指各国政府参照国际标准并考虑本国的具体情况而制定的本国的集装箱标准。我国现行国家标准《系列 1 集装箱 分类、尺寸和额定质量》（GB/T 1413－2023）规定了集装箱的分类、尺寸和额定质量。

3. 地区标准

地区标准是由地区组织根据该地区的特殊情况制定的。地区标准集装箱仅适用于该地区，如根据欧洲国际铁路联盟（VIC）所制定的集装箱标准而制造的集装箱。

4. 公司标准

某些大型集装箱船公司会根据本公司的具体情况和条件制定集装箱船公司标准。公司标准集装箱主要在该公司运输范围内使用，如美国海陆公司的 35ft 集装箱。

此外，目前世界上还有不少非标准集装箱：非标准长度集装箱有美国海陆公司的 35ft 集装箱、总统轮船公司的 45ft 及 48ft 集装箱；非标准高度集装箱主要有 9ft 和 9. 5ft 两种高度集装箱；非标准宽度集装箱有 8. 2ft 宽度集装箱等。

四、集装箱的结构

集装箱的结构根据箱体种类的不同而有所差异，但就普通集装箱而言，基本结构都是由上下纵梁、上下横梁和四个角柱构成矩形箱体框架，然后铺设箱顶、箱底、前端壁、后端壁和左右两侧壁并开设箱门，在箱顶部和箱底部的四个角上还分别设有四个专用的角件，如图 3－33 所示。

1—顶板　2—右侧壁　3—上横梁　4—顶角件　5—内衬板　6—底板　7—下横梁
8—底角件　9—角柱　10—下纵梁　11—后端门　12—左侧壁　13—上纵梁　14—前端壁

图 3－33　集装箱的结构

上下纵梁、上下横梁和四个角柱是集装箱主要的承载构件，由高强度钢材制成；箱板一般由整板制成，在集装箱堆垛时也不承受较大的载荷，所以有的集装箱箱顶做成软顶或者无顶，形成敞顶集装箱；箱底用以承载货物，由若干横向布置的底梁与两侧下纵梁相连接构成箱底骨架，然后铺设底板构成，具有较高的承载强度，箱底一般还设有供叉车叉取的横向叉孔。

集装箱顶部和底部的四个角件用于支承、装卸、堆垛和拴固集装箱。顶部的四个角件称为顶角件，主要用于集装箱装卸搬运设备对集装箱进行起吊装卸作业；底部的四个角件称为底角件，主要用在汽车和火车上拴固集装箱。

集装箱规定结构方位是为了明确集装箱的前、后、左、右以及纵、横的方向和位置，以便于对集装箱的结构进行描述。通常把集装箱装在汽车上时，靠向驾驶室的一端称为前端，另一端为后端；从集装箱的后端向前看去，右手边为右侧，左手边为左侧；由前至后称为纵向，由左至右称为横向。

一般集装箱的前端壁为封闭的，称为盲端；后端一般为开门端，所以大多数集装箱为后端开门。除此之外，集装箱的开门形式还有侧面开门、前后两端开门、后端开门并且左右单侧或两侧局部开门、后端开门并且左右单侧或两侧完全开门等多种形式。对于专用散货集装箱和敞顶集装箱，其顶部的敞口实际上属于一种顶部开门的形式。集装箱开门形式的选择，主要是根据不同的货物类别，考虑货物装卸作业的方便程度。

五、集装箱的使用管理

1. 集装箱的标记

为了便于集装箱在流通和使用中的识别和管理，便于单据编制和信息传输，国际标准化组织制定了集装箱标记，如图 3－34 所示。

图 3－34 集装箱标记示例

国际标准化组织的标记有必备标记和自选标记两类。

（1）必备标记。

1）箱主代码。国际标准化组织规定，箱主代码由四个大写的拉丁字母表示，前三位由箱主自己规定，第四个字母一律用 U 表示。

2）顺序号。顺序号又称箱号，由 6 位阿拉伯数字组成。如果有效数字不是 6 位，则在有效数字前用“0”补足 6 位，如“053842”。

3）校验码。校验码又称核对数，是用来核对箱主代码和顺序号记录是否准确的依据。它位于顺序号后，以一位阿拉伯数字加一方框表示。

4）额定重量和自定重量标记。额定重量即集装箱总重，自重即集装箱空箱质量（或空箱重量），《系列 1 集装箱 分类、尺寸和额定质量》（ISO 688：2020，IDT）规定应以千克（kg）和磅（lb）同时表示。

5）登箱顶触电警告标记。该标记为黄色底各色三角形，一般设在罐式集装箱和位于登顶箱顶的扶梯处，以警告登箱顶者有触电危险。

（2）自选标记。

1）国家和地区代码。国家和地区代码以两个或三个英文字母表示。例如：以 CN 或 PRC 表示中国，US 或 USA 表示美国，GB 或 GBX 表示英国等。

2）尺寸代码。尺寸代码由两位阿拉伯数字组成，以表示集装箱尺寸大小。

3）类型代码。类型代码由一个英文字母加一个阿拉伯数字组成，说明集装箱类型。

2. 集装箱的箱务管理

集装箱箱务管理，涉及集装箱的配置、租赁、调运、保管、交接、发送、检验、修理等多项工作。由于集装箱是一种比较昂贵的设备，因此合理配置集装箱，做好箱务管理工作，对提高集装箱的利用率、降低有关费用具有十分重要的意义。

集装箱运输通常为班轮运输。班轮公司考虑自身的投资能力、管理能力和经济效益，对所需集装箱通常采用如下三种策略进行配置：一是全部由班轮公司自备；二是部分集装箱由班轮公司自备，部分箱量向租箱公司租入；三是需要配置的箱量全部向租箱公司租入。

集装箱租赁业务发展十分迅速。集装租赁的方式大致分为期租、程租和灵活租赁三种方式。期租是指定期租赁的方式，按租期的长短分为长期租赁和短期租赁两类。长期租赁一般指租期 3～10 年的租赁，短期租赁指租期 3 年以下的租赁。程租是指根据一定的班轮航次进行租箱的租赁方式。程租又可分为单程租赁和来回程租赁两种。单程租赁的特点是从发货地提箱，而从目的地还箱，一般适用于往返货源不平衡的航线；来回程租赁则是指提、还箱在同一地区的租赁方式，原则上在提箱点还箱，一般适合于往返货源平衡的航线，租期可以是一个往返航次，也可以是连续几个往返航次，由于不存在空箱回运的问题，因而租金通常低于单程租赁。灵活租赁是一种在租箱合同有效期内，承租人可在租箱公司指定地点灵活地进行提、还箱的租赁方式。它兼有“期租”和“程租”的特点，一般租期为一年。

为了能够随时掌握和控制集装箱在周转使用过程中的各种状态，必须采用先进的管理信息系统，对集装箱实行动态跟踪管理。计算机跟踪管理的方式是目前集装箱班轮公司和租箱公司普遍采用的高效管理方式。这种方式的基本做法是：先将集装箱必要的特征信息，如箱号、箱型、尺寸、购（租）箱地点、日期等预先存储在计算机内；再将集装箱的日常动态信息通过适当的形式及时输入计算机系统，从而可实现对集装箱的可视化。

阅读材料：宁波集装箱海铁联运业务量创历史新高

任务实施

实训背景：

在集装箱允许装箱的情况下，尽可能多装货物，提高集装箱的利用率。

某公司产品每箱毛重130kg，包装均为800mm×600mm×500mm的木箱，产品装箱叠高限制为10个，可随意颠倒。

实训要求：

3~4人为一组，计算20英尺标准集装箱最多可以装多少个箱子，并做出配柜方案。

项目小结

本项目涉及的知识点包括集装单元化的定义、类型，常见的集装器具托盘、周转箱及集装箱的特点、标准及使用等。托盘作为集装箱器具的典型代表，具有多种形式和较宽广的适用范围，要提高托盘的使用效率就要对托盘的性能参数进行细致的分析，并针对性地提出满足实际物流作业需要的解决方案。集装箱是大型物流集装设备，集装箱具有性能优势，方便实现多式联运，是未来物流发展的主要方向。

项目自测

一、单项选择题

1. 装载豆类、谷物、硼砂、树脂等各种散堆颗粒状、粉末状的集装箱选用（　　）。

A. 杂货集装箱　　B. 散货集装箱
C. 开顶集装箱　　D. 罐装集装箱

2. 托盘码垛的方式有：（　　）、纵横交错式、正反交错式和旋转交错式四种。

A. 水平交错式　　B. 重叠式
C. 垂直交错式　　D. 复合式

3. 平托盘按叉车的插入方式分类，较为灵活的是（　　）。

A. 单向进叉型　　B. 双向进叉型
C. 二向进叉型　　D. 四向进叉型

4. 使用量最大的托盘是（　　）。

A. 轮式托盘　　B. 立柱式托盘　　C. 箱式托盘　　D. 平托盘

5. 在多层堆码保管时，能有效保护下层货物的托盘是（　　）。

A. 轮式托盘　　B. 立柱式托盘　　C. 箱式托盘　　D. 平托盘

6.（　　）是在台架式集装箱基础上再简化而只保留底板的一种特殊结构集装箱。

A. 平台集装箱　　B. 柱式集装箱

C. 罐式集装箱　　D. 台架式集装箱

7. 立柱式托盘的主要作用是（　　）。

A. 防止货物塌垛，便于托盘装卸　　B. 防止货物塌垛，利于堆高叠放

C. 利于堆高叠放，便于托盘装卸　　D. 增加堆放量，便于托盘装卸

二、多项选择题

1. 防止托盘散垛的方法有（　　）。

A. 捆扎　　B. 加框架紧固

C. 专用金属卡具固定　　D. 加网罩紧固

E. 胶带粘扎

2. 物流箱可从不同角度进行分类，按照外形结构，可分为（　　）。

A. 通用型　　B. 折叠型　　C. 反转型　　D. 斜插型

3. 从货物在托盘上堆码时的行列配置来看，托盘集装方式有（　　）。

A. 重叠式　　B. 纵横交错式

C. 旋转交错式　　D. 正反交错式

三、判断题

1. 我国联运托盘大多采用平托盘，以便于叉车、货架、仓库的标准化。（　　）

2. 集装化设备是指集装箱。（　　）

3. 平托盘的特点是防护能力强，可有效防止散垛，防止货损。（　　）

4. 集装箱能长期反复使用，具有足够的强度。（　　）

5. 物流现代化的标志是集装单元化。（　　）

四、简答题

1. 简述物流作业中使用托盘的优势。

2. 简述物流箱的循环共用模式。

3. 简述集装单元化的基本原则。

五、案例分析题

规划布局冷链物流基础设施　发展冷链多式联运

近年来，随着人民生活水平的不断提高，我国对冷链物流运输的需求快速增长。特别是在生鲜食品、农副产品、疫苗、药品等诸多领域，冷链物流运输发挥着越来越重要的作用。

交通运输部采取一系列举措，推进冷链物流运输加快发展，取得了积极成效。近几年来，全国冷链运输车辆保有量年均增速达到20%以上，截至2021年底，已达34万辆，冷库容量达1.96亿立方米，冷链运输基础设施逐步完善，组织模式不断创新，为冷

链物流加快发展创造了良好的环境。

为认真贯彻落实国家《“十四五”冷链物流发展规划》，交通运输部会同有关部门印发了《关于加快推进冷链物流运输高质量发展的实施意见》，聚焦冷链物流运输发展面临的重点难点问题，出台一系列政策举措，加快推进冷链物流运输高质量发展。

一是加快完善基础设施网络。一方面，要优化枢纽、港、站冷链设施布局；另一方面，要完善产销冷链运输设施网络。要结合国家冷链物流骨干通道网络建设，依托所在地的货运枢纽、主要港口、铁路物流基地、枢纽机场，统筹规划布局冷链物流基础设施，拓展冷链物流运输服务功能，提升支撑保障能力。在城市和乡村的产销地，要进一步改善冷链物流的设施条件，着力解决“最初一公里”和“最后一公里”问题，不断提升便民服务水平。

二是推动技术装备更新升级。要在运输工具专业化和运载单元标准化等方面下功夫，推动冷链运输车辆按规定配备制冷和温度监测设备，推广应用标准化周转箱、托盘等运载单元，推广应用智能化温控设施设备。

三是创新运输组织服务模式。积极发展冷链多式联运、公路冷链专线、冷鲜航班等运输模式，培育冷链运输骨干企业，支持冷链物流企业建设网络货运平台，优化整合产品、冷库、冷链运输车辆等资源，提升冷链运输服务品质。

四是健全冷链运输监管体系。研究制定道路冷链运输管理规定，完善冷链物流细分领域运输服务标准规范，建立冷链运输追溯管理制度，加强冷链运输市场动态运行监测等方面，进一步提高冷链运输监管水平。

问题： *在冷链物流运输高质量发展中，为什么要推广应用标准化周转箱、托盘等运载单元？*

项目四
装卸搬运装备使用

学习目标

※ 应知目标

- 了解装卸搬运装备的种类
- 掌握叉车的技术参数及常见叉车类型
- 熟悉 AGV 的分类，理解其自动导引原理
- 掌握常用轻型搬运车的主要类型和特点
- 掌握起重机械的基本特点和适用范围

※ 应会目标

- 能够根据装卸搬运作业的特点选择合适的装卸搬运设备
- 能够结合装卸搬运技术及作业需求初步制定合理的装卸作业流程

※ 素养目标

- 认识现代化的装卸搬运装备，培养创新意识和安全生产的职业意识

引导案例

正面吊的应用

2021 年 9 月 27 日，国家能源集团铁路装备公司“基于驮背运输的多式联运成套技术及战略体系研究”项目荣获全国现代物流科技创新奖一等奖，进一步助推非煤运输跨越式发展。图 4－1 为正面吊在铁路集装箱中的使用。

图 4－1　正面吊正在进行集装箱装载工作

2022 年 5 月 14 日，一季度央视财经“挖掘机指数”报告发布。报告显示，湖北一季度正面吊即集装箱正面起重机累计平均开工时长达 221.64 小时，为近三年之最，同比增长 13.5%，增幅为全国第一。纵观湖北省内各类设备，正面吊成为工作量增长的“黑马”，汽车起重机、拖泵紧随其后。一季度黄冈、黄石、荆门、荆州、襄阳、孝感 6 个市，以及省直辖行政单位（含仙桃市、潜江市、天门市、神农架林区）的正面吊累计平均工作时长均为正增长。这其中，除了黄石市，其他市州及林区正面吊类别、累计平均工作时长均创下三年来新高。最“勤奋”的一批正面吊在孝感市，一季度累计平均工作时长为 734.5 小时。

解析：物流活动中的货物种类繁多，来源广泛，外形和特点各不相同，为了适应各类货物的装卸搬运和满足装卸搬运过程中各环节的不同要求，就必须不断创新和发展装卸搬运机械装备，只有这样才能加快物流业的高质量发展和现代物流业的转型升级。

任务一　认识装卸搬运装备
——物流搬运的好帮手

任务导入

装卸搬运工作的好坏，直接影响物流的效率和效益。在装卸搬运作业中，要不断反复进行装、搬、卸操作，这些都靠装卸搬运机械有效衔接。合理配置和应用装卸搬运机械，安全、迅速、优质地完成货物装卸、搬运和码垛等作业任务，是实现装卸搬运机械化、提高物流现代化的一项重要内容。

必备知识

一、装卸搬运装备的概念

装卸搬运是指在一定的区域内（通常指某一个物流节点，如车站、码头、仓库等），以改变物品的存放状态和空间位置为主要内容的活动。在实际操作中，装卸与搬运是密不可分的，两者是伴随在一起发生的。装卸搬运活动把运输、保管、包装、流通加工、配送等物流活动联结起来，成为连续的流动过程。

装卸搬运装备是指用来搬移、升降、装卸和短距离输送物料或货物的机械。装卸搬运装备是实现装卸搬运作业机械化的基础，是物流系统中使用频率最高、使用数量最多的一类物流设备。它广泛应用于港口、码头、货运站场、配送中心、物流中心等场所，完成货物的装卸、搬运、堆垛等作业。

二、装卸搬运装备的作用

装卸搬运装备是实现装卸搬运作业机械化和自动化的物质技术基础，也是实现装卸搬运合理化、效率化、省力化的重要技术手段。大力推广和应用装卸搬运装备，不断更新装卸搬运装备和实现现代化管理，对于加快现代物流发展有着十分重要的作用。装卸搬运装备在物流系统中具有以下作用：

（1）提高装卸效率，节省劳动力，减轻装卸工人的劳动强度，改善劳动条件。

（2）缩短装卸搬运作业时间，加速运输工具周转，加快货物的送达速度。

（3）提高装卸搬运作业的质量，减少货损货差，保证货物的完好和运输安全。

（4）充分利用货位，加速货位周转，减少货物堆码的场地面积和堆存时间，提高堆场、仓库等的利用率。

（5）降低装卸搬运作业成本，提高经济效益。装卸搬运装备的应用可以提高装卸搬运作业效率，而效率的提高会使每吨货物分摊到的作业费用相应减少，从而使装卸搬运作业成本降低，进而降低物流成本。

三、装卸搬运装备的分类

装卸搬运装备种类很多，分类方法也很多，常按以下方法进行分类：

1. 按主要用途或结构特征分类

按主要用途或结构特征分类，装卸搬运装备可分为起重机械、连续运输机械、装卸搬运车辆和专用装卸搬运机械。其中，专用装卸搬运机械是指带专用取物装置的装卸搬运机械，如托盘专用装卸搬运机械、集装箱专用装卸搬运机械、船舶专用装卸搬运机械和分拣专用机械等。

2. 按作业方向分类

按作业方向分类，装卸搬运装备可分为水平方向作业的装卸搬运装备、垂直方向作业的装卸搬运装备、混合方向作业的装卸搬运装备。

（1）水平方向作业的装卸搬运装备。这种装卸搬运装备的主要特点是沿地面平行方向实现物资的空间转移，如各种机动、手动搬运车辆，各种皮带式、平板式输送机等。

（2）垂直方向作业的装卸搬运装备。这种装卸搬运装备所完成的是物资沿着与地面垂直方向的上下运动，如各种升降机、堆垛机等。

（3）混合方向作业的装卸搬运装备。这种设备综合了水平方向和垂直方向两类装卸搬运装备的特长，在完成一定范围的垂直作业的同时，还要完成水平方向的移动，如门式起重机、桥式起重机、叉车、轮胎起重机等。

3. 按作业性质分类

按作业性质分类，装卸搬运装备可分为装卸机械、搬运机械及装卸搬运机械三类。有些装卸搬运机械功能比较单一，只满足装卸或搬运的一个功能，这种单一作业功能的机械结构简单，专业化作业能力较强，因而作业效率高，作业成本低，但使用上受局限，即由于其功能单一，作业前后需要烦琐的衔接，会降低整个系统的效率。单一装卸功能的机械有手动葫芦、固定式起重机等。搬运机械主要有各种搬运车、带式输送机等。装卸、搬运两种功能兼有的机械可将两种作业操作合二为一，因而有较好的效果。这种机械有叉车、跨运车、车站用的龙门起重机和气力装卸输送机械等。

4. 按装卸搬运货物的种类分类

按装卸搬运货物的种类分类，装卸搬运装备可分为长大笨重货物的装卸搬运机械、散装货物的装卸搬运机械、成件包装货物的装卸搬运机械、集装箱货物的装卸搬运机械。

（1）长大笨重货物的装卸搬运机械。长大笨重货物通常是指大型机电设备、各种钢材、大型钢梁、原木和混凝土构件等，具有长、大、重、结构和形状复杂的特点。这类货物的装卸搬运作业通常采用轨行式起重机和自行式起重机两种。其中，轨行式起重机有龙门式起重机、桥式起重机和轨道起重机，自行式起重机有汽车起重机、轮胎起重机和履带起重机等。长大笨重货物运量较大并且货流稳定的货场、仓库，一般配备轨行式起重机；运量不大或作业地点经常变化时，一般配备自行式起重机。

（2）散装货物的装卸搬运机械。散装货物通常是指成堆搬运不计件的货物，如煤、焦炭、沙子、白灰和矿石等。散装货物一般采用抓斗起重机、装卸机、链斗装车机和输送机等进行机械装车；机械卸车主要用链斗卸车机、螺旋式卸车机和抓斗起重机等。散装货物搬运主要用输送机。

（3）成件包装货物的装卸搬运机械。成件包装货物一般是指怕湿、怕晒和需要在仓库内存放并且多用棚车装运的货物，如日用百货、五金器材等。这种货物包装方式很多，主要有箱装、筐装、桶装、袋装和捆装等。该类货物一般采用叉车，并配以托盘进行装卸搬运作业，还可以使用牵引车和挂车、带式输送机等解决成件包装货物的搬运问题。

（4）集装箱货物的装卸搬运机械。1 吨集装箱一般选用 1 吨内燃叉车或电瓶叉车作业。5 吨及以上集装箱采用龙门起重机或旋转起重机进行装卸作业，还可采用集装箱跨运车、集装箱牵引车和集装箱搬运车等。

任务实施

实训背景：

装卸搬运装备所装卸搬运的货物来源广、种类繁多、外形和特点各不相同，如箱装货物、袋装货物、桶装货物、散货、易燃易爆及剧毒品等。为了适应各类货物的装卸搬运要求和满足装卸搬运中各个不同环节的要求，各种装卸搬运装备应运而生。目前，装卸搬运装备的机种和机型已达数千种，而且各国仍在不断研制新机种、新机型。

实训要求：

3 ~4 人为一组，分析装卸搬运装备的选择原则有哪些。

任务二　叉车应用——驾驭叉车，轻松搬运

任务导入

随着经济的发展，现代物流对物流装备技术的应用提出了更高的要求。叉车是目前物流领域广泛使用的一种装备，已经成为现代物流系统中的重要组成部分，是物料搬运设备中的主力军，是机械化装卸、堆垛和短距离运输的高效设备，在物流系统的运作过程中发挥着重要作用。叉车广泛应用于港口、车站、机场、货场、工厂车间、仓库、流通中心和配送中心等，并可进入船舱、车厢和集装箱内，进行成件、成包装件或成托盘货物的装卸、搬运、堆码、拆垛和短距离运输等工作。

必备知识

一、叉车的概念与特点

1. 叉车的概念

叉式装卸车简称叉车，又名铲车，是指用货叉或其他工作装置自行装卸货物的起升车辆，属于物料搬运机械。

2. 叉车的特点

在物流装卸作业中，叉车能够减少装卸工人繁重的体力劳动、提高装卸效率、降低装卸成本。此外，它还具有以下特点：

（1）机械化程度高。在使用各种自动取物装置或在货叉与货板配合使用的情况下，叉车可实现装卸作业机械化，无需体力劳动。

（2）机动灵活性好。叉车尺寸小、重量轻，能在作业区域内任意调动，适应货物数量及货流方向的改变，可机动地与其他起重运输机械配合工作，提高机械使用率。

（3）可以一机多用。叉车在配备与使用各种工作属具，如货叉、铲斗、臂架、串杆、货夹、抓取器、倾翻叉等之后，可以适应不同品种、形状和大小的货物的装卸作业，提高装卸效率。

（4）提高仓库容积利用率。叉车最大起升高度可达3～5m。

（5）有利于托盘成组运输和集装箱运输。

（6）与大型起重机械相比，叉车的成本低、投资少、经济效益好。

二、叉车的结构

不同的叉车虽然在功能上有一定差异，但其基本结构大致相同，一般都由动力装置、起重装置、叉车底盘和电气设备组成。

1. 动力装置

动力装置的作用是为叉车的各工作机构提供动力源，保证叉车工作装置装卸作业和叉车正常运行所需要的动力。叉车动力装置有电动和内燃机两种。

2. 起重装置

起重装置由直接进行装卸作业的工作装置及液压控制系统组成。

（1）工作装置。叉车工作装置的作用是完成货物的叉取、卸放、升降、堆码作业，主要由门架、叉架、货叉、链条和导向滑轮等组成。

（2）液压控制系统。液压控制系统的作用是把发动机（或电动机）的能量传递给叉车的工作装置，以便实现货物的起升和门架的前、后倾斜。

3. 叉车底盘

叉车底盘主要包括传动系统、转向系统、制动系统、行驶系统等。

（1）传动系统。传动系统的主要作用是将动力装置输出的动力高效、经济和可靠地传给驱动车轮。为了能适应叉车行驶的要求，传动系统必须具有改变速度、改变扭矩和改变行驶方向等功能。

（2）转向系统。转向系统的作用是改变叉车的行驶方向或保持叉车直线行驶。叉车多在仓库、货场等场地狭窄、堆放很多货物的地方作业，行驶中需要频繁地左、右转向，要求转向系统动作灵活、操作省力。

（3）制动系统。制动系统的作用是使叉车能够迅速地减速或停车，并使叉车能够稳定地停放在适当的地方，防止溜车。

（4）行驶系统。行驶系统承受并传递作用在车轮和路面之间的力和力矩，缓和路面对叉车的冲击，减轻叉车行驶时的振动。一般叉车的行驶系统由车桥、车架、车轮和悬架等部分组成。

4. 电气设备

电气设备包括发电设备和用电设备，主要由发电机、启动机、蓄电池、灯光、音响、仪表等组成。

阅读材料：杭叉集团最大吨位25吨高电压锂电池叉车扬帆起航！

三、叉车的主要技术参数

叉车的技术参数主要说明叉车的结构特征和工作性能，具体如下：

（1）额定起重量。额定起重量是指当门架处于垂直位置、货物的重心处于载荷中心距以内时，允许叉车举起的最大重量。叉车作业时，如果货物的实际重心超出了载荷中心距，或者当起升高度超过了一定数值时，为了保证叉车的稳定性，最大起重量就要相应地减小，否则叉车就有倾翻的危险。

（2）载荷中心距。载荷中心距是叉车设计规定的，在货叉上放置额定起重量标准货件的重心至货叉垂直段前壁之间的水平距离，如图4－2所示。货物的重心往往随着货物形状、体积及在货叉上放置的位置等多种因素变化而有所变化，因此叉车在作业过程中，叉取的货物的实际重心位置，超出载荷中心距越远，允许的最大起重量越小。比如货叉长度是1m，载荷中心距在0.5m的位置。以此类推，1.8m长的货叉，载荷中心距在0.9m的位置。如果用1m的货叉叉起长度为1.8m的货物，而货物的重心位置在0.9m处，那么就非常危险，叉车很可能会倾倒。

（3）门架倾角。门架倾角是指叉车在平坦、坚实的路面上，门架相对于垂直位置所能进行的前、后倾斜的最大角度，如图4－3所示。门架前倾角的作用是便于对货物进行叉取和卸放，一般前倾角为3°～5°；门架后倾角的作用是当叉车载货行驶时，防止货物从叉齿上滑落，并可以增加叉车载货行驶时的纵向稳定性，一般后倾角为10°～12°。

图4－2　载荷中心距

图4－3　门架倾角

（4）最大起升高度。最大起升高度是指叉车在额定起重量下，门架垂直地把货物举升到最高位置时，货叉水平段的上表面到地面的垂直距离，如图4－4所示。它是叉车的重要性能参数，往往与仓库的货架类型相匹配。当最大起升高度超过一定数值时，必须相应减小叉车的允许起重量。

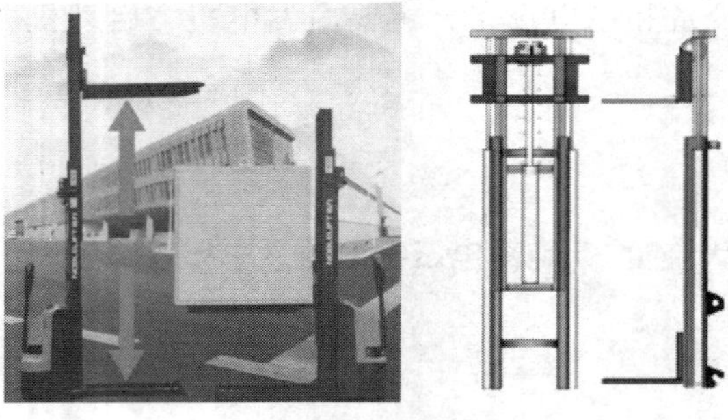

图4－4 最大起升高度

（5）自由起升高度。自由起升高度是指不改变叉车的总高时，货叉可能起升的最大高度（不超过外门架高度）。具有自由起升性能的叉车，可在进口不低于叉车总高的库门通过或在低矮的船舱和车厢内作业。

（6）起升速度。起升速度是指门架处于垂直位置，货叉满载时提升的平均速度。提高起升速度是叉车发展的趋势，这主要取决于叉车的液压系统。过快的起升速度容易造成货损或机损事故，给叉车作业带来困难，根据港口装卸作业的要求，起升速度以15～20m/min为宜。

（7）行驶速度。行驶速度是指在平坦的硬路面上，叉车满载前进的最大速度。据统计，叉车作业时，行驶时间一般约占全部作业时间的2/3，因此提高行驶速度、缩短行驶时间对提高叉车作业生产率有很大意义。在港口露天货场上工作的内燃机叉车，其行驶速度可为15～20km/h。

（8）最大牵引力。最大牵引力分为轮周牵引力和拖钩牵引力。发动机发出的扭矩，经过减速传动装置，最后在驱动轮轮周上产生切向力，称为轮周牵引力。当发动机输出功率为定值时，轮周牵引力与叉车行驶速度成反比。当发动机输出最大扭矩，叉车以最低挡速度行驶时，轮周牵引力最大。轮周牵引力在克服叉车行驶时的阻力以后，在叉车局部的拖钩上剩余的牵引力，称为拖钩牵引力。当叉车在水平坚硬的良好路面上以低挡等速行驶时，叉车的外阻力为数值很小的滚动阻力，此时的拖钩牵引力最大。

（9）最小转弯半径。最小转弯半径是指叉车在无载低速行驶状态下，转向轮偏转最大角度时，车体的最外侧至转向中心的最小距离，如图4－5所示。平衡重式叉车采用较短的车身、外径较小的车轮，增大车轮转向、最大偏转角等，可减小转弯半径。最小转弯半径越小，叉车在直角通道上转向和在直角堆垛时所需的通道宽度也就越小。

（10）直角堆垛的最小通道宽度与直角交叉的最小通道宽度。直角堆垛的最小通道宽度是指叉车在路边垂直道路方向堆垛时所需的最小通道宽度。直角交叉的最小通道宽度是指叉车能在直角交叉处顺利转弯所需的最小通道宽度。转弯半径小、机动性好的叉车要求的通道宽度小。

（11）最小离地间隙与最大爬坡度。最小离地间隙是指除车轮外，车体上固定的最低点至车轮接地表面的距离，它表示叉车无碰撞地越过地面凸起障碍物的能力。增大车轮直径可以使最小离地间隙增加，但这会使叉车的重心提高，转弯半径增大。最大爬坡度（见图4－6）是指叉车在正常路面情况下，以低速挡等速行驶时所能爬越的最大坡度，用度或百分数表示，分为空载和满载两种情况。叉车满载的最大爬坡度一般由发动机的最大扭矩和低速挡的总传动比决定，空载的最大爬坡度通常取决于驱动轮与地面的黏着力。

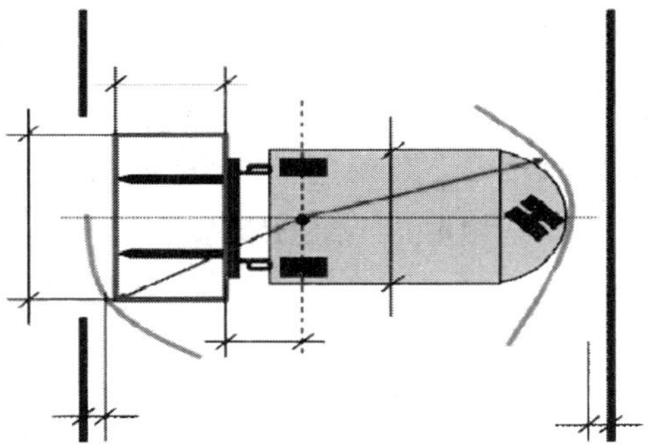

图4－5　最小转弯半径

图4－6　最大爬坡度

（12）自重和自重利用系数。自重是指包括油、水在内的叉车总重。自重利用系数通常有两种表示方法：一种是指起重量与叉车自重之比，另一种是指起重量和载荷中心距的乘积与叉车自重之比。显然，自重利用系数数值较大，表示在起重量和载荷中心距相同的条件下，叉车自重较轻，材料利用较经济，结构设计较合理。因为叉车的载荷中心距并不相同，所以后一种表示方法更为合理。

叉车的技术参数还包括外形尺寸、前后桥负荷、轮压、轴距、轮距等。

四、常见叉车类型

1. 平衡重式叉车

平衡重式叉车用内燃机或蓄电池作为动力，是叉车中应用最广泛的一种，大约占叉车总数的80％。所有的重型叉车都属于平衡重式叉车，如图4－7所示。平衡重式叉车具有承载能力强、运行性能好、稳定性能好、作业适应能力强、效率高等优点，能够搬运各种类型的货物。内燃机平衡重式叉车可以用于港口、车站、货场等各种室外作业场所，电动平衡重式叉车可以用于仓库、工厂车间等各种室内作业场所。

2. 插腿式叉车

插腿式叉车的特点是叉车前方带有小轮子的支腿能与货叉一起伸入货板叉货，然后由货叉提升货物，如图4－8所示。因为货物重心位于前后车轮所包围的底面积之内，所以叉车的稳定性好。插腿式叉车一般采用蓄电池作为动力源，起重量在2t以下。

插腿式叉车比平衡重式叉车结构简单，自重轻、外形尺寸小、机动性能好、便于操作，适合在狭窄的通道和室内进行堆垛搬运作业，特别适合单面型托盘货物的搬运作业。

插腿式叉车的明显缺点是由于有支腿的阻挡，货叉不能直接插入平底货物的底部，需要使用单面型托盘或用垫板将货物垫起，以便支腿插入货物底部。另外，插腿式叉车承载能力较小，运行速度较低，而且由于行走车轮直径较小，因而对地面的平整度要求较高。

图4-7 平衡重式叉车

图4-8 插腿式叉车

3. 前移式叉车

前移式叉车是在插腿式叉车的基础上发展而来的，是一种特殊类型的插腿式叉车。根据货叉的移动方式，前移式叉车可以分为两种类型：一种是门架前移式叉车（见图4-9），另一种是叉架前移式叉车（见图4-10）。这两种叉车在作业时支腿都不能插入货物的底部，而是通过货叉的移动方便地实现货物的叉取和卸下。与普通插腿式叉车一样，货叉回到原位之后，货物的重心处于前后车轮所包围的底面积之内，从而保证了叉车可以稳定地带货运行。

图4-9 门架前移式叉车

图4-10 叉架前移式叉车

前移式叉车一般以蓄电池作动力源，起重量在3t以下。它的车身小、重量轻、转弯半径小、机动性好、操作灵活，不需要专门在货堆之间留出空间，而且还可以越过低矮障碍物直接叉取高层货物。但其运行速度很慢，所以主要在室内和狭窄的通道内进行装卸搬运作业。

4. 侧叉式叉车

侧叉式叉车的门架和货叉分布在车体的侧面，侧面还有一个货物台，如图4-11所示。当货叉叉取货物时，货叉沿门架上升到高于货物台的高度后，门架沿导轨缩回，降下货叉，货物便放在叉车的货物台上。侧面式叉车主要用于搬运长、大件货物，且多以柴油机驱动，最大起重量为40t。

图 4-11　侧叉式叉车

5. 三向叉车

一般叉车的货叉只能朝一个方向叉取货物，三向叉车的货叉却可以在左、前、右三个方向叉取货物。其叉取方向的改变有两种方式：一种是通过门架相对于车体旋转改换方向，称为转柱式三向叉车（见图 4-12）；另一种是通过叉架相对于门架旋转改换方向，称为转叉式三向叉车（见图 4-13）。

图 4-12　转柱式三向叉车

图 4-13　转叉式三向叉车

由于货叉可以三向旋转，叉车在通道内不必转弯就可以直接从两侧货架上存取货物，因此这类叉车所需的作业空间很小，特别适用于在高层货架仓库的狭窄巷道内作业，可以使仓库的空间得到高效利用，大大提高了仓库储存空间利用率。

6. 拣选叉车

拣选叉车就是用于物流配送中心进行货物拣选作业的叉车，主要是对非整盘货物（即单件或少量货物）进行人工拣取或存放，如图 4-14 所示。

图 4-14　拣选叉车

五、叉车的属具

叉车的属具是指叉车作业时用于取货的附属装置。常用的叉车属具主要有货叉、串杆、夹抱器、推拉器、悬臂吊和集装箱专用吊具等，不同的作业任务可选用不同的属具。常见的叉车属具如图 4 - 15 所示。

（a）普通货叉

（b）双托盘货叉

（c）串杆

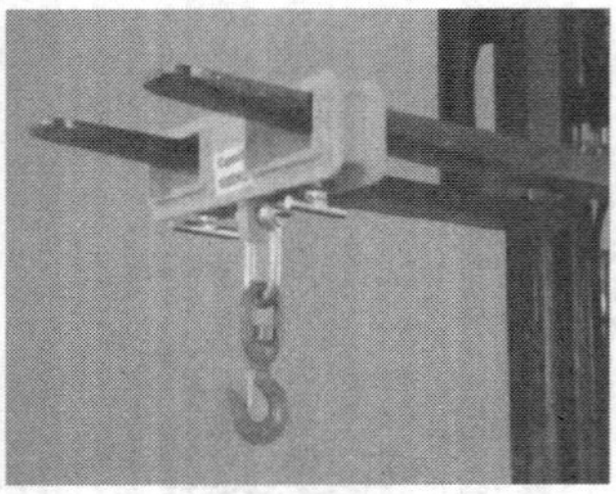

（d）吊钩

（e）推拉器

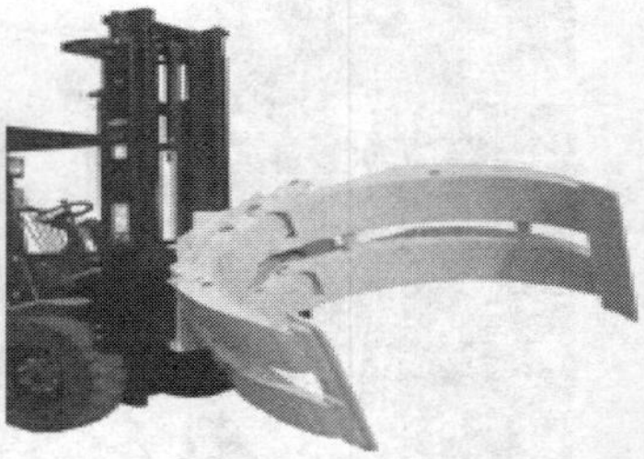

（f）弧形夹抱器

图 4 - 15　常见的叉车属具

任务实施

实训背景：

叉车在物流系统中扮演着非常重要的角色，是货物搬运设备中的主力军，应用广泛。叉车是以货叉作为主要的取货装置，依靠液压起升机构升降货物，由轮胎式行驶系统实现货物的水平搬运的轮式车辆。

实训要求：

3 ~ 4 人为一组，通过观察叉车的实际操作，分析叉车的性能。

任务三 自动导引搬运车（AGV）应用
——智能搬运，引领未来

任务导入

三一重工是全球最大的桩工机械制造基地，也是全球重工行业智能化程度最高、人均产值最高、单位能耗最低的工厂之一。桩工机械作为重型装备，其生产模式属于典型的离散制造，多品种、小批量、工艺复杂。

三一桩机工厂有一个"智能大脑"——FCC（工厂控制中心），它是整个工厂智能制造的核心。通过FCC，订单可快速分解到每条柔性生产线、每个工作岛、每台设备、每个工人，实现从订单到交付的全流程数据驱动。沿着数据流程，产品能够"了解"自己被制造的全过程和细节。机器视觉系统，是工厂内无处不在的"慧眼"。借助2D/3D视觉传感技术、AI算法以及高速的5G网络，桩机工厂实现了智能工业机器人在大型装备自适应焊接、高精度装配等领域的深入应用，并解决了"16吨动力头无人化装配""厚40mm、宽60mm钻杆方头多层单道连续焊接"等多个世界难题。

目前，在工厂里，小到一块钢板的分拣，大到十多吨桅杆的装配，已全部可由机器人自动化完成。智慧物流的实现则依靠聪明的货物搬运"飞毛腿"——AGV小车。在精准授时、低时延的5G无线工业专网的保证下，行业首创2台AGV"双车梦幻联动"，实现27米超长超重物料的同步搬运和自动上下料。

"大脑""眼睛""飞毛腿"高效协同分解任务，智慧工厂的"双手"也在同步飞速运转。在工厂内，基于5G+AR设备的"人机协同"技术已得到广泛应用。物料分拣、销轴装配等传统劳累活、危险活不再需要人力操作，全部由机器人高效完成。

必备知识

一、自动导引搬运车（AGV）的概念与使用特点

1. 自动导引搬运车的概念

自动导引搬运车（Automated Guided Vehicle，AGV），又称无人搬运车，如图4-16所示。我国国家标准《物流术语》（GB/T 18354—2021）对AGV的定义为：在车体上装备有电磁学或光学等导引装置、计算机装置、安全保护装置，能够沿设定的路径自动行驶，具有物品移载功能的搬运车辆。

AGV是一种以电力为动力，装有非接触导向装置的无人驾驶自动化车辆。它的主要

功能表现为能在计算机监控下，按路径规划和作业要求，使小车较为精确地行走并停到指定地点，完成一系列作业功能。

图 4-16 自动导引搬运车

2. 自动导引搬运车的使用特点

（1）运行路线设定灵活。AGV 的运行路线可以由地面管理站来设定，也可以由车上的输入键盘等设定，既可以沿某一环路运行，也可以在两个或多个站点之间往复行驶。由于运行路线是可以设定的，因此在输送不同产品的情况下无须改变输送设备或厂房设备。

（2）具有检知和避开障碍物的技能。AGV 车体装有红外或超声探测装置，遇障碍或两车接近时自动报警并停车。

（3）智能化与自动化。AGV 具有自动探索最近的路径的机能，而且 AGV 一般配备有装卸机构，可以与其他物流设备自动接口，实现货物和物料装卸与搬运全过程自动化。

（4）可沿多条路径进行。运行不局限于一个或几个回路，而是整个系统内的各条线路。它具有前进、后退、侧行和斜行等功能，同时还可以以车体平面内的一点为轴线旋转。

（5）与可计算控制的自动化生产装配系统有机相连。地面站由于采用了计算机管理，因此很方便地提供与自动存取、数控设备和自动装配等系统的接口。

（6）环境保护。AGV 依靠自带的蓄电池提供动力，运行过程中无噪声、无污染，可以应用在许多工作环境要求清洁的场所。

二、自动导引搬运车的分类

自动导引搬运车一般可按三种方式来分类，即按导引方式分类、按驱动方式分类和按移载方式（执行机构）分类。

1. 按导引方式分类

自动导引搬运车按导引方式主要划分为电磁导引、磁带导引、激光导引、二维码导引、光学导引、视觉导引、惯性导航等类型。

（1）电磁导引。电磁导引是较为传统的导引方式之一，目前仍被许多系统采用。它是在 AGV 的行驶路径上埋设金属线，并在金属线上加载导引频率，通过对导引频率的识别来实现 AGV 的导引。其优点是引线隐蔽，不易污染和破损，导引原理简单而可靠，便于控制和通信，对声光无干扰，制造成本较低。其缺点是改变或扩充路径较麻烦，导引线铺设相对困难。

（2）磁带导引。磁带导引技术与电磁导引相近，用在路面上贴磁带替代在地面下埋设金属线，通过磁感应信号实现导引。优点是灵活性比较好，改变或扩充路径较容易，磁带铺设也相对简单。其缺点是易受环路周围金属物质的干扰，由于磁带外露，易被污染，难以避免机械损伤，因此导引的可靠性受外界因素影响较大。磁带导引适合于环境条件较好，地面无金属物质干扰的场合。

（3）激光导引。激光导引是在 AGV 行驶路径的周围安装位置精确的激光反射板，AGV 通过发射激光束，同时采集由反射板反射的激光束，来确定其当前的位置和方向，并通过连续的三角几何运算来实现 AGV 的引导。若将激光扫描器更换为红外发射器或超声波发射器，则激光引导式 AGV 可以变为红外引导式 AGV 和超声波引导式 AGV。其优点是 AGV 定位精确，地面无需其他定位设施，行驶路径可灵活多变，能够适合多种现场环境，是目前国外许多 AGV 生产厂家优先采用的先进导引方式。其缺点是制造成本高，对环境要求相对较高（外界光线、地面要求、能见度要求等）。

（4）二维码导引。二维码导引是在地面上布置二维码进行导航，其地图相当于一个大号的围棋棋盘，机器人可以到达所有点。其优点是 AGV 定位精确，导航灵活性比较好，铺设、改变或扩充路径也较容易，便于控制通信，对声光无干扰。其缺点是路径需要定期维护，如果场地复杂，则需要频繁更换二维码，对陀螺仪的精度及使用寿命要求严格，对场地平整度有一定要求，价格较高。

（5）光学导引。这种方式是采用光学检测技术引导 AGV 运行方向，一般是在运行路径上铺设一条具有稳定反光率的色带，车上设有光源发射和接受反射光的光电传感器，通过对检测到的信号进行比较，调整车辆的运行方向。其优点是灵活性比较好，改变或扩充路径较容易，铺设相对简单。其缺点是易受外界因素影响，容易遭到污损、破坏。

（6）视觉导引。AGV 上装有 CCD 摄像机和传感器，在车载计算机中设置有 AGV 欲行驶路径周围环境图像数据库。AGV 行驶过程中，摄像机动态获取车辆周围环境图像信息并与图像数据库进行比较，从而确定当前位置并对下一步行驶做出决策。其优点是由于不要求人为设置任何物理路径，在理论上具有最佳的引导柔性，随着计算机图像采集、储存和处理技术的飞速发展，该种 AGV 的实用性越来越强。其缺点是容易受到室内光线的影响。

（7）惯性导航。惯性导航是不依赖外部信息以及不易受到干扰的自主式导航系统。惯性导航是 AGV 通过测量载体在惯性参考系的加速度，然后自动进行运算，从而获得货物的瞬间加速度和位置等数据，并且将其运用到导航坐标系中，从而得到在导航坐标系中的速度以及偏航角位置等数据。其优点在于给定了初始条件后，无需外部参照就可以确定货物的位置、方向以及速度等，缺点是远距离运行时的定位精度较低，一般配合二维码导引和视觉导引等方式运行，适用于各种复杂的地理环境和外界干扰下的精确定位和定向，而且能够不断测量位置的变化，精确保持动态的精准。

2. 按驱动方式分类

根据驱动的方式，AGV 有不同的分类，主要包括以下四类：

（1）单驱动。单驱动用于三轮车型，一个驱动兼转向轮，两个固定从动轮（分布在车体轴线的两边）。这种车型可以前进、后退、左右转弯（转角小于90°）。因三轮结构的抓地性好，对地表面要求一般，故其可用于广泛的环境和场合。

（2）差速驱动。差速驱动 AGV 常见有三轮和四轮两种车型，两个固定驱动轮（分布在车体轴线的两边），一个（三轮车型）或两个（四轮车型）从动自由轮，转弯靠两个驱动轮之间的速度差实现。这种车型可以前进、后退、左右转弯（转角大于90°）、原地自旋，转弯的适应性比单驱动强。若是三轮车型，对地表面的适用性和单驱动类似。若是四轮车型，因容易造成其中某个轮悬空而影响导航，故对地表面平整度要求苛刻，适用范围受到一定限制。

（3）双驱动。双驱动用于四轮车型，两个驱动兼转向轮，两个从动自由轮。这种车型可以前进、后退、全方位（万向）行驶。其突出特点是可以在行驶过程中控制车身姿态的任意变化，适用于狭窄通道或对作业方向有特别要求的环境和场合。其缺点和差速驱动的四轮车型类似，对地表面平整度要求苛刻，适用范围受到一定限制。此外，这种车型结构复杂，成本较高。

（4）多轮驱动。多轮驱动用于八轮车型，四个驱动兼转向轮，四个从动自由轮。这种车型可以前进、后退、全方位（万向）行驶，应用于重载行业输送，结构复杂，成本较高。

3. 按移载方式（执行机构）分类

按移载方式，AGV 主要划分为叉车式 AGV、潜伏顶升式 AGV、翻盘式 AGV、牵引式 AGV、背负式 AGV、推挽式 AGV、龙门式 AGV 等类型。

（1）叉车式 AGV。叉车式 AGV 有落地叉车式 AGV、平衡叉车式 AGV 等类型，可以完成托盘及类似物料的平面搬运和堆垛，适用于仓储和生产线上物料自动搬运堆垛。

（2）潜伏顶升式 AGV。潜伏顶升式 AGV 通过潜入分拣设备或者输送设备下进行顶升取货。其特点是车身薄，可以双向行驶，适用于托盘或货架货物搬运，如货到人拣选系统中的 KIVA 机器人和类 KIVA 机器人。

（3）翻盘式 AGV。翻盘式 AGV 上装有可以翻转的货盘，货物放置在托盘上搬运至指定位置，通过翻盘作业投放到指定地点。京东“小黄人”系统搬运机器人就属于这种类型。其广泛应用于大型配送中心货物分拣。

（4）牵引式 AGV。牵引式 AGV 是指不承载或不完全承载搬运对象重量的 AGV。其尾部安装自动或手动脱钩机构，可拖挂物料车进行物料配送，比较灵活，适用于较大批量的货物搬运。

（5）背负式 AGV。背负式 AGV 背负一个或多个辊筒或链条输送设备，可实现货物在输送线上的衔接，适用于在无人工干预的情况下实现全自动上下物料及托盘货物等。

（6）推挽式 AGV。推挽式 AGV 双侧向移动伸臂推拉托盘货物，托盘在辊道上滚动，可实现在同高站台之间的货物搬运。其作业效率高，站台不需要动力，适合多站台之间的货物搬运。

（7）龙门式 AGV。龙门式 AGV 有龙门式框架结构，单侧面落地移动铲叉，可进行高低站台或货物装卸。其转向灵活，适合有不同高度要求的货位之间的货物装卸。

阅读材料：全球首个江海铁多式联运全自动化码头

三、自动导引搬运车的结构

自动导引搬运车主要包括车体、电池和充电装置、驱动装置、导向装置、车载控制器、通信装置、安全保护装置、移载装置、信息传输与处理装置等，具体结构如图 4－17 所示。

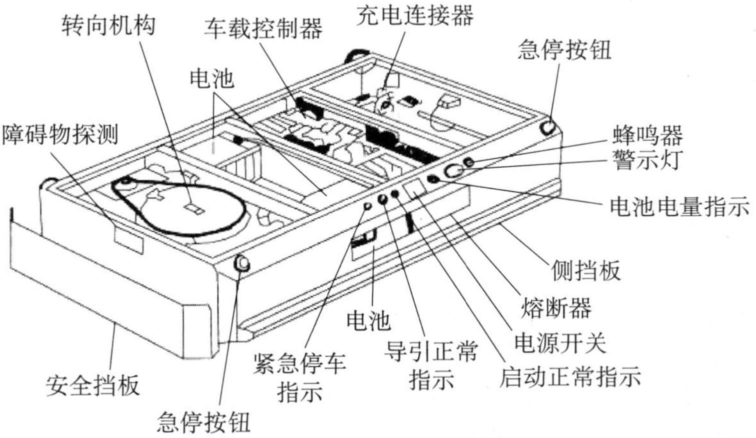

图 4－17　自动导引搬运车结构示意图

（1）车体。车体由车架和相应的机械装置组成，是 AGV 的基础部分，是其他总成部件的安装基础。

（2）电池和充电装置。AGV 常采用 24V 或 48V 直流蓄电池为动力。蓄电池供电一般应保证连续工作 8 小时以上。

（3）驱动装置。AGV 的驱动装置由车轮、减速器、制动器、驱动电机及速度控制器等部分组成，是控制 AGV 正常运行的装置。运行指令由计算机或人工控制器发出，运行速度、方向、制动的调节由计算机控制。为了安全，在断电时制动装置能靠机械实现制动。

（4）导向装置。其功能是接受导引系统的方向信息，通过转向装置来实现转向动作。

（5）车载控制器。其功能是接受控制中心的指令并执行相应的指令，同时将本身的状态（如位置、速度等）及时反馈给控制中心。

（6）通信装置。其功能是实现 AGV 与地面控制站及地面监控设备之间的信息交换。

（7）安全保护装置。安全系统包括对 AGV 本身的保护，对人或其他设备的保护等。

安全保护装置应能够提供多重安全保护，包括主动安全保护装置和被动安全保护装置。

（8）移载装置。其功能是与所搬运货物直接接触，实现货物转载。

（9）信息传输与处理装置。其主要功能是对 AGV 进行监控，监控 AGV 所处的地面状态，并与地面控制站进行实时信息传递。

四、自动导引搬运车的主要技术参数

自动导引搬运车的技术参数是指反映其技术性能的基本参数，是选择自动导引搬运车的主要依据。自动导引搬运车的主要技术参数如下：

（1）额定载重量。额定载重量是指自动导引搬运车所能承载的最大重量（kg），反映了 AGV 的有效承载能力与牵引能力，可以按照额定载重量将 AGV 分为重型、中型、轻型和微型四种。

（2）装载对象尺寸。装载对象尺寸是指搬运对象的最大几何尺寸。

（3）自重。自重是指自动导引搬运车与电池加起来的总重量。

（4）车体尺寸。车体尺寸即车体的外形尺寸，这一尺寸应该与所承载货物的尺寸和作业场地相适应。

（5）停车精度。停车精度是指自动导引搬运车作业结束时所处的位置与程序设定的位置之间所差的距离，目前一般都可以达到 ±5mm。

（6）最小转弯半径。最小转弯半径是指自动导引搬运车在空载低速行驶、偏转程度最大时，瞬时转向中心距自动导引搬运车纵向中心线的距离。

（7）运行速度。运行速度是指自动导引搬运车在额定载重量下行驶的最大速度，也包括 AGV 前进、反向、转弯和接近等的速度。

（8）电池电压。电池电压有两种规格，分别为 24V 和 48V。

（9）蓄电池容量。蓄电池容量可以用正常工作状态下小车连续工作的时间来表示。

（10）工作周期。工作周期是指自动导引搬运车完成一次工作循环所需的时间。

（11）运载类别。运载类别是指自动导引搬送车可以操作的运载对象类型，包括托盘、周转箱等多种类型。

（12）行走精度。行走精度是指相对导向线路的左右偏差，转弯时或分线时的左右偏差等。AGV 的行走精度一般为 ±10mm。

任务实施

实训背景：

AGV 具有速度快、准确度高、灵活性强、安全可靠等优点，在当今的自动物流系统中占有重要的地位，被广泛应用于机械、电子、化工、冶金、邮电、汽车、机场、码头、造纸等领域。

实训要求：

3～4 人为一组，通过观察 AGV 在实际中的应用，分析使用 AGV 具有哪些优势。

任务四　轻型搬运车应用
——小巧灵活，便捷高效

任务导入

手推车是物流运输行业不可缺少的搬运工具，在生产和生活中获得广泛应用，其造价低廉、维护简单、操作方便、自重轻，能在机动车辆不便使用的地方工作，在短距离搬运较轻的物品时十分方便。近几年，随着科技的发展，国内的手推车几经演变，制作材料由木制为主，向塑料、铝合金、铁制、不锈钢等发展，用途也更加广泛。目前手推车应用到了厂区、办公楼、图书馆、宾馆、餐饮业、物流运输等物料搬运行业，各行业根据不同的需要开发了不同功能的手推车。

必备知识

一、手推车

1. 手推车的概念和特点

手推车是一种以人力为主，在路面上水平输送物料的搬运车，具有结构轻巧灵活、易操作、回转半径小、适合短距离使用的特点，如图 4－18 所示。在物流作业过程中，人力车辆的作业也占有一定的比重，主要是考虑到人力车辆的作业灵活性和机动性，比如小规模偶发式物流作业，可以使用人力车辆来完成。

图 4－18　手推车

使用手推车时一般应考虑搬运对象的性质，重点考虑重量、形状、数量以及运输距离、路面情况等参数，同时要考虑搬运作业所要求的效率，一般适合单件重量 300kg 以下、水平搬运距离 50m 以下、搬运速度 30m/min 以下的搬运作业，如果对搬运的效率要求不高，可适当放宽要求。

2. 手推车的分类

一般手推车没有提升能力，所以承载能力在 500kg 以下。手推车系列以其用途及负荷能力来分类，一般分为二轮手推车、多轮手推车及物流台车三类。

（1）二轮手推车。

二轮手推车是最古老的、最实用的人力搬运车，它轻巧、灵活、转向方便，但因为靠体力装卸、保持平衡和移动，所以仅适合装载较轻、搬运距离较短的场合。为适应作业需要，二轮手推车目前还采用自重轻的钢型和铝型材料作为车体，阻力小的、耐磨的车轮，还有可折叠、便捷的车体，如图 4－19 所示。

图 4－19　二轮手推车

（2）多轮手推车。

依用途及负荷不同，多轮手推车有不同的尺寸及设计方式，可分为木制或金属制。按脚轮的使用方式及用途方面的差异来区分有以下几种常用形式：

1）按脚轮的使用方式分，有平置式和平衡式两大类，常用的有下列三种：

①脚轮平置式。一端为两个固定脚轮，另一端为两个活动旋转脚轮，或附有刹车的活动旋转脚轮。高度较低，适用于轻度及中度负荷。

②脚轮平衡式。四轮均为旋转脚轮，灵活度很高，适用于轻度负荷。

③六脚轮平衡式。两个固定脚轮在中间，两端各有两个旋转脚轮，适用于一般中重负荷的需求，如图 4－20 所示。

2）按用途分，可分为以下四种：

①立体多层式。为增加物品盛放的空间及存取方便性，把传统单板台面改成多层式台面设计，这种手推车常供拣货使用，如图 4－21 所示。

②升降式。搬运体积较小、重量较重的金属制品或其他人工搬运吃力的搬运场合中，由于场地的限制而无法使用堆高机时，便可采用可升降式手推车。这种手推车除装有升降台面来供承载物升降外，多采用耐压且附有刹车定位的车轮以供准确定位，如图 4－22 所示。

图 4－20　六脚轮平衡式手推车

图 4－21　立体多层式手推车

图 4－22　升降式手推车

③折叠式。为方便携带，手推车的推杆常设计成可折叠式，这种手推车因使用方便、收藏容易，故普及率高。

④附梯式。在物流中心，手推车在拣货作业中使用最广，而拣货作业常因货架高度的限制而须爬高取物，故有些手推车旁附有梯子以方便取物，如图 4－23 所示。

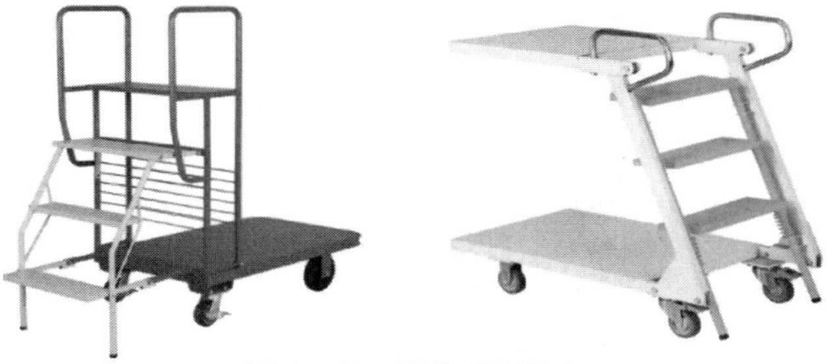

图 4－23　附梯式手推车

（3）物流台车。

物流台车又称载物台车、物流笼车，如图 4－24 所示。它装卸速度快，既便于机械化搬运，又适合短距离的人力移动，可以节省人力、降低成本，使用寿命长。物流台车与周转箱等物流容器配合使用，可实现单元化管理。它的置物空间大，折叠收藏不占空间。使用物流台车时流程明确，运送轻便灵活，附标示牌，操作简单。其适用于企业工序间的物流搬运，也可在工厂或配送中心装上货物运到商店，直接作为商品货架的一部分。

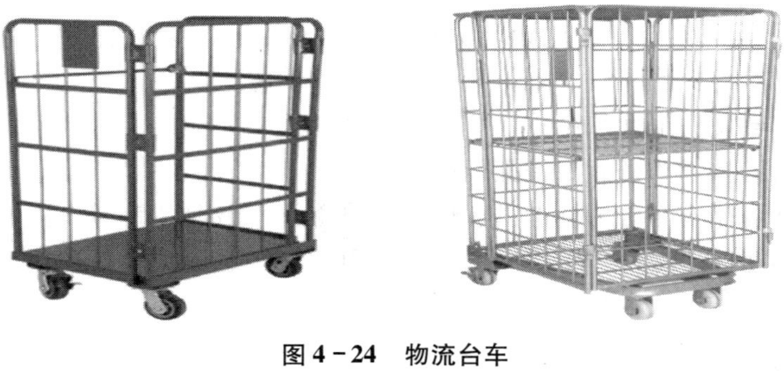

图 4－24　物流台车

在选择和使用手推车时，首先，应考虑运件的形状及性质。当搬运多品种货物时，应采用通用型手推车，当搬运单一品种货物时，则应尽量选用专用手推车，以提高作业效率。其次，还要考虑输送量及运距。由于手推车是以人力为动力的搬运工具，当运距较远时，载重量不宜太大。此外，货物的体积、放置方式、通道条件及路面状况等，在选择手推车时也要加以考虑。

二、手动液压托盘搬运车

手动液压托盘搬运车是一种轻小型搬运设备，是物料搬运中不可缺少的辅助工具，如图 4－25 所示。它有两个货叉似的插腿，可插入托盘底部，插腿的前端有两个小直径的行走轮，用来承托托盘货的重量。货叉可以通过泵油缸抬起，使托盘或货箱离开地面，然后用手拉或电动驱动使之行走。这种托盘搬运车广泛应用于仓库、商店、工厂、车间内各工序间无须堆垛的搬运作业。

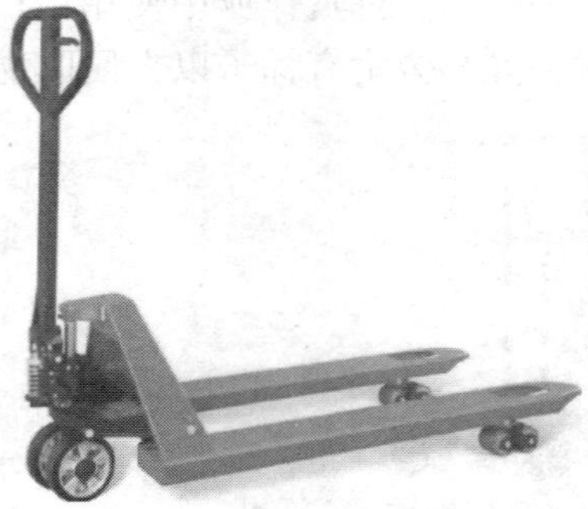

图 4-25 手动液压托盘搬运车

手动液压托盘搬运车由舵柄、架体与机身、液压起升系统、车轮及承载滚轮组成。

(1) 舵柄。舵柄可方便地操纵起升、下降和行走控制杆。

(2) 架体与机身。货叉由高抗拉伸槽钢做成，叉尖做成圆形，插入托盘时，使托盘免受损坏，导轮使得货叉顺利插进托盘。

(3) 液压起升系统。坚固的起升系统能满足大多数的起升要求，并按标准要求镀锌。泵油缸装在重载保护座上，缸筒是镀铬的。低位控制阀和溢流阀确保操作安全并延长使用寿命。

(4) 车轮及承载滚轮。车轮运转灵活，并装有密封轴承，前后轮均由耐磨尼龙做成，滚动阻力很小，并有橡胶、聚氨酯或专用轮胎供选。

液压系统和轴承一般无须维护，但在极端情况下，如在潮湿的环境下，可用高压软管进行冲洗，所有轴承均备有加油孔以供加油。

手动液压托盘搬运车分为标准型、快速起升型、低放型、镀锌/不锈钢型、纸筒型、电子称重型、5T 重载型。承载能力为 1.0~5.0t，作业通道宽度一般为 2.3~2.8m。其优点是无污染、操作灵活、转弯半径小等。

任务实施

实训背景：

手动液压叉车是一种用于轻载物品搬运的机械设备，因其轻巧、便捷、成本低廉等特点，现已广泛应用于仓储、物流、生产线等领域。

实训要求：

学生熟悉手动液压叉车的基本结构，掌握其基本操作及操作注意事项后，3~4 人为一组，在实训场地使用手动液压叉车进行货物的出入库及运行作业。

任务五　起重装备机械使用
——力拔千钧，安全搬运

任务导入

2022 年 6 月 2 日，随着 750 吨载重物在徐州建机工程机械有限公司被成功吊起，拥有 10 项世界首创技术的全球最大塔式起重机——徐工“XGT15000－600S”下线交付，实现中国制造在桥梁建造装备领域的新突破。

这台整机重量超过 4 000 吨的超大型塔机，历经 10 年技术积淀，由徐工和有建桥“国家队”之称的中铁大桥局集团有限公司联手研发。据该产品总设计师介绍，这一为“超级工程”配备的“超级装备”，突破了 60 余项关键核心技术，拥有双侧六缸同步顶升、四机构双变幅协同作业、液压系统闭环平衡泵控等 10 项世界首创技术，整机综合技术水平处于国际领先地位。

必备知识

一、起重装备的概念和特点

1. 起重装备的概念

起重装备是用来起重和搬运、做循环间歇运动的机械，用来垂直升降货物或者兼做货物的水平移动以满足货物的装运、转载等作业要求。它对减轻劳动强度，降低运输成本，提高工作效率，加快车、船周转，实现装卸搬运机械化起着十分重要的作用。

2. 起重装备的特点

（1）起重装备通常具有庞大的金属承载结构和比较复杂的起重工作机构，能完成比较复杂的复合运动，作业过程中通常是几个不同方向的运动同时进行，技术难度较大。

（2）所吊运的货物种类多，载荷变化的范围大。

（3）有些起重装备，需要载运人员直接在导轨、平台或钢丝绳上做升降运动，存在许多潜在的危险因素，其可靠性直接影响人身安全。

（4）起重装备的工作环境非常复杂，大多数起重设备需要占用较大的作业空间。作业场所常常会有高温、高压、易燃易爆和输电线路等危险因素，对设备和作业人员构成威胁。

（5）起重装备在作业时通常需要多人配合、共同协作，才能完成一项作业，因此要求相关作业人员必须密切配合、协调动作。

二、起重装备的分类

起重装备按其起重量及运动方式可分为三大类。

1. 轻小型起重装备

轻小型起重装备一般只有一个升降机构，使货物做升降运动，在某些场合也可做水平移动。轻小型起重装备主要有手拉葫芦（见图4-26）、电动葫芦（见图4-27）和卷扬机（见图4-28）等。它们具有轻小简单、使用方便的特点，适用于流动性和临时性作业。手动的轻小型起重装备尤其适宜在无电源的场合使用。

图4-26 手拉葫芦

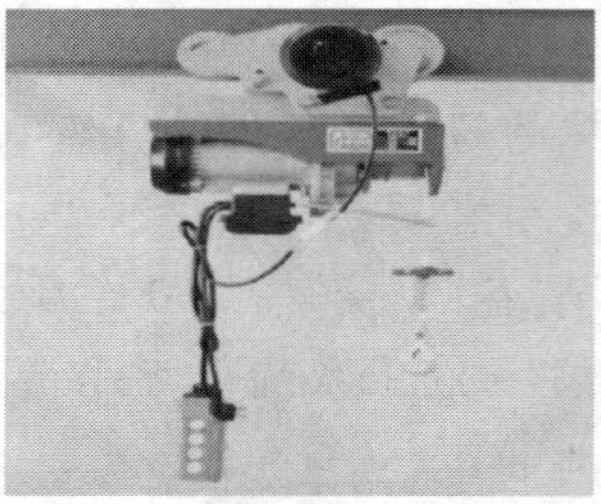
图4-27 电动葫芦

图4-28 卷扬机

2. 桥式起重机

桥式起重机配有起升机构、大车运行机构和小车运行机构，依靠这些机构的配合动作，可在整个长方形场地及其上空作业，适用于车间、仓库和露天堆场等场所。桥式起重机包括通用桥式起重机、门式起重机、装卸桥等类型。

（1）通用桥式起重机。

1）结构组成。通用桥式起重机（见图4-29）由金属结构、起重小车、大车运行机构和电气控制设备四个部分组成。

图4-29 双梁式通用桥式起重机

2）通用桥式起重机的特点。通用桥式起重机安装在仓库、生产车间等作业场所的上空，因而节省了占地面积，而且运行时不妨碍同一作业场地的其他工作。通用桥式起重机本身无支腿，稳定性好，起重能力较大，工作速度较快，单机生产率高。除在仓库、生产车间等室内使用以外，通用桥式起重机也可以在室外场合使用，但需要在装卸作业场地修建立柱或桥墩。

（2）门式起重机。

门式起重机是通用桥式起重机的一种变形，又叫龙门吊。门式起重机主要用于室外货场、料场中散货和件货的装卸作业。它的金属结构像门形框架，承载主梁下安装两条支脚，可以直接在地面的轨道上行走，主梁两端具有外伸悬臂梁。

与通用桥式起重机相比，门式起重机的走行轨道直接铺设在作业场地，并且走行轨道的高度可与作业场地在同一平面上，因此门式起重机的货位面积和通道等能得到充分利用。门式起重机没有固定的永久性建筑物（只有走行轨道的基础埋置于地表面以下），可适应货场改建、变迁。

大多数门式起重机两端带有一定长度的悬臂，不仅作业面积大，货位得到充分利用，还可以在汽车与铁路之间直接进行装卸和换装，提高了装卸效率，加速了车辆和货位的周转。

轮胎式门式起重机不受轨道限制，具有一定的机动性。

（3）装卸桥。

装卸桥是门式起重机的另一种形式，如图 4－30 所示，通常把跨度大于 35m、起重量大于 40t 的门式起重机称为装卸桥。装卸桥的取物装置以双绳抓斗或其他专用吊具为主，工作对象是大批量散装物料或成批件物品，常用在电厂、车站、港口、林区货场等场所。通常以生产率来衡量和选择装卸桥。

图 4－30　装卸桥

装卸桥的特点：跨度一般大于 35m，部分可达 100m；门架支腿，一般一个制成刚性，另一个制成柔性；桥架大多带有悬臂，起重量一般超过 40t；当装卸大量同样物品时，可以装备专用取物装置，如抓斗等。

3. 臂架式起重机

臂架式起重机配有起升机构、旋转机构、变幅机构和运行机构，液压臂架式起重机还配有伸缩臂机构，依靠这些机构的配合运作，可以在圆柱形场地及其上空作业。臂架式起重机可装在车辆上或其他运输工具上，构成可移动的臂架式起重机。臂架式起重机具有良好的机动性，适用于码头、货场和矿场等场所。臂架式起重机主要包括固定式臂架起重机、门座式起重机、汽车起重机、轮胎起重机、履带起重机、塔式起重机、浮式起重机和铁路起重机等。

（1）固定式臂架起重机。

固定式臂架起重机直接安装在码头或库场的墩座上，只能原地工作，其中有的臂架只能俯仰不能回转，有的臂架既可俯仰又可回转，如图4－31所示。固定式臂架起重机适用于内河码头、港口、货场、仓库及厂矿企业的各类件杂货的装卸作业，与其他抓具配合也可装卸淤泥。

（2）门座式起重机。

门座式起重机是指装在沿地面轨道行走的门形底座上的全回转臂架起重机，如图4－32所示。门座起重机可以沿着铺设在码头、车站、货场地面的轨道运行，其门座可以跨越一条到两条铁路线。

图4－31 固定式臂架起重机

图4－32 门座式起重机

门座式起重机具有以下优点：

1）门座式起重机的起重能力范围较大，一般为5～100t。

2）门座式起重机有较快的运动速度，起升速度可达70m/min，变幅速度可达55m/min。

3）门座式起重机具有高大的门架和较长的伸臂，因而具有较大的起升高度和工作幅度，能满足港口码头船舶和车辆的机械化装卸、转载的要求，并且能够充分利用作业场地。

4）因为门座式起重机工作时需要带货物变幅，所以其起重特性被设计成额定起重量不随取物装置位置改变而变化，即在它的全工作幅度范围内均能达到最大起重能力。

门座式起重机的缺点：造价高，需用钢材多，需要较大电力供给，需要坚固的地基，附属设备也较多等。

（3）汽车起重机。

汽车起重机是装于载重汽车底盘上的全旋转动臂架起重机，如图4－33所示。汽车起重机的优点是行驶速度快、通过性好、机动灵活、可快速转移作业地点，以及到达目的地能快速投入工作等，因此特别适用于作业场所不固定的流动性装卸搬运作业。其缺点是稳定性差，在进行起吊作业时必须放下支腿将汽车支撑稳固，且不允许吊着货物行驶。

（4）轮胎起重机。

轮胎起重机是装于专用轮胎底盘上的全旋转动臂架起重机，如图4－34所示。轮胎起重机采用刚性悬架，可带载行走，作业时要打支腿。吊臂多为桁架结构，分段组装，也有用伸缩臂的。

图 4－33 汽车起重机

图 4－34 轮胎起重机

轮胎起重机的优点是稳定性好、使用方便、生产效率高，多用于港口、铁路站场、堆场及工地。其缺点是灵活性差，因带载行驶，故对行驶速度有限制，工作场地相对固定，不能进行流动性作业活动。

（5）履带起重机。

履带起重机是装在履带运行底盘上的全旋转动臂架起重机，多带有万能挖掘机，能进行正铲、反铲或抓斗作业。履带起重机一般采用内燃机或电力驱动，液压和机械传动。履带起重机接地面积大、爬坡能力强、通过性能好、转弯半径小，但行走慢，对地面有一定破坏作用，多用于野外吊装和建筑工地上。

三、智能起重机

智能起重机（见图 4－35）可根据工艺设置自动完成起重机移动、搬运等动作，具备编程、故障诊断、人机互动、自动控制、远程管理等功能。

图 4－35 智能起重机

智能起重机通常由库区地面系统、中控室、安全系统以及车载系统四部分组成。库区地面系统包含设备终端执行、计划管理以及设备管理；中控室包含库管系统接口、服务器、通信系统、操作站以及管理 PLC；安全系统包括定位功能、断裂检测功能以及防撞保护功能等；车载系统由传感器、驱动器、测距激光扫描系统、PLC 控制系统构成。

阅读材料：从跟跑到领先 让中国起重机站上世界之巅

四、起重设备常用取物装置

取物装置即吊具，是起重机直接提取货物的部件。其性能与提高生产效率、减轻工人劳动强度和安全生产有直接关系。取物装置必须安全可行，并尽量满足自重轻、结构简单、尺寸紧凑、牢固耐用、能迅速自动或半自动地取物和装卸货物的要求。这里只介绍一般起重机上最常用的几种，即吊钩、抓斗、C 形吊钩和电磁吸盘。

1. 吊钩

吊钩是应用最广泛的通用取物装置，按其形状可分为单钩、双钩、带鼻吊钩等多种类型。单钩的制造和使用均较方便，适用于中小起重量。在港口装卸船舶时，为防止吊钩钩住船舱口等障碍物以及悬挂绳脱钩，通常采用带突出鼻状的凹口深槽形的带鼻吊钩。双钩的受力情况比较有利，因而在吊同样货重时其自重较轻，适用于大起重量。吊钩一般采用优质低碳钢或低碳合金钢制造，以保证有较高的机械强度和韧性。

2. 抓斗

抓斗主要用来装卸散货，有时也用来抓取长形材料。由于港口散货卸量大，而抓斗的装卸货过程完全是由起重机驾驶员操纵、依靠机械的力量进行的，避免了人工装卸的繁重体力劳动，节省了挂摘钩的时间，大大提高了装卸生产效率和劳动生产率。因此，抓斗在港口装卸作业中起着十分重要的作用，得到了极其广泛的应用。

3. C 形吊钩

C 形吊钩是一种吊运卧放卷形材料的专用吊具。使用时，只要将 C 形吊钩的承载梁插入卷材即可。当到达指定货位后，松下吊钩，承载梁与卷材脱离，随着吊车钩头的平移，承载梁即可自行退出。

4. 电磁吸盘

电磁吸盘是靠电磁力自行吸取导磁物品的取物装置，通常靠线圈通电激磁吸料，断电去磁卸料。电磁吸盘由铸钢外壳和装在其内的线圈组成，电流通过挠性电缆输入，线圈通电后即产生磁力线，磁力线在外壳与磁性物料间形成闭合回路，于是物料被电磁吸盘吸住。把物料吊到指定地点之后，线圈断电，物料即可自行脱落。电磁吸盘以使用直流电为宜，因为直流电工作可靠，磁力损失及旋涡损失小，电感影响也较小。

五、起重装卸设备安全技术

（1）在露天工作的起重机，为防止风力过大时，起重机被吹倒或移动而发生事故，要求起重机上设置有夹轨器或锚固等防风装置。

（2）为防止由于司机疏忽或机构故障使起重机吊钩卷扬，从而导致钢丝被拉断、吊钩和吊物坠落或挤坏滑轮装置等事故发生，起重机上要求装设起升高度限位器，又称为卷扬机限位器。

（3）为防止起重机超负荷，起重机上要求装有重量限制器，这是一种能使起重机不至于超负荷运转的保险装置。当起重机所吊重物超过额定重量时，它能自动切断卷扬机构上的动力，以防止事故发生。

（4）用吊索捆绑货物时，应牢固可靠，吊索间夹角不应太大，一般不超过120°，多根吊索合力的作用线必须通过货物的重心，以保证吊运过程中货物的平稳性。

（5）对起重机的钢丝绳应每天进行日常检查，要特别注意钢丝绳端部在机械上的固定连接和穿绕平衡滑轮的位置。钢丝绳应保持良好的润滑状态，对起重机的绝缘绳每月至少两次加注润滑剂。钢丝绳在使用中因机构损伤、化学腐蚀、热力辐射等会性能降低，当出现下列情况之一时，钢丝绳应报废：

1）钢丝绳直径减少达7%。

2）钢丝径向磨损或腐蚀量超过原直径的40%。

3）交互捻钢丝绳断丝数达到钢丝绳钢丝总数的10%；同向捻钢丝绳断丝数达到钢丝总数的5%。

4）外观检查发现下列情况：麻芯外露、明显腐蚀、打死结、外层钢丝呈笼形状态、波浪变形的幅度不小于钢丝绳直径的3/4、绳股挤出、绳径局部增大、严重扭结、受热辐射或电弧作用使钢丝绳外表面出现可识别的颜色。

（6）起重机是一种间歇工作的机械，各机械运行中的制动、调速或限速及货物的悬空支持都靠制动器来完成，故制动器的工作可靠性将直接影响起重作业的安全性。正常使用的起重机每班都要对制动器进行检查。制动器的零件，有以下情况之一就应报废：裂纹、制动带摩擦垫片厚度磨损达原厚度的50%、弹簧出现塑性变形、小轴或轴孔直径磨损达到原直径的5%。

（7）动臂式起重机回转支承基准面的倾斜度不得大于1°。特别是轮式起重机更要注意支腿的水平度和松动情况。

（8）轮胎式起重机可带负载做短距离行车，但负载要降低为额定起重量的2/3，离地高度不应大于0.5m，地面坡度不能大于5°，且行走要缓慢，一般不得超过5km/h。

任务实施

实训背景：

随着集装箱运输的发展，集装箱码头装卸搬运机械也得到了相应的发展。集装箱码头的机械设备主要分为岸边装卸机械、水平装卸机械、堆场装卸机械。岸边装卸机械主要有集装箱装卸桥、门座式起重机、轮胎式起重机等；水平运输机械主要有牵引车、挂车和跨运车；堆场装卸机械主要有叉车、轮胎式龙门起重机、轨道式龙门起重机、正面吊运机等。

实训要求：

3~4 人为一组，搜索港口中件杂货的装卸机械和散装货装卸机械有哪些，并分析不同货物的装卸作业流程。

项目小结

本项目涉及的知识点包括装卸搬运装备的定义、类型，叉车的技术参数、常见类型，自动导引搬运车的导引类型，常见起重装备及取物装置等。叉车是物流领域装卸搬运设备中应用最广泛的一种设备，除用来货叉以外，还可配备其他取物装置，对散货和多种规格品种货物进行装卸作业。自动导引搬运车是物流系统的重要搬运设备，随着工厂自动化、计算机集成系统技术和物流业的发展，自动导引搬运车得到了广泛的应用。装卸起重机械是以实现货物垂直升降为主、搬运功能为辅的一种间歇式可循环运动的物流机械。在难以实现机械化作业的场所，手推车是机械化作业的补充。

项目自测

一、单项选择题

1. 下列不属于堆垛用起升车辆的是（　　）。

A. 平衡重式叉车　　B. 插腿式叉车

C. 托盘搬运车　　D. 托盘式垛车

2. 应用最广泛的叉车是（　　）。

A. 平衡重式叉车　　B. 插腿式叉车

C. 内燃式叉车　　D. 前移式叉车

3. AGV 上装有 CCD 摄像机和传感器，在车载计算机中设置有 AGV 欲行驶路径周围环境图像数据库被称为（　　）。

A. 激光导引　　B. 二维码导引

C. 视觉导引　　D. 光学导引

4. 适合于窄道作业，有利于搬条形货物的叉车是（　　）。

A. 内燃式叉车　　B. 插腿式叉车

C. 电动式叉车　　D. 侧面式叉车

5. 门式起重机属于（　　）。

A. 轻小型起重设备　　B. 臂架式起重机

C. 桥式类起重机　　D. 堆垛起重机

6. 门座式起重机四大机构主要是指：起升机构、（　　）、回转机构、行走机构。

A. 旋转机构　　B. 变幅机构　　C. 补偿机构　　D. 动臂机构

7. 自动导引搬运车的英文缩写是（　　）。

A. AGV　　B. ABS　　C. AS/RS　　D. PLC

二、多项选择题

1. 起重设备常用取物装置包括（　　）。

A. 吊钩　　B. 抓斗　　C. C 形吊钩　　D. 电磁吸盘

2. 属于集装箱装卸搬运设备的是（　　）。

A. 岸边集装箱起重机　　B. 轮胎式集装箱龙门吊起重机

C. 轨道式龙门吊起重机　　D. 集装箱正面叉车

三、判断题

1. 装卸桥是门座式起重机的一种形式。（　　）

2. 抓斗是一种由机械或电动控制的自动取物装置，可用于散装货物或长材的装卸，譬如粮食、煤炭或木材等。（　　）

3. 双梁式起重机具有两根主梁，特别适合于大悬挂跨度和大起重量的平面范围物料输送。（　　）

4. 重型起重装备包括手拉葫芦、电动葫芦和卷扬机。（　　）

5. 非自航浮式起重机依靠拖船航行，起吊动力靠船上发电或岸上供电，作业中的移位借助浮船甲板上的绞缆机牵引。（　　）

四、简答题

1. 简述自动导引搬运车的导引方式及主要特点。

2. 叉车主要由哪几部分组成？

3. 简述装卸桥的特点。

五、案例分析题

为保疫情期间医疗废物及生活垃圾处置安全，上海推出多项创新技术

疫情期间，生活垃圾及抗疫中产生的医疗废物垃圾，在清运和焚烧过程中都蕴藏着风险。为此，上海通过多项技术创新全力保证城市内垃圾的清运、焚烧安全。

科技创新助力全市医疗废物安全处置。通过新型医废周转箱、AGV（自动导航）智能输送系统和自动化立体仓库、组合式净化工艺集成等创新，上海市固体废物处置有限公司（以下简称固处公司）老港基地、嘉定基地、崇明基地医疗废物的安全处置能力得到了显著增强，每天可达 392 吨。

自主研发新型医废周转箱。为提高医疗废物运输车辆对医疗废物周转箱的装载效率，固处公司自主研发了新型医废周转箱。新周转箱在尺寸、规格、强度上进行了调整，使其能满足医废运输车的堆垛要求，同时，在抗变形、操作灵活度、使用寿命及安全性等方面较旧周转箱均有显著提升。

首次应用AGV智能输送系统和自动化立体仓库。固处公司在医疗废物处置领域首次应用AGV智能输送系统和自动化立体仓库。AGV智能输送系统利用AGV输送线、AGV小车、倒料机器人、自动清洗消毒线等智能设施，实现医疗废物在厂内转运、输送、卸料、清洗消毒等过程的智能化、无人化操作，不仅提高了处置效率和精细化管理程度，而且大大降低了因工人接触涉疫医废而导致的感染风险。该系统目前已取得两项专利授权。医废自动化立体仓库可以提升医疗废物临时贮存能力，通过自动控制系统实现医疗废物暂存环节的实时在线管控，确保了涉疫医废24小时动态清零。

问题：结合本案例谈谈AGV未来发展趋势以及对物流作业的影响。

项目五
仓储设施与设备应用

学习目标

※ 应知目标

- 掌握货架、站台设施技术
- 掌握机器人装卸堆垛技术
- 了解自动化立体仓库的应用

※ 应会目标

- 能根据实物选择正确的货架
- 能据企业实际现状进行进出货站台的合理安排
- 会自动化立体仓库的操作，会装卸堆垛机器人的操作

※ 素养目标

- 了解堆垛机器人、穿梭车式密集仓储系统等智能物流在企业中的应用，增加对学习本专业的自豪感，提升使命担当、技术创新与竞争意识

引导案例

中国智能仓储市场规模

智慧仓储行业发展趋势及市场现状如何？“十四五”期间将会加大对制造业的扶植力度，智慧仓储将加快实体经济发展，重心将会向工业互联网倾斜，从而对数字化技术产生更广阔的需求。目前，我国智慧仓储行业正处在自动化和集成自动化阶段。未来，随着信息技能的发展，智慧仓储行业的发展将会联合工业互联网的技术不断向智能化升级。

华经产业研究院发布的《2023年中国智能仓储行业发展现状及竞争格局分析》提到，智慧仓储能够满足产区三个月、销区六个月的市场供应量，36个大中城市建立了一定数量的智慧仓储，智慧仓储体系不断健全，有效发挥了守底线、稳预期、保安全的关键作用。

解析：智慧仓储行业在中国正处于快速发展阶段，得到了政策的支持和技术的推动，市场潜力巨大，且在供应链管理中扮演着越来越重要的角色。随着技术的不断进步和市场需求的增长，智慧仓储行业有望实现更高效、更智能的发展。

任务一　认识仓储装备——打造智能仓储空间

任务导入

某商用车制造商仓库划分为不同区域，存储不同尺寸和类型的货物，其中应用到3种类型的货架，包括轻型货架系统、活扣式托盘货架系统和悬臂式货架系统。汽车零配件拣选区使用的是轻型货架系统，共计27 064个货架位，产品又被分为大件、中件、小件三类分开储存。悬臂式货架用于存储长条形的汽车零配件；两个存放大型货箱的仓库使用了活扣式托盘货架，与叉车配套使用。各类货架的综合使用既避免了空间浪费，又使货物的安全得到了保障，同时保证了仓库内整齐有序（见图5-1）。

图5-1　汽车零配件货架摆放

图5-1　汽车零配件货架摆放（续）

必备知识

一、货架的概念

货架泛指存放货物的架子。在仓库设备中，货架是指专门用于存放成件物品的保管设备。货架在仓库中占有非常重要的地位，随着现代工业的迅猛发展、物流量的大幅度增加，为实现仓库的现代化管理，改善仓库的功能，不仅要求货架数量多，而且要求货架具有多功能，并能满足机械化、自动化的要求。

二、货架的作用及功能

货架在现代物流活动中起着相当重要的作用，仓库管理实现现代化，与货架的种类、功能有直接的关系。

货架的作用及功能有如下几个方面：

（1）货架是一种架式结构物，可充分利用仓库空间，提高库容利用率，扩大仓库储存能力。

（2）存入货架中的货物，互不挤压，物资损耗小，可完整保证物资本身的功能，减少货物的损失。

（3）货架中的货物，存取方便，便于清点及计量，可做到先进先出。

（4）保证存储货物的质量，可以采取防潮、防尘、防盗、防破坏等措施，以提高物资存储质量。

（5）很多新型货架的结构及功能有利于实现仓库的机械化及自动化管理。

三、各种常用货架

1. 层架

（1）结构、种类。层架是由主柱、横梁、层板构成的，架子本身分为数层，层间用于存放货物。层架种类繁多，一般可进一步划分如下：

1）按层架存放货物的重量级划分，货架分为轻型层架、中型层架和重型层架三种（见图5－2）。

2）按层架结构方式划分，层架分为装配式、固定式及半固定式三种。装配式多用于轻型层架，采用轻钢结构，较机动灵活；固定式层架坚固、结实、承载能力强，用于中、重型层架。

3）按层架封闭程度划分，层架分为开放型、半开放型、金属网型、前挡板型若干种。

4）按层板安装方式划分，层架分为固定层高及可变层高两种。

（a）轻型层架

（b）中型层架

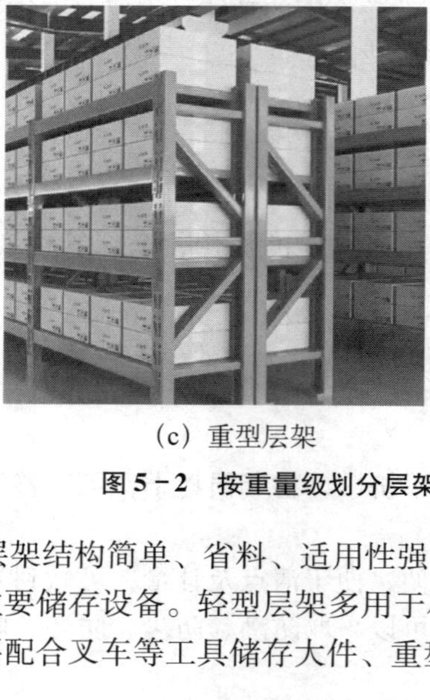

（c）重型层架

图5－2　按重量级划分层架

（2）特点及用途。层架结构简单、省料、适用性强、便于收发，但存放物资数量有限，是人工作业仓库的主要储存设备。轻型层架多用于小批量、零星收发的小件物资的储存。中型和重型层架要配合叉车等工具储存大件、重型物资，所以其应用领域广泛。

2. 层格式货架

层格式货架结构与层架类似，其区别在于某些层甚至整体每层中用间隔分成若干个格。

（1）开放式层格式货架。每格原则上只能放一种物品，物品不易混淆。其缺点是层间光线暗、存放数量少。其主要用于规格复杂、多样，必须互相间隔开的物品。

（2）抽屉式货架。抽屉式货架属于封闭式货架的一种，具有防尘、防湿、避光的作用，用于比较贵重的小件物品的存放，或用于怕尘土、怕湿的贵重物品，如刀具、量具、精密仪器、药品等物品的存放，如图 5－3 所示。

图 5－3 抽屉式货架

（3）橱柜式货架。橱柜式货架是在开放式层格式货架的前面装有橱门，上下左右及后面均封闭起来，门可以是开关式，也可以是左右拉开式、卷帘式。橱柜式货架也属于封闭式的一种。其特点与用途和抽屉式货架相似，用于存放贵重物品、文件、文物及精密配件等。

3. U 形架（H 形架）

（1）结构：外形呈 U 形，组合叠放后呈 H 形。为满足重叠码放和便于吊装的要求，在架的两边上端形成吊钩形角顶。

（2）特点及用途。U 形架结构简单，但强度很高，价格较低，码放时可叠高，因而可提高仓库的利用率。此外，U 形架可随货收发，因而可节省收发时的倒装手续，可实现机械化操作，可做到定量存放。U 形架主要用于存放量大的管材、型材、棒材等大型长尺寸金属材料，建筑塑料等。

4. 悬臂式长形料架

（1）结构。悬臂式长形料架又称悬臂架，由 3～4 个塔形悬臂和纵梁相连而成，如图 5－4 所示。悬臂式长形料架分单面和双面两种，臂架用金属材料制造。悬臂架的尺寸不定，一般根据所放长形材料的尺寸大小决定其尺寸。

图 5－4 悬臂式长形料架

（2）特点及用途。悬臂架为边开式货架的一种，可以在架的两边存放货物，但不太便于机械化作业，存取货物作业强度大，一般适于轻质的长条形材料存放，可用人力存取操作，重型悬臂架用于存放长条形金属材料。

5. 托盘货架

（1）结构。托盘货架是存放装有货物的托盘的货架。托盘货架所用材质多为钢材结构，也可用钢筋混凝土结构；可做成单排型连接，也可做成双排型连接。

（2）特点及用途。托盘货架用托盘装载货物，较高的托盘货架使用堆垛起重机存取货物，较低的托盘货架可用叉车存取货物。托盘货架可实现机械化装卸作业，便于单元化存取，库容利用率高，可提高劳动生产率，实现高效率的存取，便于实现计算机的管理和控制。

6. 倍深式托盘货架

倍深式托盘货架与一般托盘货架结构基本相同，只是把两排托盘货架结合起来增加储位而已，因此，储位密度增加一倍，但存取和出入库方便性略差，并且必须采用倍深式叉车，如图 5－5 所示。

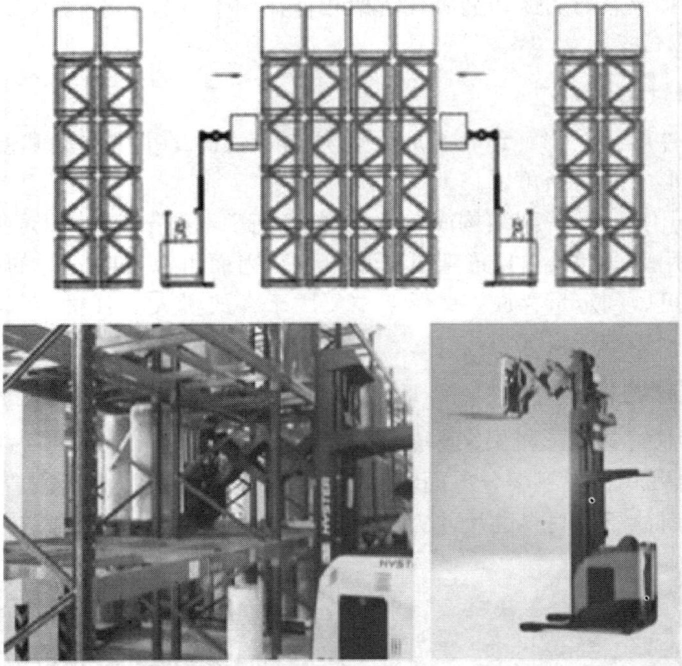

图 5－5　倍深式托盘货架

7. 驶入式货架

（1）结构。驶入式货架又称进车式货架，其结构如图 5－6 所示。

这种货架采用钢质结构。钢柱上一定位置有向外伸出的水平突出构件，当托盘送入时，突出的构件将托盘底部的两个边托住，使托盘本身起架子横梁作用。当架上没有放托盘货物时，货架下面便成了无横梁状态，这时就形成了若干通道，可方便地出入叉车等作业车辆。

驶入式货架主要有单向驶入式、双向驶入式。单向驶入式（靠墙区域）货架总深度应控制在 7 个托盘深度以内，双向驶入式（以中间区域为分隔可两边存取货）货架区域总深度应控制在 14 个托盘深度以内，以提高叉车存取的效率和可靠性。

驶入式货架属门式结构，为保证其稳定性，柱片长细比不宜过高，高度通常应控制在 10m 以内，并以 4 层、3 ~5 列以上为宜。

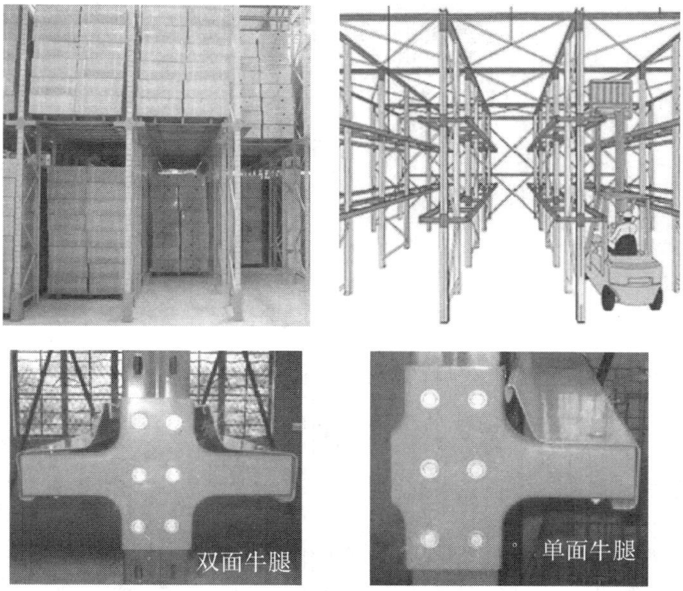

图 5 -6　驶入式货架

（2）特点及用途。驶入式货架可提高库容率及空间利用率，但很难实现先进先出，因此，每一巷道只宜保管同一品种货物。此种货架只适用于保管少品种、大批量以及不受保管时间限制的货物。驶入式货架是高密度存放货物的主要货架，库容利用率可达 90% 以上。

8. 驶出式货架

驶出式货架又称贯通式货架。此种货架与进车式货架结构基本相同，不同之处在于此货架内端有出入口，叉车不但可以驶入其中作业，而且可以穿越，入出库作业分设两端，可以做到使货物先进先出。其他特点与驶入式货架相同，也是高存放货架，库容利用率比驶入式货架稍低。驶出式货架结构如图 5 -7 所示。

9. 移动式货架

（1）结构、分类。移动式货架是一种带轮且可移动的货架，在货架下面装有滚轮，在仓库和坪上装有导轨，货架可通过轮子沿导轨移动，如图 5 -8 所示。根据驱动方式不同，移动式货架分为人力摇动式和电力驱动式两种，电力驱动装置通过电动机拖动。

（2）特点及用途。移动式货架平时互相依靠，密集排列在一起，可以密集储存货物。存取货物时，通过手动和电力驱动使货架沿轨道横向移动，形成通道。

移动式货架主要用于小件、轻体货物的存取，采取现代技术，使设备大型化，也可

图 5-7 驶出式货架结构

存取大重量物品，如管件、阀门、电动机托盘等。

图 5-8 移动式货架

10. 装配式货架

(1) 结构。装配式货架的柱、梁、层板、隔板等均制成标准件，尺寸有多种，一般形成标准系列。

(2) 特点及用途。装配式货架的特点是可以自由调节长、宽、高度，横隔层也可以上下组装。这种货架可以根据实际需要进行组装或拆卸，对储存空间可以灵活地进行调整，使其与存放物体的体积相适应。

11. 阁楼式货架

(1) 结构、分类。阁楼式货架为两层堆叠的阁楼样式的货架，其结构有的由底层货架承重上部搭置楼板，形成一层新的库面，有的是由立柱承重，上部搭置楼板形成库面，如图 5-9 所示。

(2) 特点及用途。阁楼式货架的特点是充分利用空间，一般用于旧库改造，主要用于存放储存期较长的中小件货物。

图 5－9　阁楼式货架

12. 流动式货架

流动式货架又称重力式货架，有托盘重力式货架与箱式重力式货架之分，如图 5－10 所示。其原理是利用货体的自重，使货体在有一定高度差的通道上，从高处向低处运动，从而完成进货、储存、出库等作业。

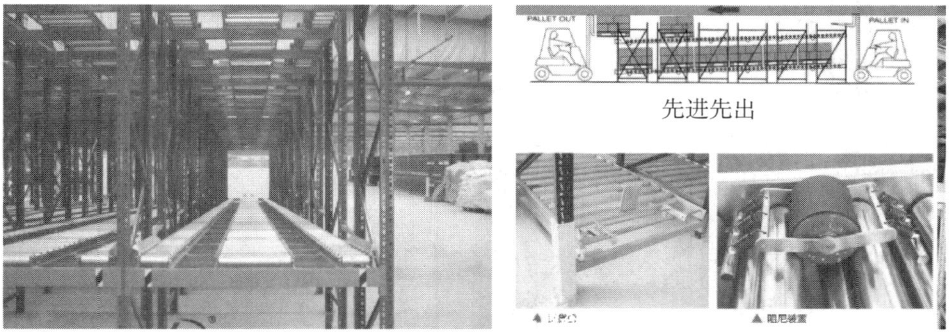

图 5－10　重力式货架

（1）结构。重力式货架和一般层架从下面看基本相似，但是其深度比一般层架深很多，类似许多层架密集靠放。每一层隔板前端（出货端）低、后端（进货端）高，有一定坡度。有一定坡度的隔板可制成滑道形式，货体顺滑道从高端向低端滑动，也可制成滑轨、辊子或滚轮，以提高货体的运动性能，尽量将坡度做得小一些。

（2）特点及用途。重力式货架保证先进先出，和一般货架比，大大缩小了作业面，有利于进行拣选活动。其主要应用领域有两个：一是进行大量存储；二是用作拣选式货架，应用于配送中心、转动中心、仓库、商店的拣选配货操作中，也用于生产线的零部件供应线上。

13. 后推式货架

（1）结构。后推式货架是搁板或滑轨倾斜的货架，用叉车把后到的货物由前方存入货架时，此货物便把原先的货物推到后方，当从前方取货时，后方的货物自动滑向前方，以待拣取，如图 5－11 所示。

（2）特点及用途。后推式货架的储存密度高，但存取性差。它一般深度方向达 3 个储位，最多达 5 个储位，比一般托盘货架节省 30% 的空间，增加了储位，适用于一般叉车存取，运用于少品种大批量物品的储存，不宜用于太重物品的储存。

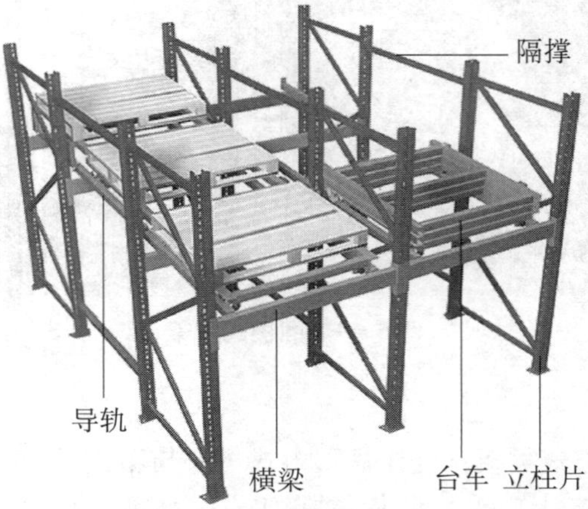

图 5－11　后推式货架

14. 旋转式货架

旋转式货架又称回转式货架。它是适应目前生产及生活资料由少品种大批量向多品种小批量发展趋势而发展起来的一类现代化保管储存货架。

（1）垂直旋转式货架（见图 5－12）。这种货架主要适用于品种多、拣选频率高的货物，取消货格，改成支架，可用于成卷的货物，如地毯、纸卷、塑料布等的存取。

图 5－12　垂直旋转式货架

（2）多层水平旋转式货架。多层水平旋转式货架是一种拣选货架，这种货架各层可以独立旋转，每层都有各自的轨道，用计算机操作时，可以同时执行几个命令，主要用于出入库频率高、多品种拣选的配送中心等地。

（3）整体水平旋转式货架。这种货架由多排货架联结，每排货架又有若干层货格，货架做整体水平式旋转，每旋转一次，便有一排架达到拣货面，可对这一排的各层进行拣货。这种货架旋转时动力消耗大，不大适于拣选频度太高的作业。这种货架规模越大、长度越长，则其拣选功能便越向分货功能转化，成为适用于小型分货领域的分货式货架。

15. 堆叠式货架

堆叠式货架可当作存放容器，随叉车搬运，不使用时可叠放，节省空间。这种货架存放货物时，可相互叠放以避免物品压损，高度可达四层（见图5－13）。其特点为：既可当作货架又可作为容器，仓库利用率大；价格低，不用维修；叠放高度受限，太高易倒；最低层物品最后不能取出，适用于同时进货的相同物品。

图5－13　堆叠式货架

16. 其他特殊货架

除上述货架以外，还有立体货架、屏挂式货架、悬挂式货架、立置式货架、轮胎货架、AGV货架等。AGV货架（见图5－14）是配合AGV实现低成本智能自动化的仓储货架，在货物的储存和分拣上都提高了工作效率。

图5－14　AGV货架

课堂讨论： 列举生活中你曾见到的货架种类，并举例说明能实现先进先出的货架种类。

任务实施

实训背景：

货架在现代物流活动中起着相当重要的作用，仓库管理实现现代化与货架的种类、功能有直接的关系。依据不同的单元（包装）货物的规格、特性、重量，托盘货物的规格、堆高及载重量、存取方式（人工、机械、自动化存取）和设备、进出库频率、管理系统要求、控制方式等不同，应选择不同的货架。

实训要求：

1. 3 ~4 人为一组，根据学校实训室条件进行货架存储与分拣练习。
2. 少品种大批量的产品选择什么类型的货架较合适？
3. 多品种小批量的电商产品选择什么类型的货架较合适？

任务二　货架的选择——科学规划，高效存储

任务导入

随着我国自动化和信息化技术的发展，食品生鲜冷链市场对于冷链智能化仓储物流需求逐年增高，自动化立体仓库（见图5－15）已成为食品生产流通企业及第三方冷链物流企业的重要设施。山西某食品公司成立于2014年，是集研发、生产、销售为一体的综合性浓缩果蔬汁加工企业，产品包括苹果、梨、桃、杏、葡萄、山楂、红枣、西瓜等系列浓缩清（原、浊）汁和脱色脱酸浓缩汁。

图5－15　自动化立体仓库

2022年9月，企业计划新建两条30t/h的浓缩果蔬汁生产线和两条20t/h的桃原汁生产线，货物成品自动化立体仓库7 000m^2（恒温立体仓库）。立体仓库规划高度27米，设计货位25 000余个，配备6台巷道式堆垛机（双立柱单伸位堆垛机），承载1.5t，2条滚筒式输送线及货型检测称重设备，配合WMS、WCS软件控制管理系统，

实现成品货物智能化管理和自动化仓储作业。与传统仓库相比，新建自动化立体仓库存储量提高了3~5倍，货物周转效率提升了50%，有效地节省了土地投资成本，提高了企业仓储管理现代化、智能化水平。

必备知识

一、自动化立体仓库概述

自动化高层货架仓库（Automated Storage/Retrieval System，AS/RS）是用高层货架储存货物，以巷道堆垛起重机配合周围其他装卸搬运系统进行存取出入库作业，并由计算机全面管理和控制的一种自动化仓库。

自动化仓库是在不直接进行人工处理的情况下，能自动地存储和取出物料的系统，是一个将毛坯、半成品、配套件或成品、工具等物料自动存取、自动检索的系统，是物流系统的重要组成部分。自动化高层货架仓库（见图5-16）主要由货架、巷道堆垛起重机、周围出入库配套机械设施和管理控制系统等部分组成。

图5-16　自动化高层货架仓库

1. 自动化立体仓库的优点

（1）提高空间利用率。自动化立体仓库充分利用仓库垂直空间，可以实现随机存储。任意货物存放于任意空仓内，由系统自动记录准确位置，大大提高了空间的利用率。

（2）实现物料先进先出。自动化立体仓库系统能够自动记录每一票货物的入库时间，自动实现货物先进先出。

（3）智能作业账实同步。立体仓库管理系统与ERP系统对接后，从生产计划的制订开始到下达货物的出入库指令，可实现全流程自动化作业，且系统自动过账，保证了信息准确及时，避免了账实不同步的问题。

（4）满足货物对环境的要求。自动化立体仓库能较好地满足特殊仓储环境的需要，如避光、低温等特殊环境，保证货品在整个仓储过程的安全运行，提高了作业质量。

（5）可追溯。自动化立体仓库通过条形码技术等，准确跟踪货物的流向，可以实现货物的物流全过程可追溯。

（6）节省人力资源成本。各类自动化设备大大降低了人力资源成本。

2. 自动化立体仓库的缺点

自动化立体仓库的缺点体现在以下4个方面：

（1）一次性投资建设成本高、周期长。

（2）存储货物有严格要求。

（3）管理维护要求高。

（4）柔性相对较差。

二、自动化立体仓库的分类

1. 按建筑形式分类

按建筑形式分类，自动化主体仓库可分为整体式和分离式两大类（见图5-17）。

整体式是指货架除储存货物以外，还可以作为建筑的支撑结构，就像是建筑物的一个部分，即库房与货架成一体化形式结构。

分离式是指储存货物的货架独立存在，建在建筑物内部。它可以将现有的建筑改造为自动化仓库，也可以将货架拆除，使建筑物用于其他目的。

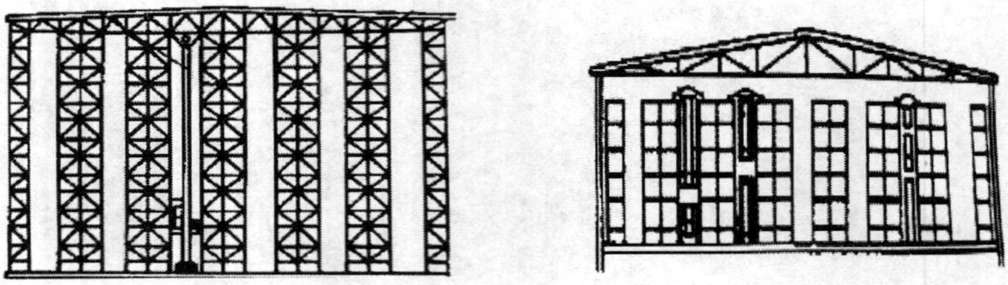

（a）整体式自动化立体仓库　　（b）分离式自动化立体仓库

图5-17　整体式和分离式自动化立体仓库

2. 按存取货物单元的形式分类

按存取货物单元的形式分类，自动化立体仓库可分为托盘式自动化立体仓库、料箱式自动化立体仓库。

（1）托盘式自动化立体仓库。托盘式自动化立体仓库是一种以托盘单元为基本存取单元的自动存取系统，一般应用于整箱、整件货物的存取，具有适用范围广、承载能力强、存储密度大的特点。

托盘式自动化立体仓库一般使用的最普遍的高度为6~15m，储位数为1 500~2 000个。其可应用于大型生产性企业的采购件、成品件仓库、柔性自动化生产系统（FAS），流通领域的大型流通中心、配送中心等。

（2）料箱式自动化立体仓库。料箱式自动化立体仓库是针对物流箱、吸塑盘或者纸箱的存储和订单拣选系统。荷重一般小于 300kg，以储存重量较轻的物品为主，是一种轻负载式立库。

3. 按仓库所提供的储存条件分类

按仓库所提供的储存条件分类，自动化立体仓库可分为常温自动化立体仓库、低温自动化立体仓库、防爆型自动化立体仓库。

（1）常温自动化立体仓库：一般控制在 5℃ ~40℃，相对湿度控制在 90% 以下。

（2）低温自动化立体仓库：恒温仓库根据物品特性，自动调节储存温度和湿度；冷藏仓库温度一般控制在 0℃ ~5℃，主要用于蔬菜和水果的储存，要求有较高的湿度；冷冻仓库温度一般控制在 -35℃ ~ -2℃。

（3）防爆型自动化立体仓库：以存放易燃易爆等危险货物为主，系统设计时应严格按照防爆的要求进行。

4. 按仓库作用分类

按仓库作用分类，自动立体化仓库可分为生产性仓库、流通性仓库。

（1）生产性仓库。生产性仓库是工厂内部为了协调工序和工序、车间和车间、外购件和自制件物流而建立的仓库。这类仓库与生产紧密衔接，距离企业生产线较近，是一种在线仓库。

（2）流通性仓库。流通性仓库是一种服务性仓库，是为了协调生产厂和用户间的供需平衡而建立的仓库。这种仓库进出货物比较频繁，吞吐量较大，如京东、苏宁等大型配送中心建立的自动化立体仓库。

三、自动化立体仓库的组成

自动化立体仓库主要由货物储存系统、货物存取和输送系统、管理和控制系统三大系统组成，还有与之配套的建筑设施、供电、消防、称重计量、信息通信系统等土建工程和辅助设施，是一个综合性工程。

1. 货物储存系统

高层货架是自动化立体仓库最主要的储存设备。货架存储所用的托盘、货箱、集装容器也属于储存设备。

高层货架有钢货架和钢筋混凝土货架两种，自动化立体仓库中多用钢货架。

货架按承载能力大小大致分为重量型货架、中量型货架以及轻量型货架 3 种形式。轻量型货架每个单元层能够承载的重量为 100 ~150kg，主要适合中小单元、零部件等轻型货物的存放；中量型货架每个单元层能够承载重量为 200 ~500kg，适用于中小型仓库存放货物；重量型货架承载重量大约为 800kg，结构强度和刚度较大，不易发生变形或破坏，多应用于大型或超大型仓库中。

货架按使用高度可以分为高层货架（ >15m）、中层货架（5 ~15m）和低层货架（ <5m）。

具体的尺寸规格选择都是根据仓库的大小与高度，以及所需存储的货物尺寸与重量来决定的。

2. 货物存取和传送系统

货物存取和传送系统承担货物存取、出入仓库功能。它主要由巷道式堆垛机、叉车、AGV、输送机和装卸机械等组成。巷道式堆垛机是自动化立体仓库中货物存取的主要设备，堆垛机在各个高层货架间的巷道内来回往复移动，它的载重平台沿着堆垛机的支架上下移动，而堆垛机的货叉沿平台的左右方向移动，这样就可方便地将货物存入货架的货位或从货位取出所需货物。

3. 管理和控制系统

自动化立体仓库系统采用计算机进行管理和控制，主要包括仓储管理系统（WMS）和仓库控制系统（WCS）两个系统。

（1）WMS。WMS是自动化立体仓库的管理中心，承担出入库管理、盘库管理、查询打印及显示、仓库经济技术指标计算分析管理功能。

（2）WCS。WCS是自动化立体仓库的控制中心，它沟通并协调管理计算机、堆垛机、出入库输送机等；控制和监视整个自动化立体仓库的运行，并根据管理计算机或自动键盘的命令组织流程，以及监视现场设备运行情况和现场设备状态，监视货物流向及收发货显示。WCS的基本功能包括接收WMS的作业指令，经过整理、组合形成各自动化系统的作业指令，分发给各自动化系统；同时，接收各自动化系统的现场状态，反馈给WMS。

四、自动化立体仓库的安全管理

自动化立体仓库涉及许多大型化、自动化机电设备，必须加强仓库安全管理，明确安全管理操作规程和有关要求。其主要包括以下内容：

（1）各岗位的操作人员必须经过岗前培训并考核，以确认是否能胜任岗位工作。

（2）严禁人员攀爬货架。

（3）地面系统控制柜合闸通电前，操作者必须首先检查各巷道有无异物，确认没有后方可合闸通电。

（4）设备运转中，货架区严禁人员进入。

（5）除检修时需要（此时应采取相应措施将载货台固定在导轨上）外，其他任何情况下，载货台下严禁站人。

（6）自动化立体仓库设备正常工作环境温度范围为 -5℃～45℃，当环境温度超过此温度范围时，必须采取适当的措施，以满足设备正常启动条件；否则，将会给设备造成不可逆转的损害。

（7）禁止挤压、踩踏滑触线、认址片、各类开关及固定支架、各类传感器及固定支架等易变形易损坏部件。

（8）严禁遮挡红外通信器和激光测距仪。

(9) 根据环境条件定期检查，并使用软布擦拭各种光电开关及光通信、反射镜表面的灰尘，防止影响传感器正常工作；对已损坏元器件应及时更换，以免对设备造成更大的不必要的损失。

(10) 立体库区内，不得有易燃易爆的气体或粉尘存在，以免发生危险。

(11) 对具有腐蚀性、挥发性的液体或固体，应妥善包装，以免对设备造成损害，降低设备的使用寿命。

(12) 货物入库时，操作员应该检查货物外形是否超差，特别是长度方向，同时检查货物是否放平稳。

(13) 对因托盘卡阻原因造成的故障，操作员不得使用野蛮作业方式排除，以免造成设备损坏，导致更大的损失。

五、巷道式堆垛机

巷道式堆垛机是自动化立体仓库中最重要的运输设备。巷道式堆垛机是随着自动化立体仓库的出现而发展起来的专用起重机（见图5－18）。它的主要用途是在高层货架的巷道内来回穿梭运行，将位于巷道口的货物存入货格，或者取出货格内的货物运送到巷道口。这种使用工艺对巷道堆垛机在结构和性能方面提出了一系列严格的要求。

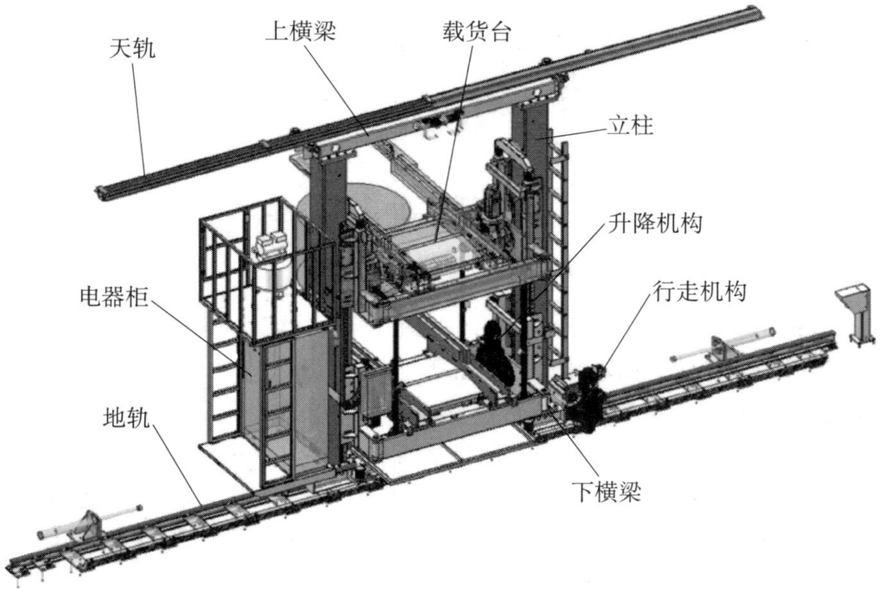

图5－18　巷道式堆垛机

堆垛机额定载重量一般为几十千克到几吨。随着计算机控制技术和自动化立体仓库的发展，堆垛机的运行速度不断提高。

巷道式堆垛机通常简称为堆垛机。它是由叉车桥式堆垛机演变而来的。桥式堆垛机由于桥架笨重，因而运行速度受到很大的限制，仅适用于出入库频率不高或存放长形原材料和笨重货物的仓库，其优点在于可以方便地为多个巷道服务。目前的AS/RS中应用最广的是巷道式堆垛机。

1. 巷道式堆垛机结构组成

巷道式堆垛机由机架（车身）、运行机构、起升机构、载货台及存取货机构和电气设备五部分组成。

（1）机架（车身）。堆垛机的机架框架由立柱、上横梁和下横梁组成，整机结构高而窄，机架可以分为单立柱和双立柱两种类型。双立柱结构的机架由两根立柱和上、下横梁组成一个长方形的框架。这种结构强度和刚度都比较好，适用于起重量较大或起升高度比较高的场合。单柱式堆垛机机架只有一根立柱和一根下横梁，整机重量比较轻，制造工时和材料消耗少，结构更加紧凑且外形美观。

（2）运行机构。在堆垛机的下横梁上装有运行驱动机构和在轨道地轨上运行的车轮（见图 5－19）。按运行机构所在的位置不同，堆垛机可以分为地面驱动式、顶部驱动式和中部驱动式几种。

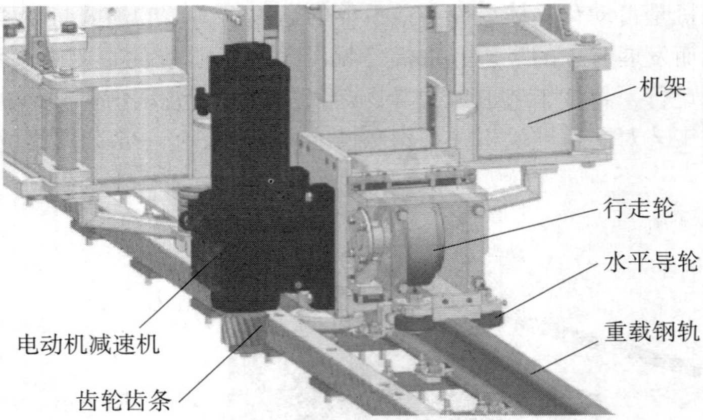

图 5－19　堆垛机运行机构

（3）起升机构。堆垛机的起升机构由电动机、制动器、减速机、卷筒或链轮以及柔性件组成，常用的柔性件有钢丝绳和起重链等。

（4）载货台及存取货机构。载货台是货物单元的承载装置。对于需要托运整个货物单元的堆垛机，载货台由货台本体和存取货装置构成。对于只需要从货格拣选一部分货物的拣选式堆垛机，则载货台上不设存取货装置，只有平台供放置盛货之用。存取货装置是堆垛机的特殊工作机构。取货的那部分结构必须根据货物外形特点设计。最常见的是一副伸缩货叉，也可以是一块可伸缩的取货板，或者别的结构形式。

（5）电气设备。电气设备主要包括电力拖动、控制、检测和安全保护装置。电力拖动系统要同时满足快速、平稳和准确三个方面的要求。

2. 巷道堆垛机使用注意事项

（1）使用前，应检查巷道内是否有异物，以免损坏堆垛机。

（2）使用时，巷道内不可站人，以免造成伤害。

（3）使用时，不要打开堆垛机控制柜和桥台车控制柜的柜门，以免触电。

（4）当堆垛机载货升起时，不要站在下面观望，以免造成伤害。

（5）不要随意变更传感器和行程开关的位置，以免发生意外。

（6）工作结束后，一定要关掉总电源，以免发生意外。

阅读材料：电子商务行业大件商品自动化立体仓库的应用

课堂讨论： 你工作时希望在半自动、全自动环境还是智能化环境中？

六、装卸堆垛机器人

工业机器人（见图 5－20）是典型的机电一体化高科技产品。随着物流业的发展，装卸堆垛机器人得到了广泛应用，其作业速度快、作业准确，尤其适合有污染、高温、低温等特殊环境和反复单调作业场合。机器人在仓库中的主要作业是码盘、搬运、堆垛和拣选，它在自动仓库入库端的作业过程为：被运送到仓库中的货物通过人工或机械化放到载货台上，放在载货台上的货物通过机器人将其分类。机器人具有智能系统，可以根据货箱的位置和尺寸进行识别，将货物放到指定的输送系统上。

图 5－20　工业机器人

1. 装卸堆垛机器人的主要技术参数

（1）抓取重量。抓取重量也称为负荷能力，是机器人在正常运行速度时所能抓取的重量。当机器人运行速度可调时，随着运行速度的增大，其所能抓取的工件的最大重量减小。

（2）运动速度。运动速度与机器人的抓重、定位精度等参数有密切关系，同时也直接影响机器人的运动周期。

（3）自由度。自由度是指机器人的各个运动部件在三维空间坐标轴上所具有的独立运动的可能状态，每个可能状态为一个自由度。机器人的自由度越多，其动作灵活性、适应性越强，结构越复杂。一般情况下，机器人具有3～5个自由度即可满足使用上的要求。

（4）重复定位精度。重复定位精度是衡量机器人工作质量的一个重要指标，是指机器人的手部进行重复工作时能够放在同一位置的准确程度。它与机器人的位置控制方式、运动部件的制造精度、抓取的重量和运动速度有密切的关系。

（5）程序编制与存储容量。程序编制与存储容量是指机器人的存储能力，用存储程序的字节数或程序指令数表示。存储容量越大，机器人的适应性越强，通用性越好，从事复杂作业的能力越强。

2. 装卸堆垛机器人的主要结构

装卸堆垛机器人的主要结构如图5－21所示。

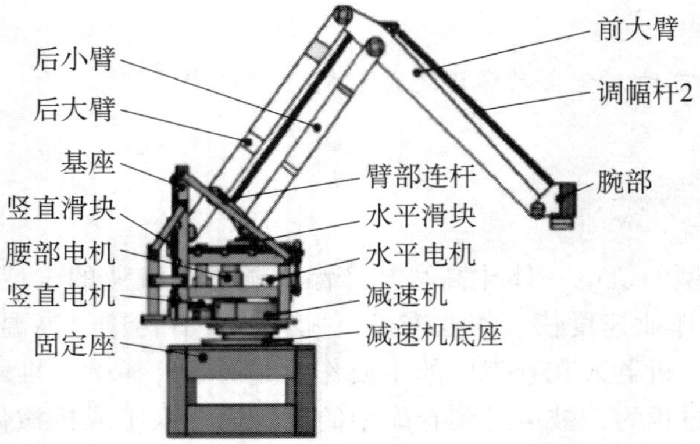

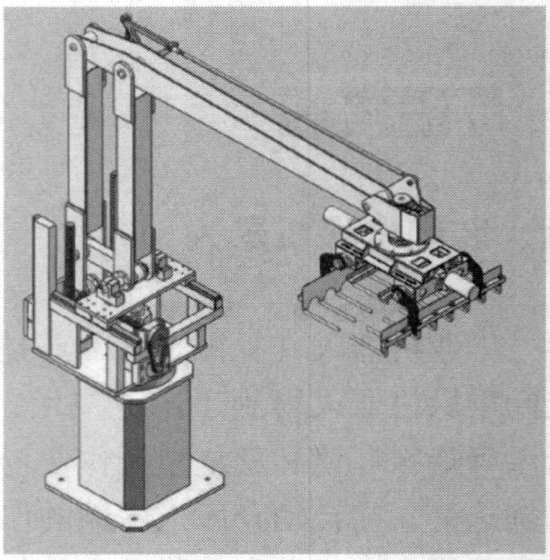

图5－21 装卸堆垛机器人

装卸堆垛机器人是机电一体化的系统，它主要由以下几个部分组成：

（1）执行机构。执行机构的功能是抓取工件，并按照规定的运动速度、运动轨迹将工件送到指定的位置，然后放下工件。

（2）驱动系统。驱动系统是为机器人提供动力的装置。一般情况下，机器人的每一个关节设置一个驱动系统，它接受动作指令，准确控制关节的运动位置。

（3）控制系统。控制系统控制着机器人的程序运动，它可以记忆各种指令信息，同时按照指令信息向各个驱动系统发出指令。必要时，控制系统还可以对机器人进行监控，当动作有误或者发生故障时发出报警信号，还能实现对机器人完成作业所需的外部设备进行控制和管理。

（4）检测传感系统。检测传感系统主要是检测机器人执行系统的运动状态和位置，并随时将执行系统的实际位置反馈给控制系统，并与设定的位置进行比较，然后通过控制系统进行调整，使执行系统以一定的精度达到设定的位置。

（5）人工智能系统。人工智能系统赋予机器人五官的功能，具有学习、记忆、判断能力。

课堂讨论： 机器人的使用给企业带来了什么？我们的未来会有什么变化？我们需要准备些什么？

任务实施

实训背景：

立体仓库在现代物流管理中发挥着至关重要的作用。其高度的空间利用率、自动化作业和成本节约等优势，使其成为各行业的理想仓储解决方案，广泛应用于电子商务、制造业、医药行业、食品行业等领域。

实训要求：

3~4 人为一组，根据校实训室条件操作自动化立体库 WMS 系统或网络版，并分析其存在的问题。

任务三　自动化立体仓库应用 ——科技赋能，智能仓储

任务导入

苏州第二图书馆占地35 亩，建筑面积4.53 万平方米，总投资4.8 亿元，建立了1 个箱式堆垛机库、2 个穿梭车立体库和1 个 VNA 立体库共4 个库区，占地6 500 平方米左右，储位数量达700 万册。

项目采用堆垛机、叉车、四向穿梭车、高速提升机等领先的物流设备与软件系统，可实现每天2 万册的出入库效率，充分满足节约藏书空间和建立经济高效图书管理系统的需求，在国内率先实现了图书馆服务的智能化管理。

当读者借阅图书时，只要读者发起订单，仓储系统就开始运转，四向穿梭车配合高速提升机完成出库作业，书籍通过包装机打标，贴标内容涵盖读者信息，按照不同的投递点进行分拣，AGV 按照书箱对应路线自动取货，运送至对应货区，读者通过自动借书端完成借阅。

当读者归还图书时，自动输送系统和分拣系统开始运转，WMS 将指令待入库的书箱分配到货位，工作人员完成人工拣选及补数作业，四向穿梭车配合高速提升机完成自动化入库作业。

项目使用货到人拆零拣选分配作业系统，采用自动输送线、穿梭车立体库、高位立体库及先进的路向分拣系统等现代仓储物流设施相互搭配的方式，轻松实现图书的存储、配发、包装、质检、路向分拣等环节的信息化和自动化，为市民提供社会化、专业化、个性化服务。

必备知识

一、密集仓储系统的主要类型

常见的密集仓储货架主要有穿梭车式货架、驶入式货架、重力式货架、重型移动式货架、压入式货架、多深位立体仓库货架等（见表5－1）。

表5－1　密集仓储系统的主要类型

主要类型	x方向	y方向	z方向	应用场景
基于输送机的密集仓储系统	叉车或堆垛机	叉车或堆垛机	重力或动力输送机	驶入式货架系统、重力式货架系统、压入式货架系统等
基于穿梭车的密集仓储系统	叉车或堆垛机	叉车或堆垛机	两向穿梭车	穿梭车式货架系统
	穿梭车（母车）	升降机	穿梭车（子车）	子母车式仓储系统
	四向穿梭车	升降机	四向穿梭车	四向车式仓储系统

二、穿梭车式密集仓储系统

1. 穿梭车式密集仓储系统的主要类型

穿梭车式密集仓储系统主要分为托盘式穿梭车系统、料箱式穿梭车系统。

（1）托盘式穿梭车系统主要包括输送机（包括提升机）、货架、穿梭车、提升机等，有些采用堆垛机完成穿梭车的换层。

（2）料箱式穿梭车系统主要用于“货到人”拣选系统，主要包括货架及轨道、穿梭车（包括多层穿梭车、子母车、四向穿梭车等）、提升机等。

2. 穿梭车式密集仓储系统的特点

（1）密集存储。采用高密度货架存储货物，取消了叉车或堆垛机作业通道，大大提高了空间利用率。

（2）快速存取。可实现多维度、多层、多小车同步运作，大大缩短了作业时间。

（3）系统柔性。可根据订单任务量大小，灵活增减小车数量，适应性强，特别适用于订单波动性较大的仓储环境。同时，当穿梭车发生故障时，可快速更换故障小车，保证仓库运行不受影响。

阅读材料：箱式多层穿梭车系统的使用场景

3. 穿梭车式密集仓储系统的构成

（1）穿梭车。穿梭车（见图 5－22）是一种智能机器人，可以编程实现取货、运送、放置等任务，并可与上位机或 WMS 系统进行通信，结合 RFID、条形码等识别技术，实现自动化识别、存取等功能。

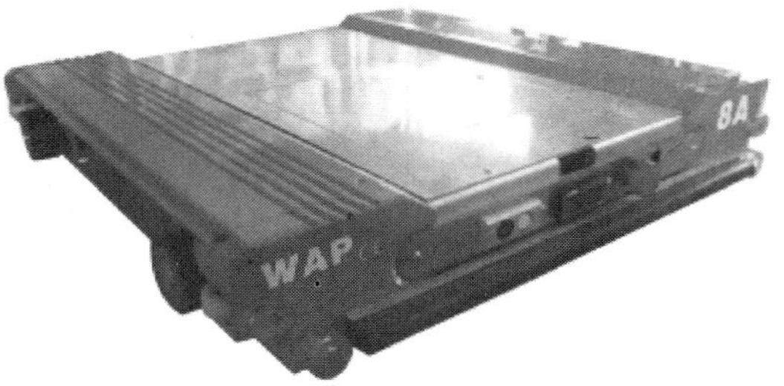

图 5－22　穿梭车

穿梭车的基本结构如图 5－23 所示。

车体：穿梭车围绕一个盒形底盘构造而成，四角为铝脚部件，带有四个改性尼龙敷层的车轮及 4 个导向轮。穿梭车由 1 个高性能免维护可充电锂电池驱动，在两面都有防撞气囊、指示灯和双联电源开关，穿梭车 A 面设置有一个蜂鸣器和一个紧停开关。

双联电源开关：双联电源开关按下时将切断穿梭车控制系统、光电感应开关、指示灯及显示板的电源，但不切断电机控制器及电机电源。

紧停开关：紧停开关按下时将切断穿梭车所有电源，在穿梭车再次投入运行时必须使紧停开关均处于接通状态。在穿梭车较长时间停止工作时，应将紧停开关按下，切断穿梭车所有电源。

防撞保护报警：当穿梭车在 A 面操作时，防撞气囊碰到轨道上的异常障碍物，穿梭车会执行回初始点操作；当穿梭车在 B 面操作时，防撞气囊碰到轨道上的异常障碍物，穿梭车同样会执行回初始点操作。

（2）穿梭车货架。穿梭车货架主要由立柱片、支撑横梁、子轨道、母轨道、拉杆、端部支撑件、换向轨道等组装而成。穿梭式导轨是小车行走的主要构件，通过螺栓固定在横梁的连接板上。

（3）提升机。提升机主要由提升机主体、伺服电机与齿轮齿条构建的提升机构、载货台和电气控制系统等部分组成，通过操作载货台的升降将货物提升到相应高度（或立体货架指定架层，部分输送段考虑链条输送机及穿梭车轨道兼容），再由穿梭车实现货

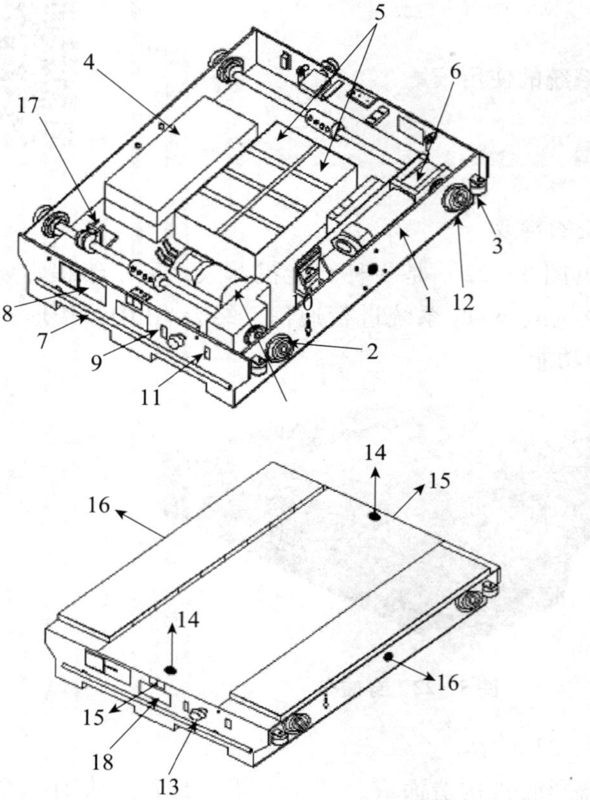

1.穿梭车主体
2.升降轮
3.导向轮
4.电子控制器
5.电池
6.行走电机
7.防撞气囊
8.指示灯
9.充电插头
10.升降电机
11.双联电源开关
12.行走轮
13.紧停开关
14.上光电
15.前后光电
16.左右侧光电
17.升降定位接近开关
18.显示板

图 5－23　穿梭车结构示意图

物的进出库搬运与存储，实现货物的存取作业。

（4）射频识读设备、外形检测系统及其他配置设备。

任务实施

实训背景：

随着经济的发展，穿梭车式密集仓储系统应用越来越广泛，成为未来发展方向之一。全流程的信息化、自动化、智能化，使存储量、运营效率大大提升，提高了仓库管理水平，使仓库既适合低流量、高密度的存储，也适合高流量、高密度的存储，尤其适合食品、饮料、烟草等品类相对单一的行业。

实训要求：

3～4 人为一组，在校内实训室分组动手操作或到校外企业参观，分析托盘式穿梭立库、料箱式穿梭立库是如何工作的，可能应用到的相关设备有哪些。

任务四　穿梭车式密集仓储系统应用——高效穿梭，密集存储

任务导入

物流公司根据自己的业务量来决定车辆的型号，一般物流公司车辆在4.2～17.5米长，有高栏、箱车、平板、栏板、半封闭等各种车型。因为一般货车（如货柜车、厢式车、平台板车等）与货台之间总会有间隙，且有高度差，搬运工具（如叉车等）不能直接进出货车进行装卸，严重影响工作效率及增加作业危险性，所以为了便于装卸，在搬运成本越来越高的情况下，应合理设计卸货平台。图5-24为某物流公司的站台。

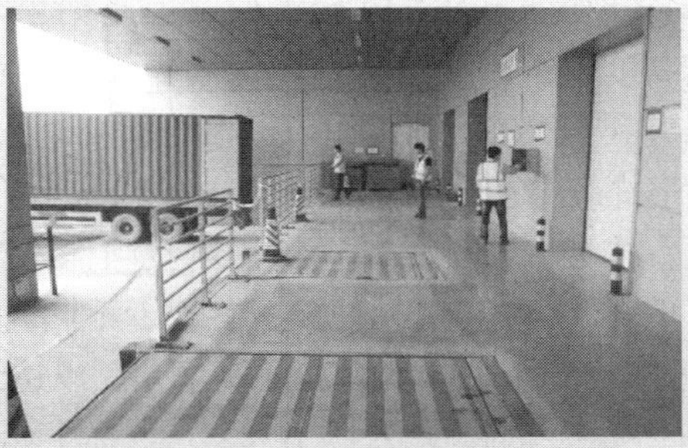

图5-24　某物流公司的站台设施布置

必备知识

一、站台的概念及作用

站台（见图5-25）是与仓库相连的线路或进入仓库内部的线路，以及线路与仓库的连接点，也称月台、码头，是仓库进出货的必经之路。这些设施既是仓库运行的基本保证条件，又是仓库高效工作不可忽视的重要部位。

站台的基本作用：车辆停靠处、装卸货物处、暂存处，利用站台就能方便地将货物装进车辆中或从车辆中取出，实现物流网络中线与结点的衔接转换。

二、站台的主要形式

1. 高站台

站台高度与车辆货台高度一样，一旦车辆停靠后，车辆货台与站台处于同一平面，

图 5-25 某物流中心的进出货站台

有利于使用装卸作业车辆进行水平装卸，提高装卸效率，使装卸合理化。

2. 低站台

站台和地面一样高，往往是和仓库地面处于同一高度，以利于站台与仓库之间的搬运。低站台与车辆之间的装卸作业不如高站台方便，但是如果采用传送装置装卸货，由于传送装置安装需有一定高度，采用低站台，传送装置安装后可与车辆货台保持同等高度。此外，采用低站台也有利于叉车作业。

现代仓库中，分货设备的分支机构出口端部往往和站台合二为一，汽车停靠在端部，分货机分选的货物可直接装入车中，减少了一道装卸程序。

在确定站台高度时，可考虑停靠车辆的种类，有若干不同高度的停靠位置，也可考虑车种平均高度，尽可能缩小货车车厢底板与站台的高度差，以达到提高作业效率的目的。

三、站台常见的设施

在仓库中，进出货车种类可能很多，因而即使考虑不同高度的站台，也很难使全部车辆与站台相接合。要克服车辆与月台间的高度差，为作业安全与方便起见，站台常见的设施有下列三种：

（1）移动式登车桥。移动式登车桥广泛用于无装卸设备的站台及流动装卸场所，是与叉车配合使用的货物装卸辅助设备，如图 5-26 所示。借助移动式登车桥，叉车能直接驶入汽车集装箱内部进行批量装卸作业，提高效率，以避免装卸货期间车轮意外滚动可能造成的危险。

图 5-26 移动式登车桥

（2）升降平台。升降平台是最安全、最有弹性的卸货辅助器之一，分为卡车升降平台（见图 5－27）及码头升降平台两种。当配送车到达时，对卡车升降平台而言，可提高或降低车子后轮，使得车底板高度与月台一致，从而方便装卸货；对码头升降平台而言，则可调节码头平台高度来配合配送车车底板的高度。

图 5－27　卡车升降平台

（3）车尾附升降台。车尾附升降台是装置于配送车尾部的特殊平台，当装卸货时，可运用此平台将货物装上卡车或卸至站台（见图 5－28）。车尾附升降台可延伸至站台，亦可倾斜放至地面，其设计有多种样式，适于无站台设施的物流中心或零售点使用。

图 5－28　车尾附升降台

四、站台设计

1. 进出货站台的安排方式

以仓库内物流的情况来决定进出货站台的安排方式。为使物料能顺畅地进出仓库，进货站台与出货站台的相对位置安排非常重要，因为其很容易影响进出货的效率及品质。一般来说，这两者间的安排方式有以下 4 种：

（1）进货及出货共用站台（见图 5－29）。此种设计可提高空间及设备使用率，但有时较难管理，尤其在进出货高峰时刻，容易造成进出货相互牵绊的不良效果。所以，此安排较适合进出货时间易规划错开的仓库。

（2）分别使用站台，但两者相邻，以便管理（见图 5－30）。此安排设备仍可共用，但进货及出货作业空间分隔，可解决上一方式进出货可能互相牵绊的困扰，但进出货空间不能弹性互用的情形必将使空间效益变低。此方式的安排较适合厂房空间适中且进出货常易互相干扰的仓库。

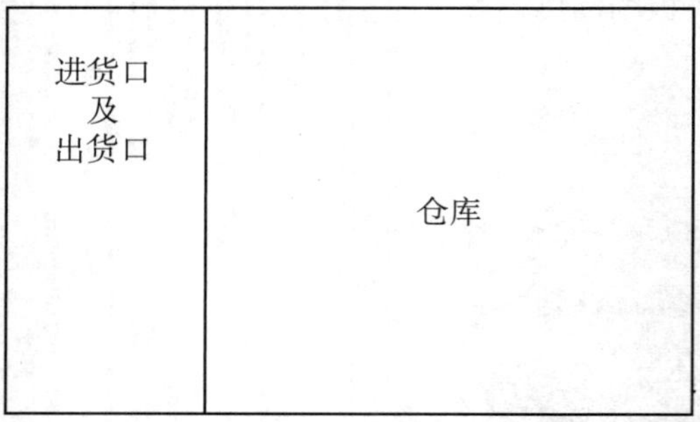

图 5－29　进货口及出货口混合

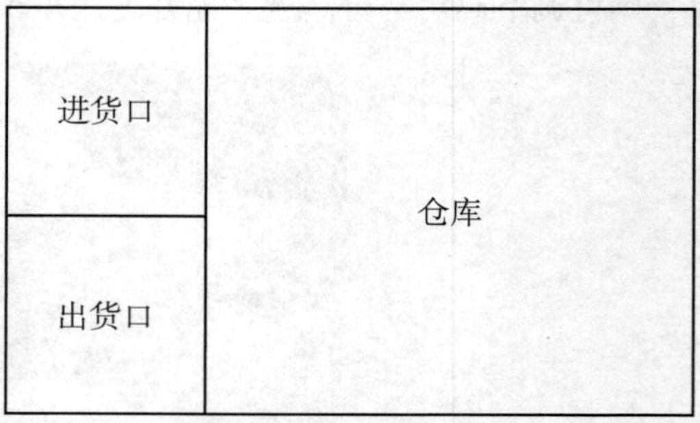

图 5－30　进货口及出货口独立、相邻

（3）个别使用站台，但两者不相邻（见图 5－31）。此种站台安排方式，进出货作业属于完全独立的两部分，不仅空间分开，设备的使用亦作划分，因而虽可使进货与出货更为迅速顺畅，但空间及设备的使用率势必降低。这种方式对于厂房空间不大且进出货时段冲突频率不高的公司并不适用。

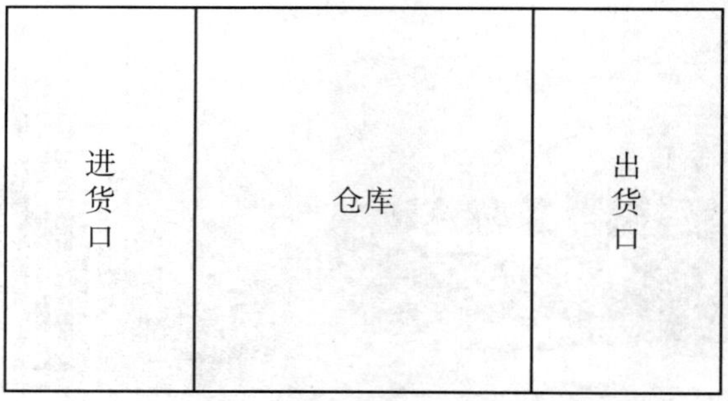

图 5－31　进货口及出货口独立、不相邻

（4）数个进货、出货站台。不论站台是采用以上哪种安排方式，若厂房空间足够且货品进出频繁，则可规划多个站台以适应及时存取货的需求。

2. 站台数量

要做到任何时刻都能让进出货车辆通行无阻，不用等待即可装卸货的程度，就要有足够数量的站台来停泊。在一定空间内要做好准确的站台数量估计，需要能确切地掌握以下资料：

（1）有关进出货的历史资料。

（2）高峰时段的车数。

（3）每车装卸货所需时间。

3. 考虑未来厂房扩大或变更的可能性

须考虑未来厂房扩大或变更的可能性，在规划阶段使用构建可弹性变动的布置。

任务实施

实训背景：

某医药物流配送中心功能区的示例布置如图5－32所示，建筑总体长120米左右，宽90米左右，企业业务量大，涉及车型多。

实训要求：

3～4人为一组，针对布局图，说明此类进出货站台的好处。企业想改造站台设施，请你思考哪一种站台设施较合适。

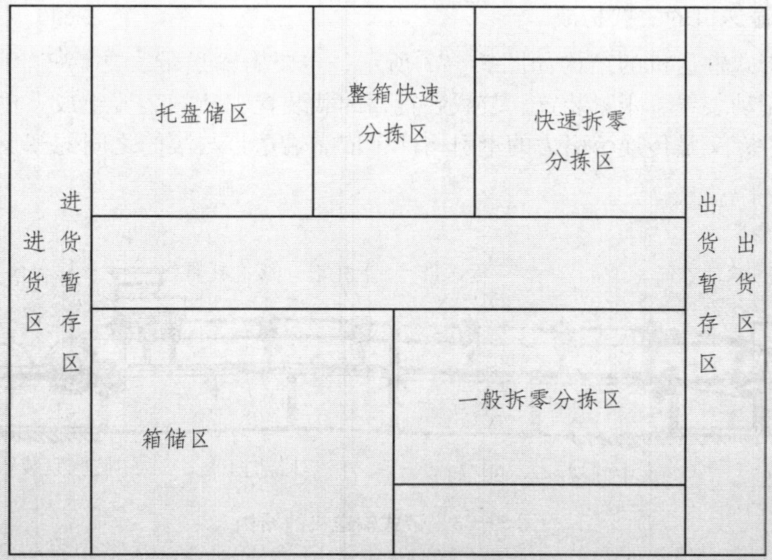

图5－32　某医药物流配送中心布局图

任务五　站台设施布置
——优化布局，高效装卸

任务导入

在物流领域中，输送机的作用非常重要，它可以用于货物的输送和搬运，提高物流效率。如在港口中，输送机可以用来输送各种货物，包括钢材、集装箱等，实现货物的快速装卸。在仓储领域中，输送机可以用来输送货物，实现仓库内部的物流流动。

输送机系统可以与仓储管理系统和物联网技术进行深度融合。随着物流行业的发展和技术的进步，输送机在物流中的应用将进一步创新和拓展。

必备知识

一、带式输送机

带式输送机是连续输送机中效率最高、使用最普遍的一种机型，广泛应用于家电、电子、电器、机械、邮电、印刷、食品以及采矿、冶金等行业，主要用于在水平和倾斜（倾角不大）方向输送大量散粒物料或中小型成件物品。

1. 带式输送机的主要构成

典型的带式输送机的结构如图5－33所示，主要由输送带、支承托辊、驱动装置、改向装置、制动装置、张紧装置、装载装置、卸载装置和清扫装置组成。输送带既是承载货物的构件，又是传递牵引力的牵引构件，依靠输送带与滚筒之间的摩擦力平衡地进行驱动。

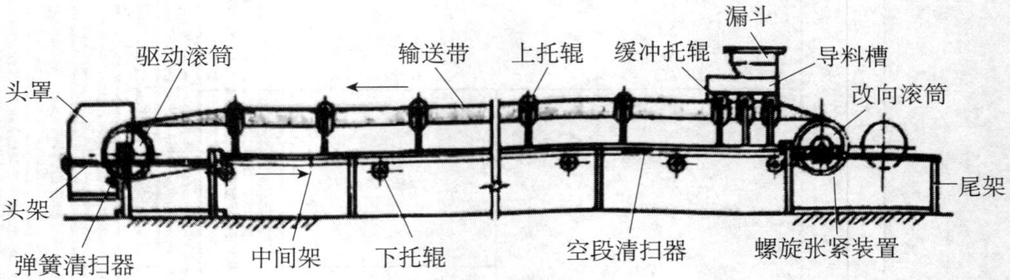

图5－33 带式输送机的结构

（1）输送带。其作用是传递牵引力和承载被运货物，要求具有较高的强度、较好的耐磨性和较小的伸长率等。

（2）支承托辊。其作用是支承输送带和被运物料的重量，减少输送带的垂度，使其能够稳定运行。其包括上托辊和下托辊。托辊的维修或更换费用是带式输送机营运费用的重要组成部分。为了减少托辊对输送带的运动阻力，必须注意托辊两端滚动轴承的密封和润滑，以保证托辊转动灵活和延长使用寿命。

为了提高生产率，输送散物料的输送机上托辊一般采用槽形托辊组，这种结构如图5－34所示，目前在带式输送机中，大部分采用30°的槽角。输送成件物品的上托辊和下托辊则采用平形托辊。

（3）驱动装置。其作用是将动力（牵引力）传给滚筒及输送带，使其能承载并运行。

通用固定式和功率较小的带式输送机一般采用单滚筒驱动（见图5－35），长距离生产率高的带式输送机可采用多滚筒驱动，大功率电动机可采用绕线式电动机，便于调控，使长距离带式输送机平稳启动。

（4）改向装置。改向装置有改向滚筒和改向托辊组两种。改向滚筒适用于带式输送机的平行托辊区段；改向托辊组是若干沿所需半径弧线布置的支承托辊，用在输送带弯曲的曲率半径较大处，或用在槽形托辊区段，使输送带在改向处仍能保持槽形的横

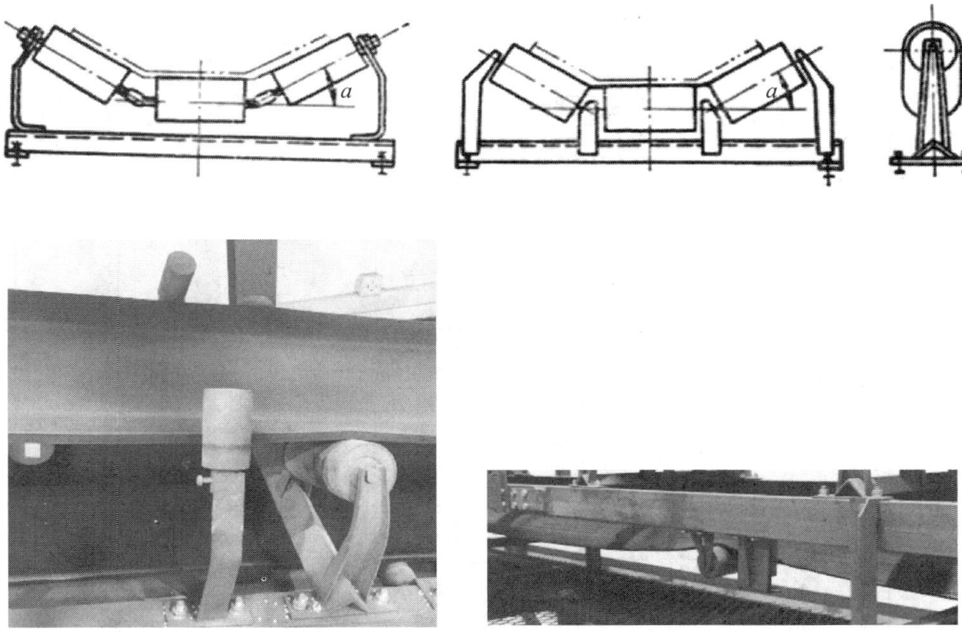

图 5－34　槽形托辊

图 5－35　电动滚筒

断面。

（5）制动装置①。在倾斜布置的输送机中，为防止其停车时在输送货物的重力作用下发生倒转情况，须装设制动装置。制动装置有滚柱逆止器、带式逆止器、电磁瓦块式或液压电磁制动器。

（6）张紧装置。其作用是使输送带保持必要的初张力，保证输送带与支承托辊之间有足够的摩擦力。张紧装置的主要结构形式有螺旋式、小车重锤式、垂直重锤式 3 种。

（7）装载装置。其作用是对输送带均匀装载，防止物料在装载时落在输送机外面，并尽量减少物料对输送带的冲击和磨损。成件品常用倾斜滑板［见图 5－36（a）］或直接放到运输带上；粒状物料则用装料漏斗［见图 5－36（b）］；如装料位置需要沿带式运输机纵向移动，则采用装料小车［见图 5－36（c）］。

① 制动装置只有在倾斜布置时才会有，图 5－33 为水平布置，故图中无。

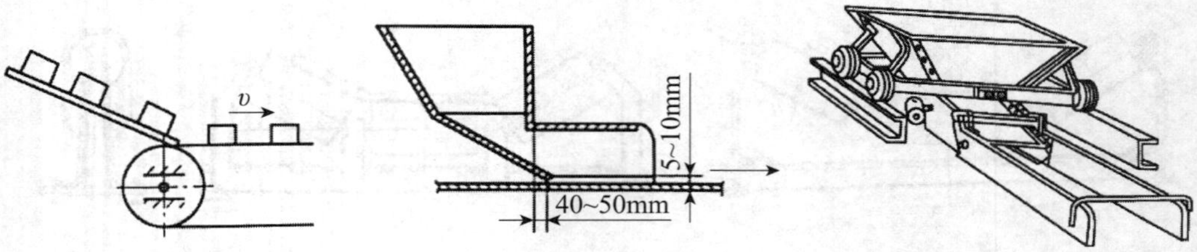

（a）倾斜滑板　　（b）装料漏斗　　（c）装料小车

图 5－36　装载装置

（8）卸载装置。带式输送机可在输送机端部卸料，也可在中间卸料，前者物料直接从滚筒处抛卸，后者可采用自动分拣装置、卸载挡板或卸载小车（见图 5－37）。

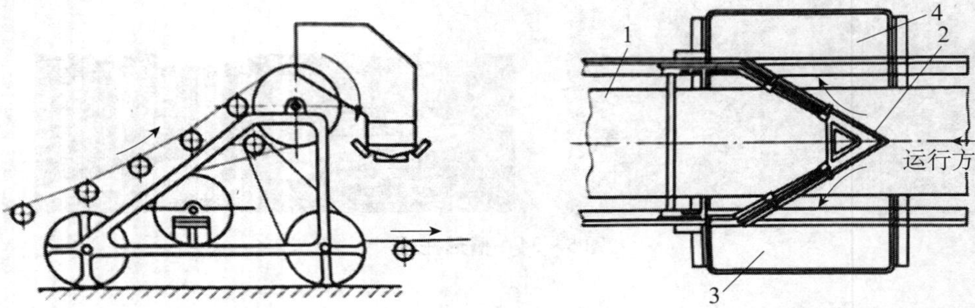

（a）卸载小车　　（b）犁形卸料板

1—带条；2—犁形板；3、4—漏斗

图 5－37　卸载装置

（9）清扫装置。其作用是清扫黏附于输送带上的物料。常用的清扫装置有弹簧清扫器和犁形刮板。

2. 带式输送机的使用注意事项

带式输送机属于系统流程中的设备，通常不属于操作者个人使用，在使用管理上采用专人集中管理的方式，实行按工作需要集中开关机。带式输送机应遵守以下使用规范：

（1）开机使用前应确认输送机运行范围内没有人员触摸机件，以防开机拖带伤及人员。

（2）开机后应检查输送机工作指示灯是否正常点亮，听取电动机、减速机等动力设备有无异常声响。

（3）检查输送带运行是否平稳，带表面不应有黏附物，输送带是否在中心位置移动。

（4）工作中，注意输送物料是否均匀地分布在输送带上，必要时应调节进料处的挡板位置以调节物料的均匀度。输送成件物品时，应注意掌握单件物品的重量不得过重，整台输送机上物品总重量不得超过输送机的承载能力。

（5）输送机的输送带一般为橡胶制品，不能承受过大的冲击载荷，也经受不了尖利物品的刺割，故装卸物品时应轻放轻拿。

（6）输送机工作中应经常巡视，发现异常时应尽快通知系统管理人，尽可能将整个系统的输送机同时关机检修，单输送机关机，易造成该机进料口物料堆积，影响后期维修。

（7）带式输送机关机后，应当检查各运动零部件是否有损坏，输送带上的黏附物应及时清理掉，填写设备检查记录，交代应予维修的部分。

二、链式输送机

链式输送机是利用链条牵引、承载，或由链条上安装的板条、金属网带、辊道等承载物料的输送机。链式输送机的主要功能元件是输送链，输送链既有传递动力的功能，又有承载能力。

链式输送机的工作原理：用绕过若干链轮的无端链条做牵引构件，由驱动链轮通过齿轮与节的啮合将圆周牵引力传递给链条，在链条上或一定的工作构件上输送货物，如图 5－38 所示。

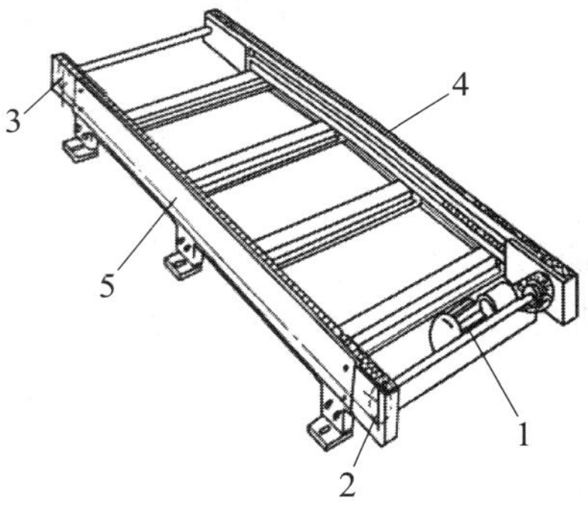

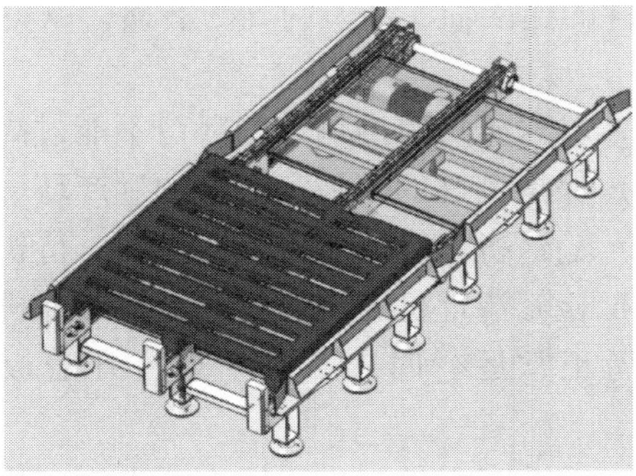

1—驱动装置　2—主动链轮　3—从动链轮　4—输送机链条　5—机架

图 5－38　链式输送机示意图

1. 链式输送机的主要类型

按照输送形式，链式输送机主要可分为以下四类：

（1）悬挂链式输送机。整个机组是架设在空中的，输送的物品借吊具与滑架在空间立体范围内运行。

（2）承托链式输送机。整个机组架设在地面上，输送物品放置在输送链条上，以操作者适应的高度运行，输送线可做多工位操作。

（3）刮板链式输送机。被输送的块状、粒状或粉末状物料放置在料槽内，通过输送链条刮送，有较高的自动化程度。

（4）链式提升机。输送链条上配置了众多的料斗、托盘或托架，主要用来在垂直方向提升物料。

2. 链式输送机的特点

（1）输送能力大，输送倾角可定做，耐低温、耐水汽、耐高温。

（2）由输送链条牵引，输送轻便、环保节能。

（3）承重的链条是打滚珠的，可滑动摩擦，运行阻力降低55%～65%，大大减少了输送机的功率消耗，能耗低。

（4）牵引链和承载链二合一，使结构简化，成本降低，安装维修方便。

（5）牵引链使用长节距、套筒滚子链，使用寿命长。

（6）工艺布置多样，可水平、倾斜，还可以由多段水平、倾斜组合布置。

3. 链式输送机的使用注意事项

（1）开机前，操作人员应仔细检查输送机的传动系统、头尾轴承等部件是否完好，润滑是否正常，并检查机体内是否有残余物料或其他杂物，出料口是否畅通。

（2）输送机启动后应空转3～5分钟，经检查运行平稳，表盘示值正常后方可投料运行。

（3）输送机正常生产时，操作人员应经常检查设备各部分的稳定性和机体内的物料。应避免大块或黏湿物料和金属杂物进入输送机，否则会损坏挠性牵引件。

（4）当生产条件有限，不可避免地会有异常物料进入链运机时，操作人员应经常注意牵引件的连接轴、刮刀钩等的磨损，以免造成牵引断裂、头轮缠绕链等更严重的设备事故。

（5）输送机机体内输送的料位不能过高，一般不能超过机体总高度的2/3。

（6）保持良好的密封和清洁的生产环境。

（7）输送机停机前应先停止进料，待机体内物料完全卸料后，方可停机。

（8）检修清理机腔内杂物时，应在停机并切断电源后，在控制柜上挂上检修作业牌等。设备正常运行时，不得随意打开盖板，也不得将其他工具伸入体内，以免造成事故。

（9）调节牵引件时应以轻重适中为宜，操作人员巡视设备的间隔不得超过半小时。

（10）输送机的传动系统和轴承等润滑点应根据润滑技术规范定期补充或更换，以确保良好的润滑。

（11）定期检查输送机柔性牵引链和头尾链轮轨道的磨损情况，磨损严重时应立即更换。检查过程中，柔性牵引链上的套筒滚子应注意材料填充停止时从滚动变为滑动加剧磨损的问题。

阅读材料：固定式螺旋输送机的应用

三、辊子输送机

1. 辊子输送机的概念、特点

辊子输送机（见图5－39）是由一系列以一定的间距排列的辊子组成的用于输送成

件货物或托盘货物的连续输送设备，是一种用途十分广泛的连续输送设备。目前，由辊子输送机组成的生产线和装配线越来越广泛地应用在机械加工、冶金、建材、军事工业、化工、医药、轻工、食品、邮电以及仓库和物资分配中心等各个行业。

图 5－39　辊子输送机

2. 辊子输送机的主要类型及结构

（1）无动力式辊子输送机。

无动力式辊子输送机自身无驱动装置，辊子转动呈被动状态，物品依靠人力、重力或外部推拉装置移动，按布置方式分为水平和倾斜两种。

（2）动力式辊子输送机。

动力式辊子输送机本身有驱动装置，按传动方式分为链传动、带传动、齿轮传动。

链传动：承载能力强，通用性好，布置方便，对环境适应性强，可在经常接触油、水及温度较高的地方工作，是最常用的一种动力式辊子输送机。在多尘环境中工作时，链条容易磨损，高速运行时噪声较大。链传动分单链传动和双链传动。单链传动结构布置紧凑，适用于轻载、低速、持续运行的场合。双链传动适用于载荷较大，速度较高，起、制动比较频繁的场合。

带传动：运转平稳，噪声小，对环境污染少，允许高速运行，但不适宜在接触油污的地方工作。带传动分平带传动、V 形带传动、O 形带传动。平带传动承载能力较强，V 形带传动次之，O 形带最小。

齿轮传动：承载能力较强，传动精度高，使用寿命长，对环境适应性强，适用于重载、运行精度较高、起制动频繁、经常逆转的场合。

（3）积放式辊子输送机。

积放式辊子输送机除具有一般动力式辊子输送机的输送性能外，还允许在驱动照常运行的情况下，物品在辊子输送机上停止和积存，而运行阻力无明显增加，适用于辊子输送机线路中需要物品暂时停留和积存的区段。

3. 辊子输送机的使用注意事项

辊子输送机由于结构比较简单，使用要求主要为以下三点：

（1）使用前应检查辊子是否运转灵活；各辊子载物面是否在同一平面；有驱动的辊子其驱动连接是否可靠；传动链条或胶带有无磨损；驱动装置的电控装置各开关按钮和指示灯是否正常工作。

（2）使用中观察货物在辊子上移动是否平稳，速度是否均匀；辊子运转是否平稳，分货和转移动作是否准确；货物放上辊子时不应有冲击，以防损伤辊子轴上的滚动轴承。

（3）滚柱使用后应定期给各辊子轴承加油，给传动链加油。

课堂讨论： 辊子传动形式（见图5－40）与链传动形式有何区别？

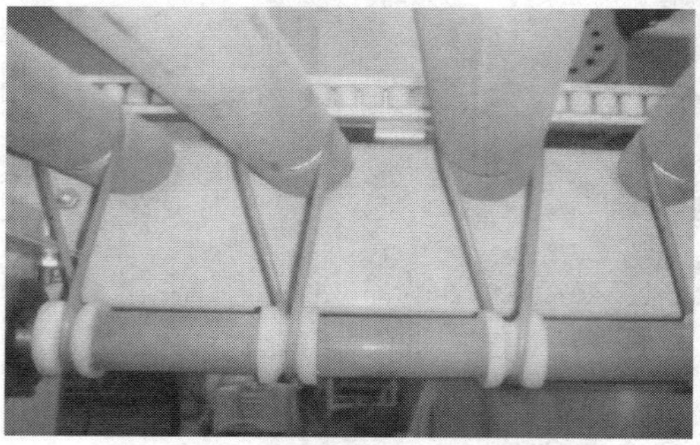

图5－40　辊子传动形式

任务实施

实训背景：

输送机在物流行业的应用，展示了其在提高物流效率和降低成本方面的重要作用。通过在快递物流中的自动分拣、大规模仓储中的物料搬运以及生产线中的物料供给和流水线工作等方面的应用，输送机系统实现了物流自动化、提升工作效率与质量的目标。

实训要求：

3～4人为一组，完成以下任务：

1. 梳理斗式提升机、埋刮板输送机、螺旋输送机的特点、结构及适用场合，并做PPT汇报。

2. 根据校实训室条件操作输送机，并回答图5－41中各输送机的类型及适用场合。

（a）

（b）

图5－41　输送机

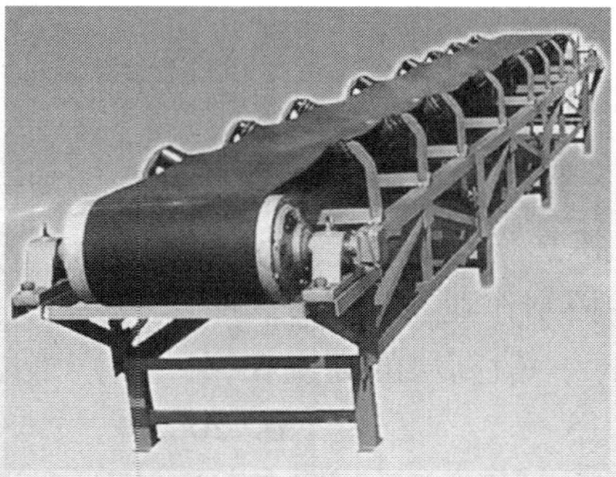

(c)

(d)

图 5－41　输送机（续）

项目小结

本项目主要介绍了货架的种类和选择，自动化立体仓库的结构组成，穿梭车式密集仓储系统的主要组成，站台设施布置与设计，常见输送机的结构、工作原理及使用注意事项。现代商业订单的结构正由“多批量，少批次”向“少批量，多批次”转变，对拆零拣选的效率要求也随之提高，穿梭车式密集仓储系统能够解决密集存储问题和快速存取问题，应用前景广阔。

项目自测

一、单项选择题

1. 大的管材、型材、棒材等大型长尺寸金属材料可选用（　　）存放。

A. U 形架　　B. 托盘货架

C. 装配式货架　　D. 流动式货架

2. 通常下列哪种货架可由旧库改造而来？（　　）

A. 阁楼式货架　　B. 流动式货架

C. 后推式货架　　D. 移动式货架

3. 辊子输送机可以用来输送（　　）。

A. 散料　　B. 单元货物　　C. 集装箱　　D. 液体物料

4. 不能实现“先进先出”的货架有（　　）。

A. 后推式货架　　B. 重力式货架

C. 驶出式货架　　D. 自动化高层货架

5. 给进出货时间易规划错开的仓库设计站台时最适合采取的方式为（　　）。

A. 数个进货、出货站台

B. 分开使用进出货站台，且两者相邻

C. 分开使用进出货站台，且两者不相邻

D. 进货及出货共用站台

6. 机器人在仓库中的主要作业是码盘、搬运、堆垛和（　　）。

A. 检测作业　　B. 拣选作业

C. 识别作业　　D. 控制作业

7. 货架按高度可分为低层、中层和高层货架，一般高层的高度在（　　）米以上。

A. 5　　B. 10　　C. 15　　D. 20

8. 按照自动化立体仓库货架与构筑物的关系，可将立体货架分为整体式货架和（　　）。

A. 组合式货架　　B. 分离式货架

C. 单货位式货架　　D. 多货位式货架

9. 带式输送机可以用来输送（　　）。

A. 散料　　B. 大件成品货物

C. 集装箱　　D. 液体物料

10. 下列运输机械中与其他三种不是同一类型的是（　　）。

A. 气力输送机　　B. 斗式提升机

C. 机船　　D. 辊子输送机

二、多项选择题

1. 能保证先进先出的货架包括（　　）。

A. 驶入式货架　　B. 驶出式货架

C. 流动式货架　　D. 后推式货架

E. 自动化高层货架

2. 下列关于货架的说法正确的是（　　）。

A. 货柜式货架一般用于储存小件、零件货物

B. 托盘货架用来存放装有货物托盘的货架，可实现机械化装卸作业，便于单元化存取

C. 悬臂式货架用于长条形材料存放

D. 贯通式货架属于通道式货架的一种

E. 所有的通道式货架均根据所使用的不同机械类型预留一定宽带的通道

3. 下列属于立体仓库中运用的主要作业设备的有（　　）。

A. 有轨巷道堆垛起重机　　B. 无轨巷道堆垛起重机

C. 普通叉车　　D. 牵引车

E. 振动输送机

三、判断题

1. 仓储系统的主要参数包括库容量和出入库频率。（　　）

2. 高层货架仓库的主要特征是货架密度大，高度和长度较大，排列较多，巷道较窄。（　　）

3. 自动化立体仓库和企业信息系统是两个独立的系统，二者无关。(　　)

四、简答题

1. 货架的种类有哪些？
2. 站台的基本作用是什么？
3. 简述机器人的主要技术参数。

五、案例分析题

宁夏沃福百瑞自动化立体库案例

宁夏沃福百瑞枸杞产业股份有限公司是专业从事枸杞及枸杞深加工产品研发、生产和销售的企业。企业的发展需要对枸杞深加工生产线进行优化升级，投资枸杞深加工项目。

项目需求：需要七米高的库区提高垂直空间的利用率，满足不断增长的生产存储需求；出于对生产存储的安全性要求，要求产品来源可追溯、去向可查证，强调供应链全程可视化；产品涵盖干果、原浆、籽油、果汁、多糖等七大类20多个品种，呈现常温、保鲜两种存储方式。

解决方案：(保鲜库）两向穿梭货架系统 +（半成品库、枸杞汁库区）横梁货架 +（成品库）四向穿梭智能立体库集成方案。

应用效果：(1) 同行业领域内首家采用全自动化的智能工厂，企业形象极大提升。(2) 相比传统仓储，该项目仓储利用率提高了2.5倍，拣货准确率达99.99%，高度节省人力；(3) WMS智能化指导作业，工作效率提升20%多；(4) 产品批次全程追溯，准确率达100%；(5) 仓储作业能力提升，单吨仓储成本下降5%。

问题：思考四向穿梭智能立体库的设备组成和特点。

项目六
智能分拣与拣选装备应用

学习目标

※ 应知目标

- 熟悉智能分拣与拣选装备的概念与类别
- 了解智能分拣与拣选装备在物流中的地位与作用
- 掌握智能分拣与拣选装备选用与配置的应用场景

※ 应会目标

- 掌握智能分拣与拣选装备的管理方法

※ 素养目标

- 深刻体会我国智能分拣与拣选装备制造业的快速发展，增强民族自豪感

引导案例

京东“亚洲一号”高效神速的电商物流网络

2009 年，京东开始筹建自动化物流中心，并命名为“亚洲一号”，整体定位为“打造亚洲群规模最大、最先进的物流中心”。京东还自主研发了配套的信息系统，用于调度 AS/RS、输送线、分拣机、提升机等自动化设备。

从 2014 年京东第一个“亚洲一号”仓库在上海建成投产到现在，“亚洲一号”已经在全国各地铺开。到 2022 年中为止，公司已经管理超过 1 400 个仓库和超过 1 700 个云仓，仓储网络总管理面积超过 2 600 万 m^2。

京东“亚洲一号”与传统的物流中心相比，具有如下优势：

所有的商品集中存储在同一物流中心的仓库内，减少跨区作业，提高效率，降低成本；快速完成商品的拆零拣选，合并属于同一订单的商品；AS/RS 自动化立体仓库系统，高密度存储形式，能够充分利用存储空间。

AGV 自动引导小车和叉车，替代了人工驾驶和重复常规的物料搬运工作，能够和机器人、自动化立体仓库等联合作业。

“货到人”系统，对纸箱、周转箱等容器进行自动化存取和搬运，大大提升了拣选效率；智能化设备进行订单快速分拣，确保分拣效率和准确性。

交叉带分拣机系统，高速自动化分拣，适用于中、小型的包裹分拣，配合全自动供包形式，最大化降低人员投入，提高分拣效率；管线输送系统，减少货物搬运量，提高输送速度和自动化水平。

AR/VR 技术的应用，通过佩戴 VR 眼镜可以快速查找到货物区位，并且便捷地目视完成扫码记录工作，极大地缩短了新人培训和操作时间。

通过人工装车、卸车和汽车驾驶过程中，基于 5G 环境的实时视频监控和人工智能识别，有效识别和杜绝违章作业，强化质量和安全保障。

京东物流同时也在将这些经过实践检验和应用的完整解决方案和产品，向其他物流和制造业企业进行输出和赋能。

解析：智能分拣与拣选装备在现代物流中至关重要。它能集中存储货物，减少跨区作业成本。如自动化立体库可充分利用空间，AGV 等设备可以提高搬运效率，“货到人”系统及高速分拣机可以大大提高拣选和分拣效率。这些装备推动物流行业向高效、智能方向发展，为企业降本增效提供有力支撑。

任务一　认识智能分拣装备
——智能分拣，高效准确

任务导入

2021 年 12 月，某企业自动输送分拣流水线项目一体化集成，超过 500 台各式输送机、动力滚筒线、无动力滚筒线、提升机、拉距机、靠边机、自动称重机、自动扫码设备、自动体积测量仪、分拣机、WMS 系统等智慧物流软硬件紧密结合，组成了全自动化流水线系统。

整条流水线系统自动输送分拣效率≥5 000 件/小时，扫码效率≥99.8%，系统可用率≥99.7%，大幅度提高了用户的仓储运转效率，降低了人力、管理及风险等成本。

必备知识

一、分拣与拣选作业的概念

分拣与拣选作业是指从物流中心存储区域将物资从库位中拣选出库的过程。拣选和分拣存在区别。分拣就是把混在一起的东西按类别等需求分开，而拣选则是从各类物品中选取出需要的。在仓储物流场景中，分拣是将物料按品种等规则进行分门别类放置的作业，是支持送货的准备性工作；拣选是将已经归类散放在料架上的物品拣出，用于配送使用的过程。分拣可以作为拣选的上一个环节，为拣选准备物料，或者作为拣选的下一个环节，为配送做准备。通常来说，拣选作业时间占整个仓储作业时间的 30% ~ 40%，拣选搬运成本约占仓储搬运成本的 90%；拣选人员的数量占仓储作业人员数量的 60% 以上；在传统拣选系统中，拣选人员 70% 的作业时间是在移动，30% 的作业时间真正用于挑选物资。因此，拣选作业作为仓储作业中劳动密集程度最高、作业时间最长、作业成本占比最高的环节，是物流中心最核心、最重要的组成部分，其效率决定了企业物流中心的整体运作效率。分拣作业的一般流程如图 6－1 所示。

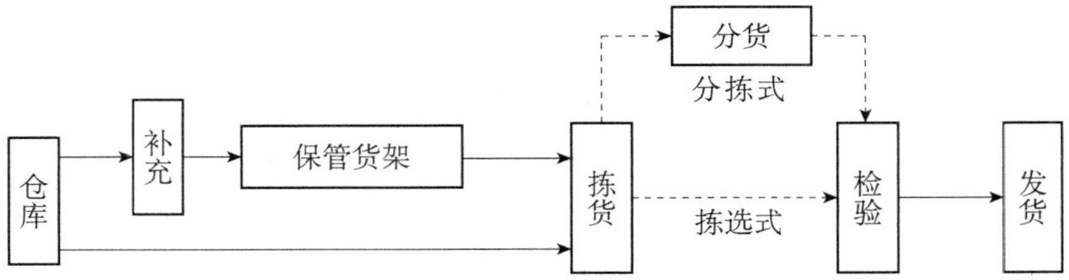

图 6－1　分拣作业的一般流程

二、现代智能分拣装备的概念、分类及特点

1. 分拣装备的概念

分拣装备是为从货架或料堆上拣出所需货物提供支持的工具或设备。传统的拣选装备包括拣货台车、手推车等，由拣货员将其推至货架前进行拣货。随着技术的发展，仓储管理人员可以借助 RF 枪、语音拣选系统、电子标签拣选系统等进行工作。近几年，出现了新型智能拣选装备，如智能眼镜、腕表等智能终端，以及将智能终端（如 iPad 等）配备到拣选小车上辅助仓储管理作业。拣货方式的改变也带来了拣选装备的升级，

“货到人”的拣货方式催生了 AGV 机器人，机械臂、多向穿梭车、Miniload 拣选工作站等装备技术在货物拣选中的应用越来越广泛。

智能分拣装备是将自动识别、导航定位、人工智能、自动化控制等技术应用于货物拣选过程中，能够实现辅助人工拣选或无人化拣选的物流装备。

传统分拣装备已向智能化方向发展，智能分拣及拣选装备具有拣选效率高、拣选差错率低、可以实现少人或无人化运作的特征，能够有效提升配送中心运行效率，减少运营成本，降低拣选人员劳动强度，在当前仓储配送中心得到普遍应用。

2. 分拣装备的分类

根据分拣装备的作业性质，分拣装备常被分成以下两类（见图 6 - 2）。

（1）拣选机械装备。它主要包括拣选式叉车、拣选升降机、拣选式巷道堆垛机等。起分拣作用的拣选机利用电子计算机，可在其显示器上显示要求拣选货物的品种、数量、层数，分拣人员根据显示盘的指令，便可把拣选机升或降到指定位置，直接进行拣选作业。对于回转货架，在拣选过程中，计算机根据指令让货架回转，回转货架把下一个要拣选的货架转到拣选位置，拣选完一种货物之后，只要按一下电钮，拣选机就上升或下降到下一个需要拣选的货架，连续地实现拣选。使用回转货架，拣选货物单元重量一般在 100kg 以下，拣选的生产效率范围为 15 ~ 60 秒/件，拣选的物品一般为 400 ~ 800 种，最高可达 2 000 多种。

（2）分货机械装备。它又称为分拣机。现代仓库和配送中心的分货工作，大多由自动分拣机来完成。自动分拣机是将混在一起而去向不同的货物，按设定要求自动进行分发配送的装备。

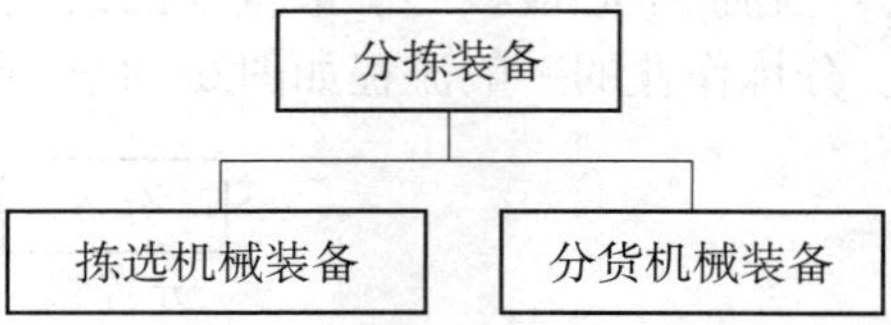

图 6 - 2　分拣装备分类

3. 分拣装备的特点

（1）能连续、大批量地分拣货物。由于采用大生产中使用的流水线自动作业方式，自动分拣不受气候、时间、人的体力限制，可以连续运行 1 000 小时以上，同时由于自动分拣装备单位时间分拣货物件数多，因此其分拣能力是人工分拣系统的数倍。

（2）分拣误差率很低。分拣误差率的大小主要取决于所输入分拣信息的准确性，准确程度又取决于分拣信息的输入机制。如果采用人工键盘或语音识别方式输入，则误差率在 3% 以上；如果采用条形码扫描输入，除非条形码的印刷本身有差错，否则不会出错。目前，分拣装备系统主要采用条形码技术来识别货物。

（3）分拣基本实现了无人化。自动分拣装备系统（见图 6 - 3）能最大限度地减少人员的使用，减轻员工的劳动强度。分拣作业本身并不需要使用人员，能基本实现无人化作业。

课堂讨论： 分拣中心的智能分拣装备能提高分拣效率吗？请描述其主要功能。

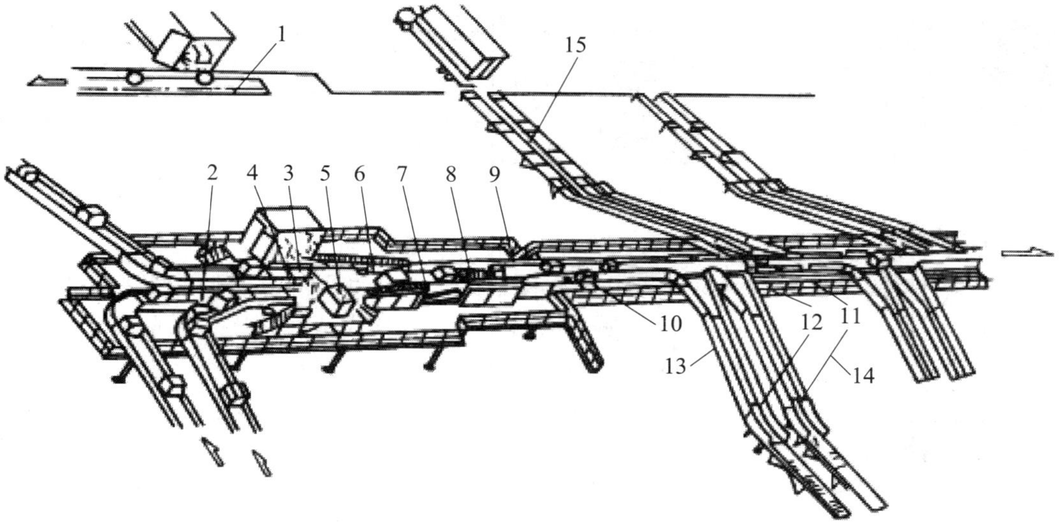

1—输入输送机；2—辊道合流输送机；3—进货装置；4—键盘输入；5—微机信息处理机；6—皮带合流输送机；7—中继输送机；8—定位装置；9—钢带分拣机；10—激光扫描器；11—拆板推出器；12—取出辊道输送机；13—滑道；14—起吊装置；15—伸缩辊道输送机

图 6－3　自动分拣装备系统

视频：京东自动分拣系统

视频：快递自动分拣系统

任务实施

实训背景：

分拣技术的发展对电商物流的高速发展有很大影响，智能化、数字化分拣技术在电商物流中的应用不断增加，性能越来越好，速度也越来越快，我们在参观物流企业时能看到各种分拣作业和分拣装备。

实训要求：

3～4 人为一组，列出在企业参观实习及学习中曾看到的分拣装备，并根据其用途进行分类。

任务二 自动分拣装置应用
——自动分拨，解放双手

任务导入

最新落成的壹米滴答华东枢纽——无锡分拨中心分为2个库区，实际操作面积达到3.83万m^2（钢平台6 300m^2）。该场地设备采用了矩阵式结构设计，场地投入了大量的先进新设备，分拨场地上层分拣快递和快运小件，下层分拣快运大件，架高区域为快递流水线，进出港车辆装卸货由底层流水线作业流向加架高层快递操作区域，反之货物通过流水线流向底层实现装车。如此一来，在同一个场地实现了快递和快运同场作业。

整场采用了可处理大件、重件的偏转轮自动分拣系统，带有自动纠偏功能，货物在皮带或者偏转轮上有小范围的偏移时，摩擦轮会自动调整，不会影响货物的正常分拣。这种方式节约场地，使单条分拣效率更高，成功率在99.99%，分拣效率可达到3 600件/小时，助力壹米滴答无锡分拨中心实现快运快递融合场地的自动化管理。

必备知识

一、自动分拣装置的概念和作用

1. 自动分拣装置的概念

自动分拣装置是自动控制的分拣装置，由接受分拣指令的控制装置、把到达货物取出的搬送装置、分拣货物的装置和存放货物的暂存装置等组成。分拣作业只需通过键盘向控制装置输入分拣指令，其余全部由装置执行完成。

2. 自动分拣装置的作用

自动分拣系统是把分拣作业的前后作业连接起来，从而使分拣作业实现自动化的系统。其作业流程为：（1）将接收的各种物品卸下并按物品种类、货主、储位或发送地点进行快速准确的分类，再将这些物品运到指定地点。（2）通知发货时，从高层货架存储系统中快速准确地找到出库物品的所在位置，并按所需数量出库，将从不同储位上取出的物品按配送地点运送到对应的理货区域或配送站台集中，以便装车配送。自动分拣系统一般由控制装置、分类装置、输送装置及分拣道口组成，一次性投资巨大，对物品外包装要求高，需要大量相应的业务支持。

阅读材料：自动分拣行业2022年回顾与2023年展望

二、常见的自动分拣装置

1. 平钢带分拣机

平钢带分拣机适用范围较广，除易碎、超薄货物及木箱外，其余货物都能分拣。其特点是强度高、耐用性好、可靠性程度高，但设置较多的分拣滑道较困难，对货物冲击较大，运行费用较高。平钢带分拣机如图 6－4 所示。

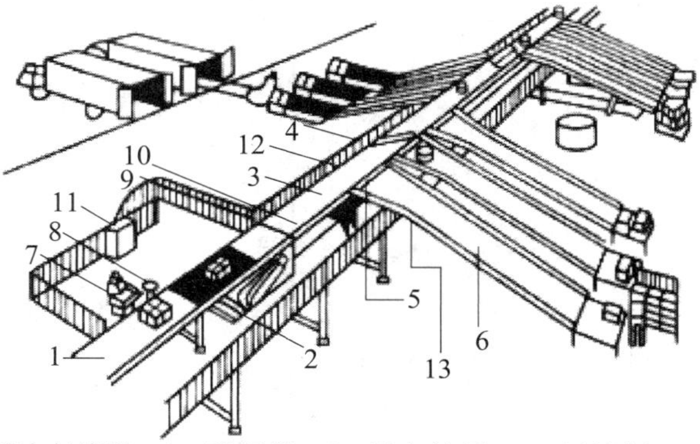

1—编码带；2—缓冲存储器；3—平钢带；4—导向接板；5—过渡板；6—滑槽；7—编码键盘；8—监视器；9—货物检测器；10—消磁、充磁装置；11—控制柜；12—信息读出装置；13—满量检出器

图 6－4　平钢带分拣机

2. 托盘式分拣机

托盘式分拣机（见图 6－5）是在车体上设置了一条可以双向运转的交叉带，用来承接从上货机来的货物，由链牵引运行到相应的格口，再由交叉带运转，将货物强制卸落到左侧或右侧的格口中。托盘式分拣机的适用范围较广泛，它对货物形状没有严格限制，箱类、袋类甚至超薄形的货物都能分拣，分拣能力可达 10 000 件/小时。

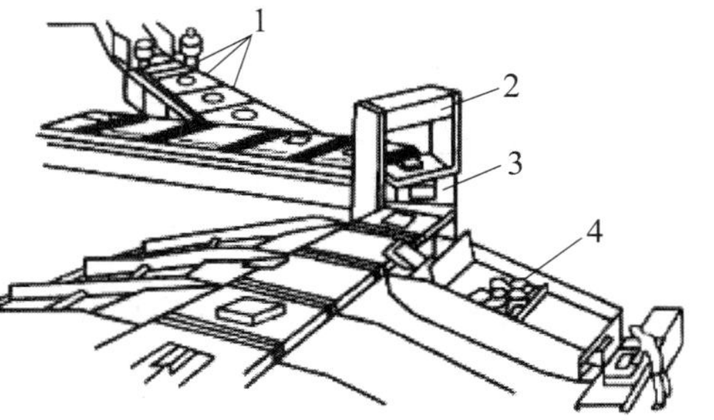

1—上货机；2—激光扫描器；3—带式托盘小车；4—格口

图 6－5　托盘式分拣机

3. 翻板式分拣机

翻板式分拣机的工作过程：当货物进入分拣机时，光电传感器检测其尺寸，连同分

拣人员按键的地址信息一并输入计算机；当货物到达指定格口时，符合货物尺寸的翻板即受控翻转，驱使货物滑入相应的格口中。翻板式分拣机适用范围广，可分拣箱类、袋类等货物，分拣能力可达5 400 件/小时。但它的分拣席位较少，且只能直线运行，占用场地较长。翻板式分拣机如图6－6所示。

图6－6 翻板式分拣机

4. 浮出式分拣机

浮出式分拣机主要由若干排旋转的滚轮组成，滚轮设置在传递带的下面，每排由8～10个滚轮组成（见图6－7）。其工作过程如下：滚轮接收到分拣信号后立即跳起，使两排滚轮的表面高出主传送带10mm，并根据信号要求向某侧倾斜，使原来保持直线运动的货物在一瞬间转向，实现分拣。浮出式分拣机适用于包装质量较高的纸制货箱，一般不允许在纸箱上使用包装带，分拣能力可达7 500 件/小时。

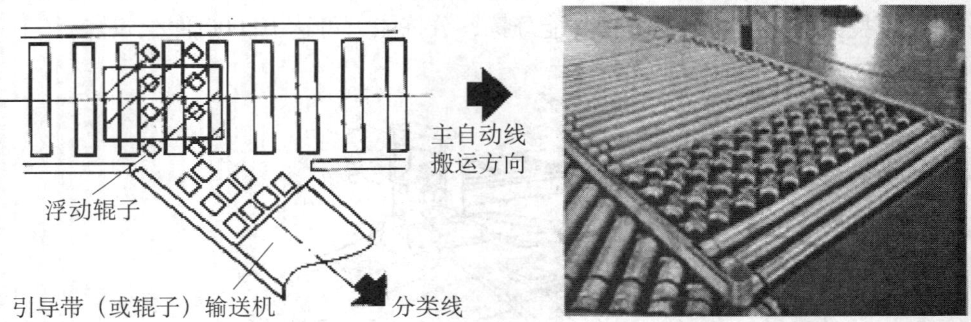

图6－7 浮出式分拣机

5. 悬挂式分拣机

悬挂式分拣机主要由吊挂小车、输送轨道、驱动装置、张紧装置、编码装置、夹钳等组成（见图6－8）。其工作过程：分拣时，货物吊夹在吊挂小车的夹钳中，通过编码装置控制，由夹钳释放机构将货物卸落到指定的搬运小车或分拣滑道上。悬挂式分拣机适合于分拣箱类、袋类货物，对包装物形状要求不高，分拣货物重量大，一般可达100kg以上，但该机需要专用场地。

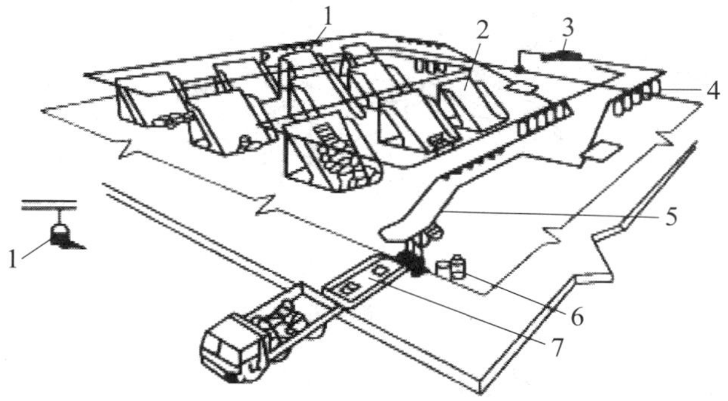

1—吊挂小车；2—格口；3—张紧装置；4—货物：5—输送轨道；
6—编码台；7—传送带

图6-8　悬挂式分拣机

6. 滚柱式分拣机

滚柱式分拣机主要由滚柱机、推送器、光电传感器等组成（见图6-9）。其工作过程：当货物输送到需要分路的位置时，光电传感器给出检测信号，由计算机分析、控制货物下面的那组滚柱停止转动，并控制推送器动作，将货物推入相应路向的支线，实现货物的分拣工作。滚柱式分拣机一般适用于包装良好、底面平整的箱装货物，其分拣能力高，但结构较复杂，价格较高。

7. 滑块式分拣机

滑块式分拣机的传送装置是一条特殊的板式输送机，其板面由金属板条或管子组成，每块板条或管子上各有一枚导向块，能做横向滑动。导向块靠在输送机一侧的边上，当被分拣货物到达指定道口时，控制器使导向滑块按顺序向道口方向滑动，把货物推入分拣道口，如图6-10所示。由于导向块可以朝双侧滑动，滑块式分拣机同翻板式

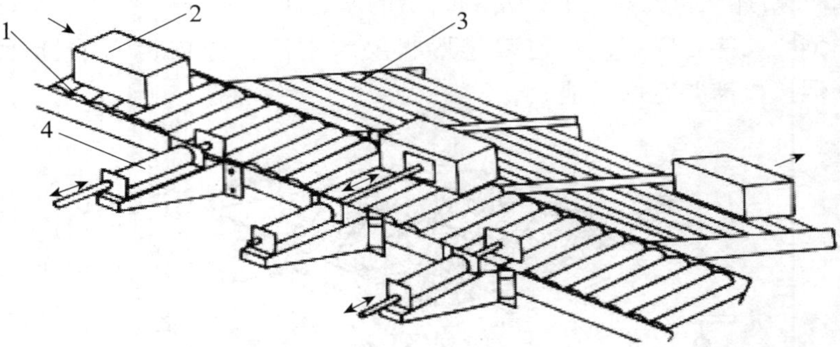

1—滚柱机；2—货物；3—支线滚柱机；4—推送器

图 6-9　滚柱式分拣机

分拣机一样，也可在两侧设置分拣道口以节约场地空间。

该类分拣机振动小、不易损坏货物，适用于各种形状、重量不太大的货物。分拣能力最高可达 12 000 件/小时，准确率达 99.9%，是当代最新型的高速分拣机。

图 6-10　滑块式分拣机

以上不同类型的分拣机，在运用时具体选择哪种类型，需要综合考虑以下因素才能决定：分拣货物的形状、体积、重量、数量；输送的路线及变动性；单位时间内的处理能力；分拣量；设备费用、占地面积、周围环境等。

课堂讨论： 哪种自动分拣系统效率高、成本低、维护方便？

任务实施

实训背景：

物流分拣作业中对自动分拣系统的要求是分拣效率高、作业成本低、设备维护方便、可靠性高。

实训要求：

3~4 人为一组，对各种形式的自动分拣系统进行分析，从分拣效率、成本、维护保养、可靠性几个方面列表进行比较，然后提出几种性能优越的自动分拣系统。

任务三　“人到货”拣选系统应用——精准拣选，高效服务

任务导入

受益于多年来在物联网、云计算、大数据、区块链、人工智能等多方面的技术积累，顺丰用科技加码，让快递越来越快。在消费者最关心的派件环节，顺丰批量投入使用自主研发的可穿戴智能设备，快递员平均每票收件可缩短12秒，平均每票派件可缩短16秒。

图6－11所示为一款可穿戴的移动收派终端，它由智能收派手表、工牌扫描器和蓝牙耳机组成。收派员通过工牌扫描器扫码识别快件信息，再通过智能手表上的收派App线上操作，可快速完成收派。与传统的收派方式相比，它具有高效、小巧便携的特点；支持智能语音控制，可通过语音完成联系客户、信息修改、客户签收等操作；内嵌顺丰物流地图，路径规划一目了然，收派全程可视化。

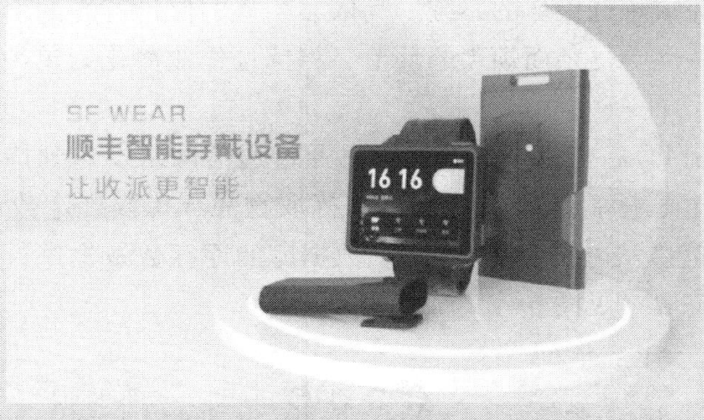

图6－11　顺丰智能穿戴设备

必备知识

“人到货”拣选是一种传统的拣选方式，即装载货物的货架静止不动，拣选人员带着拣货台车等容器到拣货区拣货。目前“人到货”拣选设备主要有电子标签拣选系统、RF拣选系统、语音拣选系统、智能穿戴拣货设备、智能拣货台车等。

一、电子标签拣选系统

1. 概念

电子标签拣选系统以一连串装于货架格位上的电子显示装置（电子标签）取代拣

货单，电子标签指示应拣取的物品及数量，辅助拣货人员进行作业，从而达到有效降低拣货错误率、加快拣货速度、提高工作效率、合理安排拣货人员行走路线的目的。电子标签拣选系统是以快速、准确、轻松地完成拣选作业为目的而设计的自动化拣选设备，是微电子技术和计算机软件技术快速发展的产物，使拣选作业实现了半自动化。

电子标签拣选系统简化了拣选工作的操作难度，也为物流配送体系带来了以下优势：

（1）拣选作业的工作人员数量将大大减少，平均减少一半以上。

（2）拣选作业消耗的时间将缩短 30% ~50% 。

（3）拣选准确率将大幅度提升，能达到 90% 以上。

（4）工作效率将至少提高 50% 。

（5）实现无纸化操作，降低拣选的成本耗费。

电子标签拣选系统的使用，能够实现对拣选作业的及时、科学、准确、连续、统一的现代化管理，使物流配送作业实现规模化、现代化、自动化，降低物流配送的成本。

2. 工作原理

电子标签拣选系统是一款能有效提升物流配送作业质量和提高物流配送作业效率，并帮助拣选操作员完成拣选操作的系统。其依靠明显的储位灯光的引导，省略了以前制作订单文件、查找货品等复杂而烦琐的环节，将拣选作业简化为单纯的看、拣、按三个动作。

该系统经由控制 PC 将需拣选的物品信息通过通信网络发送到拣选作业现场，拣选操作人员通过观看电子标签上显示的数目来拣取物品，拣取规定数量物品后按下“完成”键，将完成的信息发送到控制 PC 上，数据库的库存数量也进行相应的更改，进而完成该位置物品的拣取（见图 6－12）。

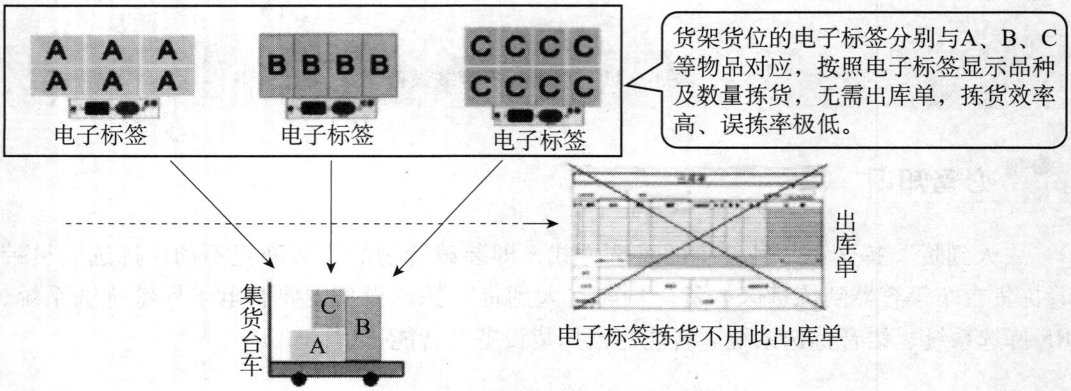

图 6－12 电子标签拣选系统工作原理

3. 系统构成

电子标签拣选系统主要采用分层的设计思想，整个系统被分为控制层、通信网络层和应用操作层。其中，PC 是计算机软件技术发展的硬件基础，PC 搭载的控制软件是整个系统的控制中心；下位机及电子标签光电显示部分是微电子技术发展的产物，在整个系统中起提示和引导作用；通信网络部分则是整个拣选系统的“神经”，控制 PC 与下位机及电子标签光电显示部分之间的通信都需通过通信网络。电子标签拣选系统总体构成如图 6－13 所示。

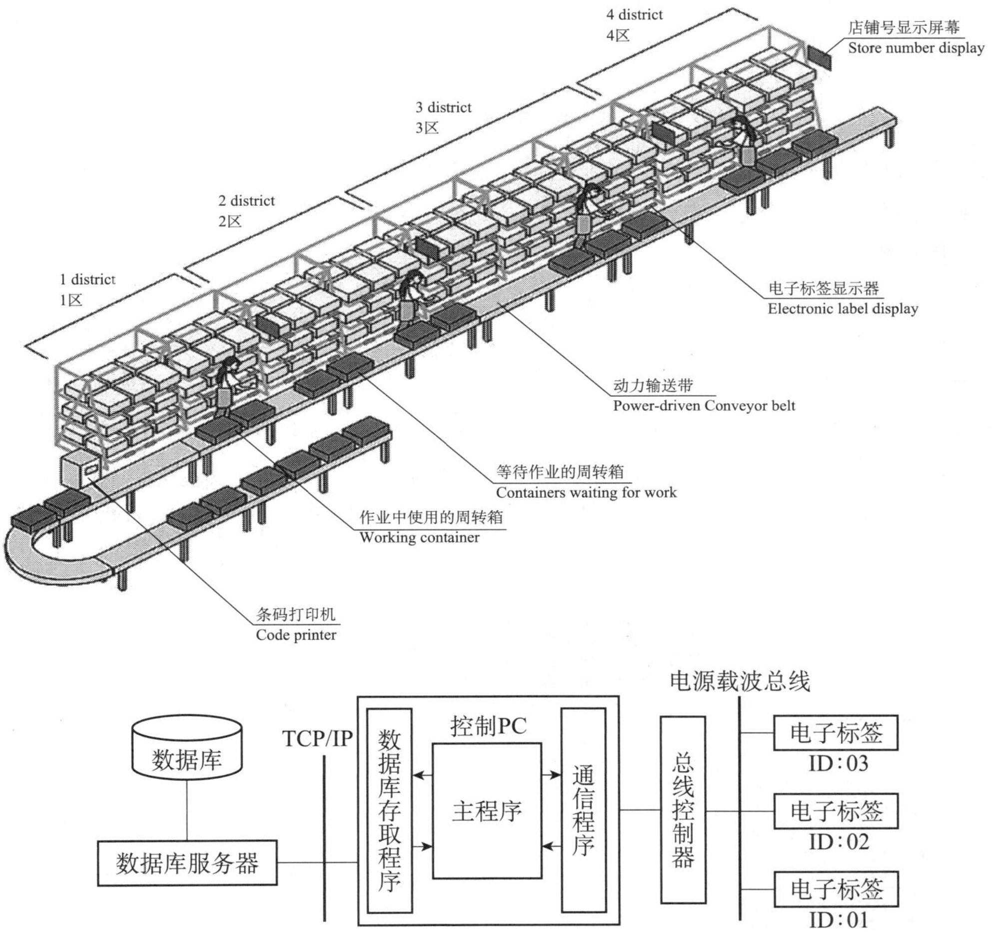

图 6－13　电子标签拣选系统总体构成

（1）控制 PC。电子标签拣选系统中的控制 PC 是整个系统的“大脑”，是整个系统的控制中心。控制 PC 中搭载了电子标签拣选系统的操作软件，当有物品需拣取时，控制 PC 要将原始的订单或发货单进行处理，形成拣选信息，并按照一定的原则进行分类，然后将信息发送给下位机，并通过灯光显示的部分提示拣选操作员进行操作。当拣选完成后，下位机将拣取完成的信息发送到控制 PC，PC 接收信息后将对数据库中的物品信息进行修改（见图 6－14）。

（2）下位机及电子标签的光电显示部分。下位机及电子标签的光电显示部分是拣选操作员和拣选系统进行交互的主要部件。系统的下位机一般都采用单片机或可编程逻辑

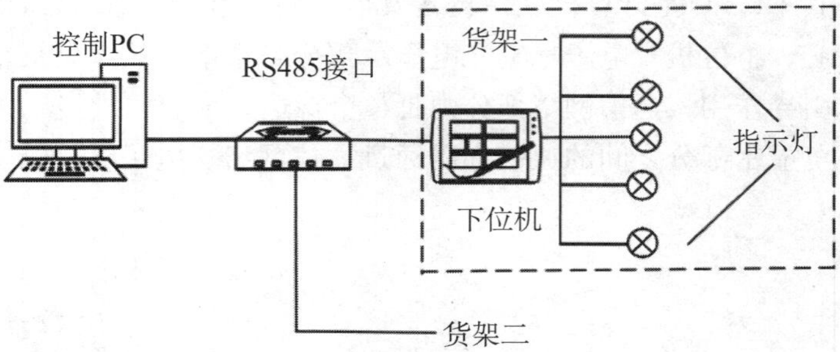

图 6－14　电子标签拣选系统硬件系统示意图

控制器（PLC）来控制光电部分，但随着嵌入式技术的发展，也渐渐开始采用微处理器（ARM）来控制光电部分。电子标签的光电部分主要用于提示拣选操作员进行拣选作业，并引导拣选操作员直接走到需拣物品的位置，节省了寻找需拣物品的时间。

电子标签的光电显示部分（见图 6－15）是系统与人最主要的互动部件。其主要作用是给拣选操作员以提示，主要的提示方式有声音提示、灯光提示。声音提示用于提醒拣选操作员有物品拣取，一般使用蜂鸣器来实现；灯光提示用于指示待拣物品的位置，一般使用发光二极管来实现。在拣选数量的显示方面，一般采用八段数码管来实现。

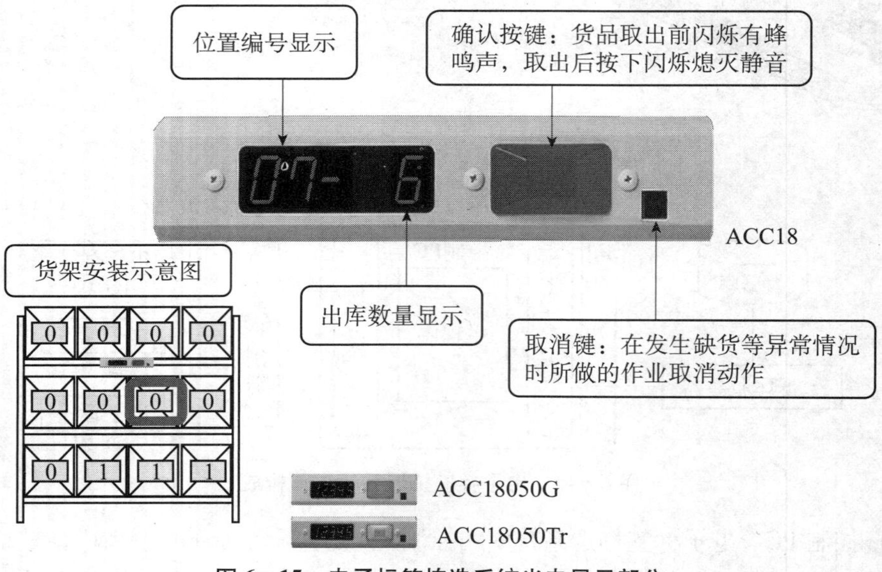

图 6－15　电子标签拣选系统光电显示部分

（3）通信网络部分。通信网络是分布在整个电子标签拣选系统的“神经”，它是整个拣选系统能够快速、准确运行的关键。系统中控制 PC 必须通过通信网络部分，才能发送命令到下位机。在通信网络的选择上要选择稳定性高、实时性好、环境适应性强的通信总线，主要包括无线通信网络、CAN 总线通信网络、RS－485 总线通信网络等形式（见图 6－16）。

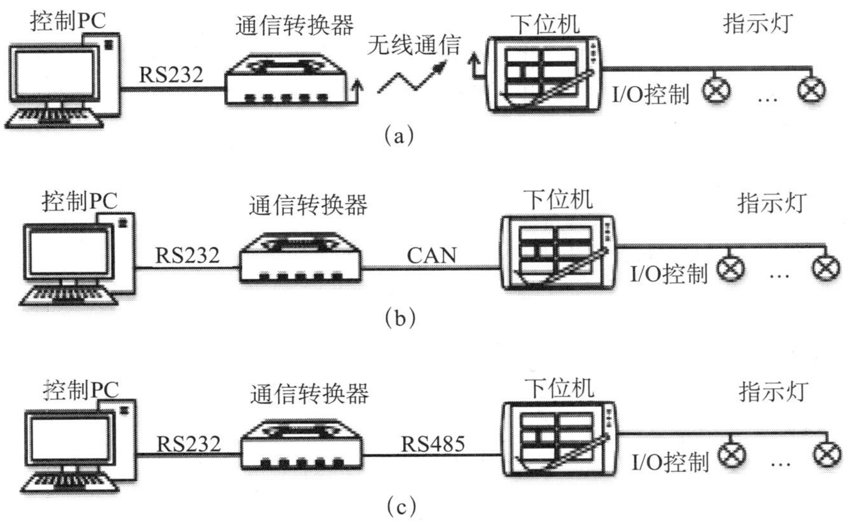

图 6－16　电子标签拣选系统通信网络部分

二、RF 拣选系统

1. 概念

RF 即射频，是指具有远距离传输能力的高频电磁波。射频技术在无线通信领域中广泛使用，手持 RF 拣选系统是通过无线网络传输订单，借助手持 RF 终端上的显示器，向作业人员及时、明确地下达向货架内补货（入库）和出库（出库）的指示，具有加快拣选速度、降低拣货错误率、合理安排拣货人员行走路线、免除表单作业等显著优点，并且使用简单灵活、应用广泛，如图 6－17 所示。

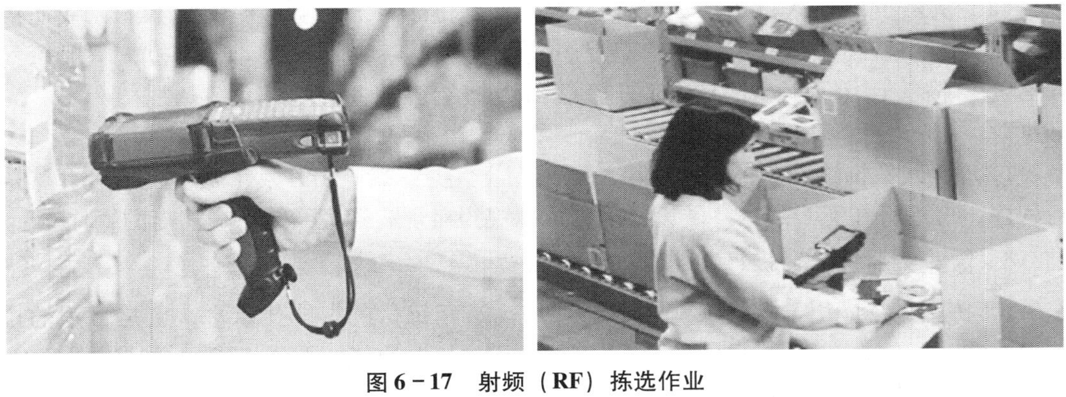

图 6－17　射频（RF）拣选作业

2. 基本原理

RF 技术使用小型手持计算机终端（带有条形码扫描器）来传递拣选作业信息。作业时，由后台计算机系统向手持终端发出拣选指令，屏幕上会显示货位、品种数量等信息，拣选人员走到相应的货位拣取货物。使用手持终端扫描货物和货位条形码，拣选作业准确率很高。拣选人员在拣选订单时将其戴在手臂上，这意味着拣选人员可随时随地接收订单，直接从显示屏上读取订单信息，在 RF 终端上确认订单，无线电数据通过接口传送至计算机（见图 6－18）。

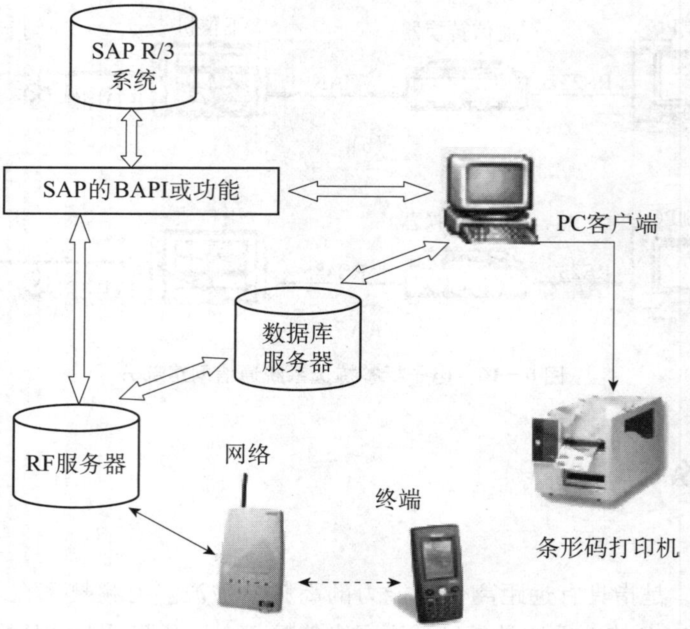

图 6－18　射频（RF）拣选基本原理

3. 系统组成

RF 拣选系统主要由以下部分组成：

（1）无线网络接入设备和无线数据终端采集设备。无线基站提供基本的无线通信信道。无线手持终端可以运行客户端程序或浏览器程序的便携移动计算机，一般可配置激光扫描头，由程序调用专门的扫描函数控制激光头的扫描，以便采集条形码数据。

（2）无线数据终端业务执行程序。利用无线数据终端应用开发工具实现的一套可执行程序，可运行在无线数据终端设备上，可以视为对现有管理系统对应功能的替代。

4. 拣选叉车 RF 拣选系统

RF 拣选系统应用于拣选叉车上，能够提高叉车拣货的智能化水平，也是常用的拣选形式之一。它是在高位拣选叉车或拣选式巷道堆垛起重机装置出入库显示端根据 WMS 和无线数字传输显示拣选系统进行作业，如图 6－19 所示。

物流中心按配送指示发货时，拣选叉车拣选系统在最短的时间内从庞大的高层货架存储系统中准确找到要出库的商品所在位置，并按所需数量出库，将从不同储位上取出的不同数量的商品按配送地点的不同运送到不同的理货区域或配送站台集中，以便装车配送。

图 6－19　拣选叉车 RF 拣选系统

三、语音拣选系统

1. 概念

语音技术是将任务指令通过 TTS（Text To Speech）引擎转化为语音播报给作业人员，并采用波型对比技术将作业人员的口头确认转化为实际操作的技术。企业通过实施语音技术提高拣选效率，降低了最低库存量及整体运营成本，并且大幅减少了错误配送率，最终提升了企业形象和客户满意度，如图 6－20 所示。

语音拣选效率超过 RF 扫描，因为它让“手和眼睛获得自由”。语音操作者在视觉上专注于已分配的任务，而不需要键控输入扫描单元，因而消除了键控操作的失误。同时，使用 RF 扫描，无论佩戴何种设备，都会在一定程度上限制双手的自由，使得拿起物品尤其是重型或棘手的物品变得困难，降低拣选速度，而用语音报告替换 RF 扫描，能够使得双手解放出来，提高精准度和生产率。

2. 基本流程

语音拣选可以简单地分为三个步骤（见图 6－21）。

（1）操作员听到语音指示，指令给作业人员一个巷道号和货位号，系统要求他说出

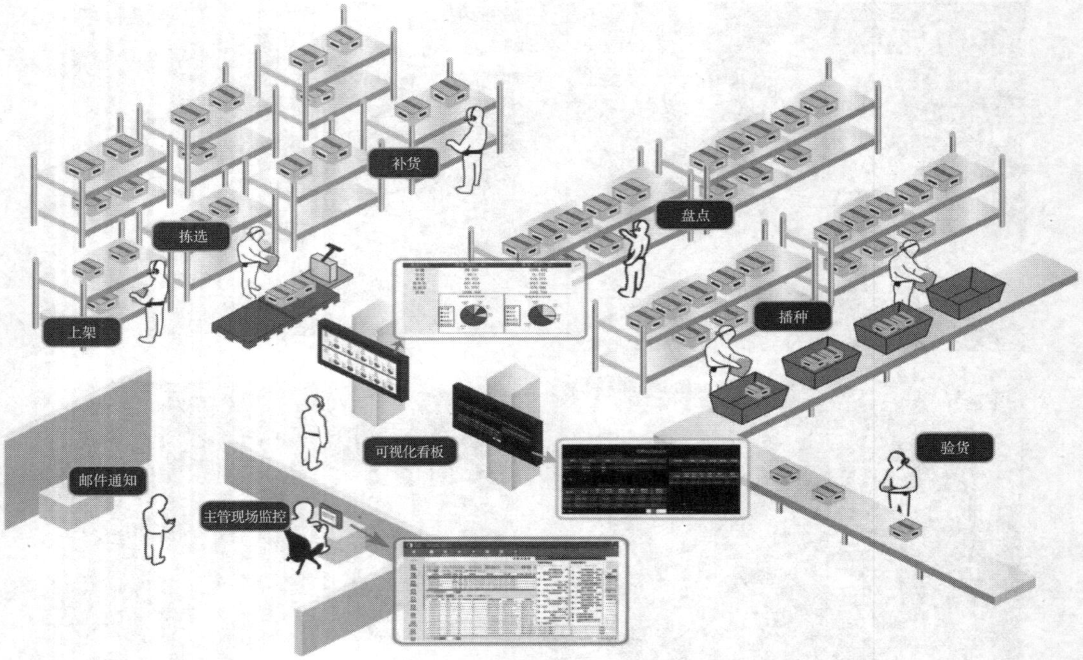

图 6－20　语音拣选系统

货位校验号。

（2）操作员把这个货位校验号读给系统听，当系统确认后，会告诉操作员所需选取的商品和数量。

（3）操作员从货位上搬下商品，然后进入下一个流程。

整个操作过程非常简单，而且当前语音识别技术非常成熟，对操作员的口音没有特别要求，语音识别度非常高。

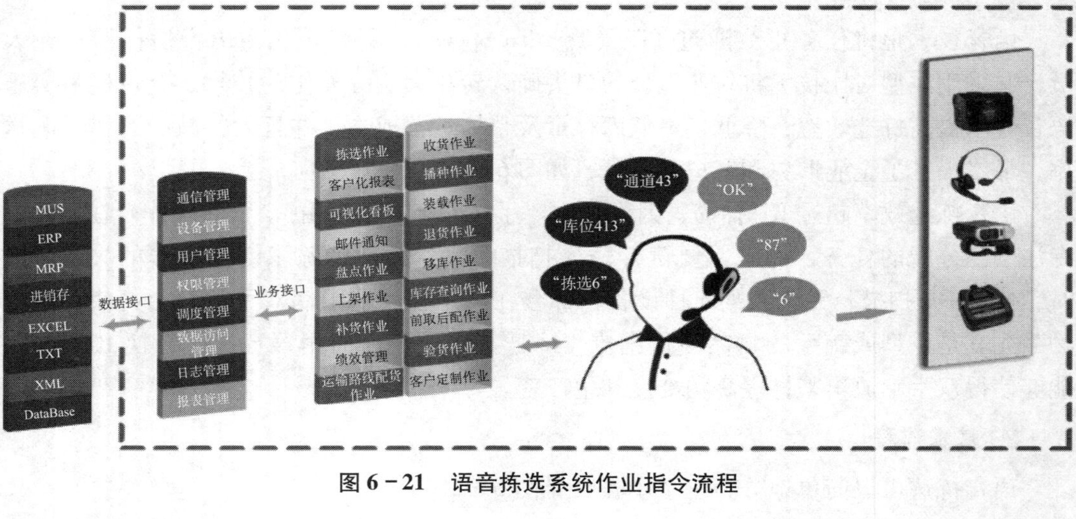

图 6－21　语音拣选系统作业指令流程

3. 系统架构

由 WMS 通过开放数据库连接接口（ODBC）传入语音系统，语音系统拣选完毕后返回 WMS。硬件主要包括蓝牙降噪耳麦、穿戴式随身携带小型计算机、条形码扫描设备（选配）和打印设备（选配）等。

四、智能穿戴拣货设备

1. 概念

智能穿戴设备是应用穿戴式技术对日常穿戴进行智能化设计，开发出的可以穿戴的设备的总称，如手表、手环、眼镜、服饰等。

智能穿戴设备在物流领域可能应用的产品包括免持扫描设备、现实增强技术——智能眼镜、外骨骼、喷气式背包等。国内无商用实例，除免持设备与智能眼镜获得小范围应用外，其他多处于研发阶段，整体来说离大规模应用仍然有较远距离。智能眼镜凭借其实时的物品识别、条形码阅读和库内导航等功能，提升了仓库工作效率，未来有可能广泛应用。京东及亚马逊等国内外电商企业已开始研发相关智能设备（见图 6－22）。

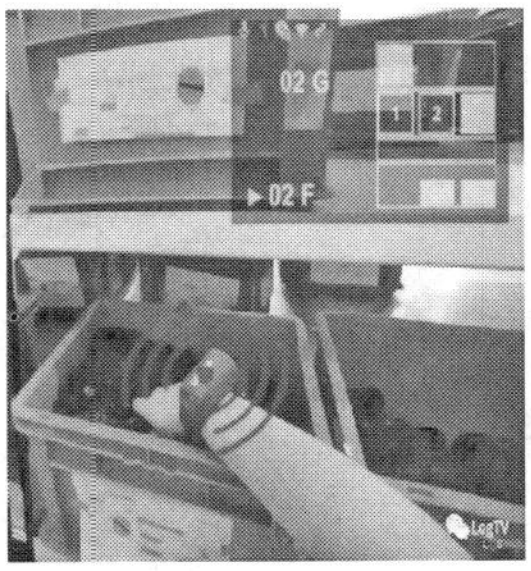

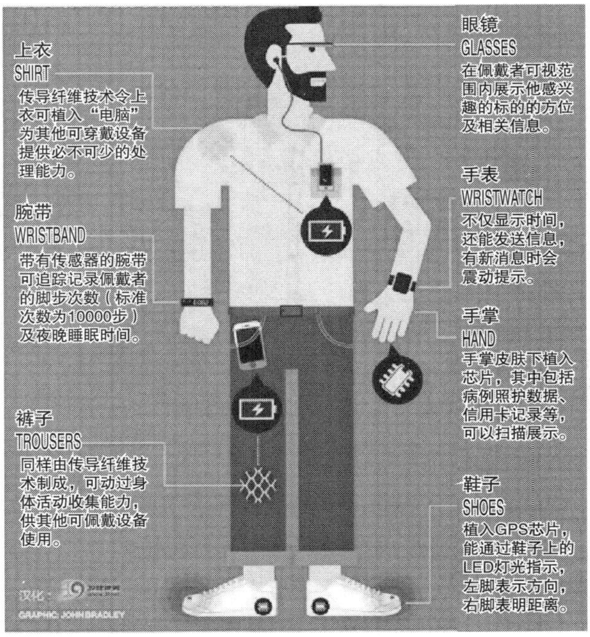

图 6－22　智能穿戴拣货设备系统构成图

2. 构成及原理

智能穿戴拣货设备主要包括上位机、货物识别装置、蓝牙数据发送装置和反馈装置。上位机分别与货物识别模块和蓝牙数据发送装置相连，蓝牙数据发送装置与反馈装置无线连接。

拣货时，通过货物识别装置检测货物，并将检测结果上传至上位机；上位机将所得结果进行分类处理，若该货物是需要进行挑拣的，则通过蓝牙数据发送装置将信号发送至反馈装置；反馈装置接收到信号后通过振动模块或语音模块提醒相关人员，使得相关人员不需要去查看货物的类别即可进行拣货，从而极大地提高了拣货效率，有效降低了相关人员的劳动量，还降低了错拣率。

3. 典型应用

（1）智能眼镜（见图6－23）。亚马逊智能眼镜配备可穿戴计算机，可以在拣选过程中快速识别商品所处的位置，而且内置图形传感器，能够识别与某项任务相关的物品。这种传感器还有可能识别邮寄地址、条形码或二维码等包裹标记。

DHL与理光（Ricoh）、可穿戴设备解决方案供应商Ubimax进行合作，将“视觉分拣”技术应用于仓库的分拣流程中。DHL员工可通过智能眼镜扫描仓库中的条形码图形以加快采集速度和减少错误。DHL还与Vuzix合作打造了一套“免提式”仓库解决方案，其M100智能眼镜与Ubimax开发的仓库Vision Picking软件协作，提供了实时的物品识别、条形码阅读、室内导航和无缝信息集成，直接连接到DHL仓库管理系统。应用之后，分拣效率提高了25%。

菜鸟积极推动AR智慧物流系统，利用微软的Hololens头戴式设备看到所有快件的信息，仓库商品的重量、体积等相关信息会映入操作者眼帘。方便操作者快速找到对应商品在仓库中所处的位置，并且会自动规划最优路线提示操作者拿到相应订单的商品。

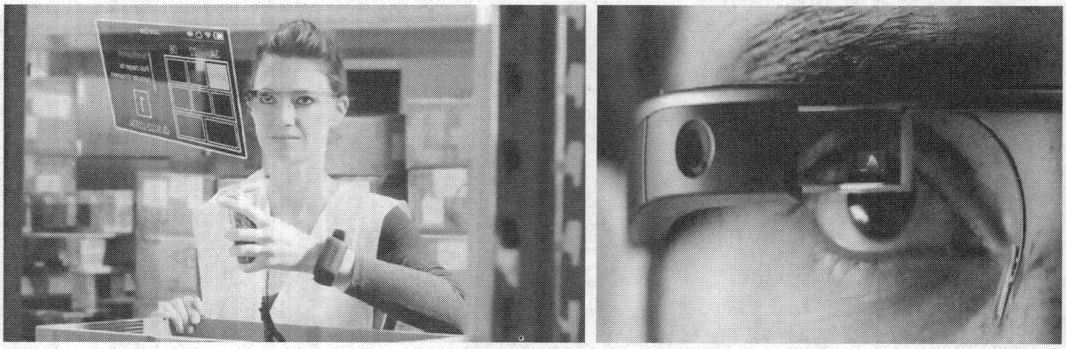

图6－23 智能穿戴设备——智能眼镜

（2）智能手环（见图6－24）。UPS使用基于摩托罗拉RSSO7蓝牙戒指成像仪的系统，这个穿戴设备包括一个戴在手指上的支持蓝牙的免提式条形码扫描仪，以及一个戴在员工手腕或髋部的小型终端。利用这一设备，UPS员工能够更快速地获取及处理条形码图像，加快拣货和包裹装车的速度。

xBand是一款多传感器可穿戴腕带，可与xPick（一种视觉选择系统）结合使用，提供基于RFID的免提手动订单拣选解决方案。通过组合xPick和RFID腕带xBand，可以实现最佳的订单挑选过程。当到达存储或检索箱时，多传感器腕带能够完全直观地确认订单，从而完全不使用外部耗时的调试步骤。xBand的核心技术是RFID。通过集成的RFID技术，xBand可通过蓝牙与主机设备（或平板计算机）进行通信。它可用于识别位置、确定任务是否已完成或通知用户他正在进入某个区域。例如：当员工移动他的手臂来拣选货物时，xBand 会自动扫描物体盒子或架子的 RFID 标签，并向平板计算机自动发送确认。在拣选器视野右侧的可视化旁边，xBand 能确认拣选动作的声音和放置动作是否正确，并针对不正确的拣选动作进行触觉振动反馈或提醒。

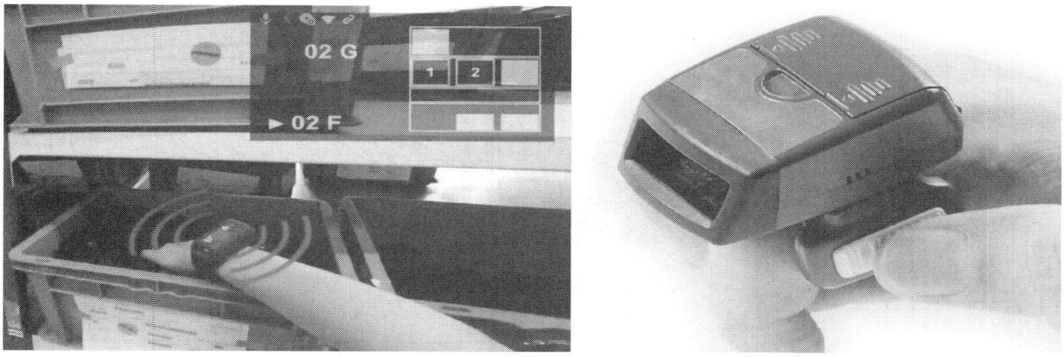

图 6－24　智能穿戴设备——智能手环

五、智能拣货台车

1. 概念

智能拣货台车是针对电商、医药、快消、美妆以及离散制造等行业研发的一款集灵活、智能、精准等优势为一体的产品。智能拣货台车集订单的分、拣、核、包、发为一体，囊括了 RF 枪、电子标签、标签打印机、装载设备、传感器等多种设备，同时又可与 WMS、WCS 等硬件设备智能链接，具有异常信息智能反馈等功能，可实现订单作业智能分配和拣选路线智能优化，广泛应用于服装、电商、医药、生产等各领域的智能分拣。其作业原理如图 6－25 所示。

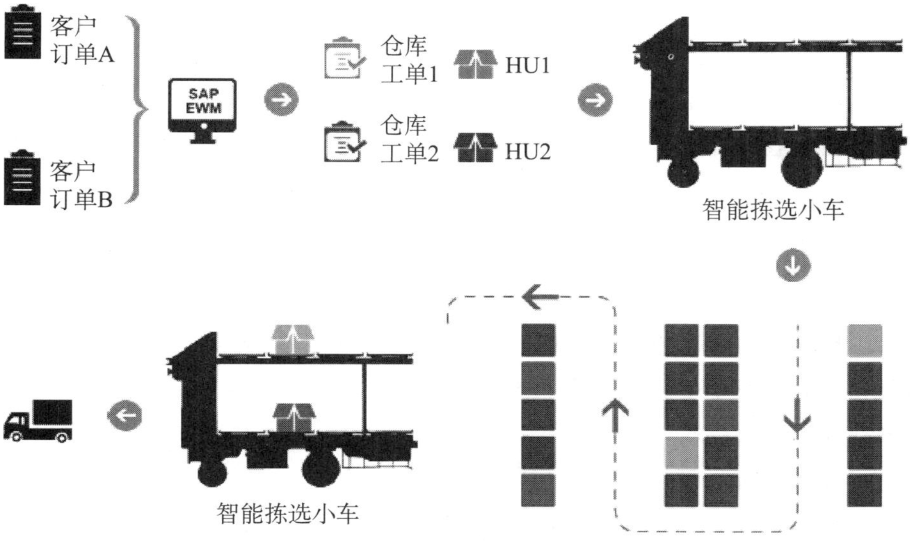

图 6－25　智能拣货台车作业示意图

2. 组成

智能拣货台车主要包括小车车体、平板计算机（或手持终端）、RFID 设备、订单箱、打印机、称重设备、电子标签设备、供电系统等，如图 6-26 所示。

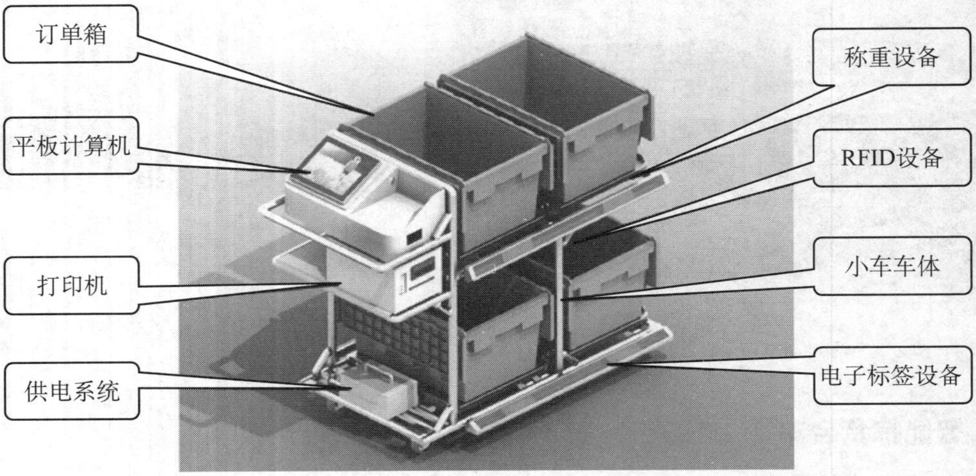

图 6-26　智能拣货台车组成示意图

3. 应用优势

应用智能拣货台车拣选的优势明显：

（1）订单作业智能分配，拣选路线智能优化。

（2）拣选人员在仓库中的走动距离可减少 30%。

（3）拣选人员的搬运工作负荷可减少 70%。

（4）平均订单拣选效率增加 50% 以上。

（5）散件小件盘点，效率提升 90% 以上。

（6）拣货、包装、复核工作站式完成。

（7）可在智能拣货台车上完成多单同拣、按箱零拣、复核订单、打包订单等工作。

4. AGV 智能拣货台车

AGV 智能拣货台车是具有自动导引和移动功能的拣货台车，除上述拣货台车的基本功能外，其还可以自行导航移动至拣货位置，配合拣货人员进行拣货。

拣货基本原理：所有的拣选订单任务直接由系统下达指令到 AGV 智能拣货台车，AGV 智能拣货台车根据系统内货品的分布位置，自动导航到商品位置停泊，通过车载显示终端告诉拣选人员被拣选商品的位置和数量。这一技术进一步减少了人工作业，解放了劳动力。目前，该技术除了应用于拆零拣选，还在沃尔玛等企业实现了整箱拣选作业，针对新零售冷链、大宗商品、第三方物流等领域将有良好的应用前景（见图 6-27）。

图 6－27　AGV 智能拣货台车拣货作业

课堂讨论：

1. “人到货”拣选系统能提升拣选的效率吗？会不会发生货物选错的情况？
2. 黑科技的出现对物流专业学生毕业有影响吗？谈谈你对黑科技的看法。

任务实施

实训背景：

在分拣作业中，现代物流企业大量使用了现代化的分拣设备，电子标签拣选系统、RF 拣选系统、语音拣选系统、智能穿戴拣货设备、智能拣货台车等技术和设备得到了广泛的应用。

实训要求：

3～4 人为一组进行讨论：

（1）分析每种自动分拣系统的优缺点。

（2）针对每种系统的特点，提出各种分拣系统最适合的应用场景。

任务四　“货到人”拣选系统应用——智能拣选，便捷高效

任务导入

随着人工成本的逐年递升及大众对物流质量、效率的关注逐渐加强，北京普田

物流向数字信息化、智能化转型，并且取得了卓越的成效。北京普田物流追求的目标是高质量、高效率、更安全，“货到人”智能拣选（见图6－28）是公司迈向智能化的关键脚步之一，也是公司提质增效的重要一环。“货到人”拣选作业不仅可以大幅度减少人工搬运，而且几乎不需要行走路程，作业人员只需发出指令并且等待物料“上门”，然后拣选即可。该系统实现了少量搬运、无须行走寻找，使劳动强度大幅下降。

图6－28 北京普田物流“货到人”拣选系统

必备知识

人工作业虽然相对灵活可靠，但是存在安全隐患。“货到人”智能化设备代替人工进行拣选作业，最直观的表现就是，作业人员在工作台操作电脑发出指令，AGV或穿梭车等设备自动运行，按照既定的轨道来回穿梭，将需要的物料转运至拣选区，再由作业人员按需拣选。作业人员无须在满仓储区寻找物料，无须等待高位叉车下架，只需发出指令，等待拣选即可。即使是人员更换，新员工上岗后也只需要简单学习操作电脑系统和如何辨别零部件，即可快速上岗。

一、“货到人”拣选系统的基本构成

“货到人”拣选系统主要由三部分组成，即存储系统、输送系统和拣选工作站。

1. 存储系统

存储系统从过去比较单一的立体库存储发展到现在多种存储方式，包括平面存储、立体存储、密集存储等，存储形式也由过去主要以托盘存储转变为主要以料箱（或纸箱）存储。无论是哪种存储方式，存储作业的自动化是实现“货到人”的基础，如何实现快速存取是考虑的重点问题。

（1）AS/RS。自动化立体库（AS/RS）是最传统的存储方式，主要以托盘存储为主，其本身有很多种形式，如单深度和多深度立体库、长大件立体库、桥式堆垛立体库等。因为堆垛机本身存取能力的限制，这种储存方式主要用于整件拣选，很少用于拆零拣选（见图6－29）。

图6－29　自动化立体库（AS/RS）

（2）Miniload。以料箱存储为对象的AS/RS系统又被称为Miniload系统，具有与AS/RS不同的特性、不同的作业能力。Miniload在20世纪八九十年代已经在日本广泛应用于拆零拣选，其中尤其以“货到人”拣选为主。Miniload有多种形式，尤其是货叉和载货台形式多达数十种，使其具有广泛的适应性，其存取能力最高可达每小时250次。Miniload当前仍然是“货到人”拆零拣选的重要存取方式（见图6－30、图6－31）。

图6－30　Miniload系统

（3）旋转式货柜。这是一种更加“迷你”的“货到人”拣选存储系统，其形式有数十种之多，但仍然受限于其存取能力和储存能力，在工厂的应用最为广泛（见图6－32）。

（4）自动导引搬运车系统（AGVS）：AGV开始是作为一种输送系统存在的，广泛应

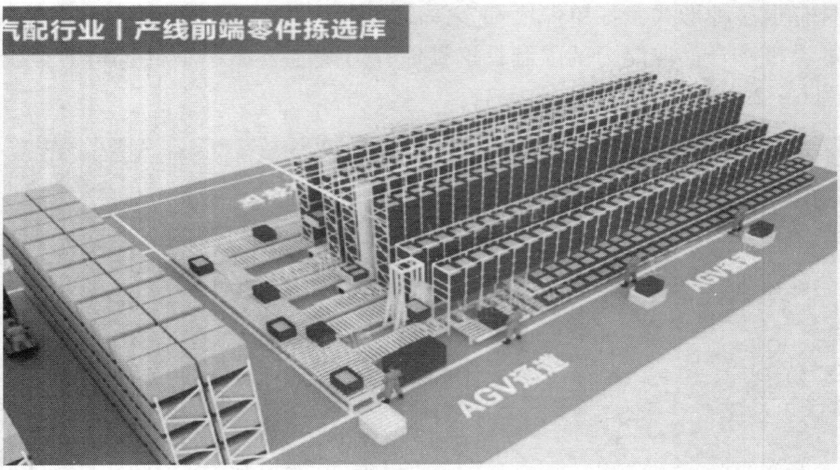

图 6-31 汽配行业 Miniload 系统

图 6-32 旋转式货柜系统

用于汽车装配、烟草等制造企业以及港口等场合。随着技术的不断发展，AGV 的形式发生了改变，其应用场合亦发生了根本性的变化（见图 6-33）。

图 6-33 自动导引搬运车系统

（5）Multi-Shuttle 多层穿梭车。它取代 Miniload 完成存取作业，以满足每小时多达 1 000 次的存取作业的需求，将存取效率提升了一大步（见图 6-34）。

（6）2D 和 3D 密集存储系统。这是一个集 Miniload、穿梭车、提升机等多种系统于一身的全新一代存储系统，分为托盘和料箱两种方式。其存储效率是传统立体库存储效率的 1.5~3 倍，被称为存储系统的里程碑式成果。

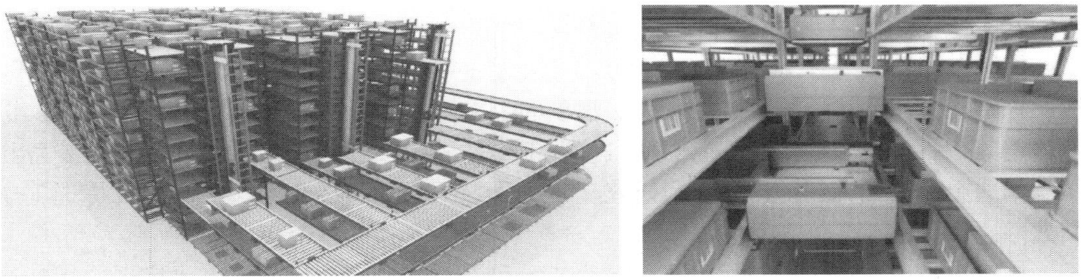

图 6-34　Multi-Shuttle 多层穿梭车系统

2. 输送系统

“货到人”拣选技术的关键技术之一是如何解决快速存储与快速输送之间的匹配问题。例如：采用多层输送系统和并行子输送系统的方式，可完成每小时 3 000 次以上的输送任务，相比存取作业具有更高的效率，能够满足（甚至远远超过）“货到人”快速拣选输送的要求，关键是要将输送系统置于整个“货到人”系统中进行综合考虑，实现存取、输送与拣选系统的良好衔接。同时，由于“货到人”系统输送流量较大，会导致设备成本大幅度增加，从而导致物流系统整体成本大幅度增加，需要综合考虑输送成本与输送效率的平衡（见图 6-35、图 6-36）。

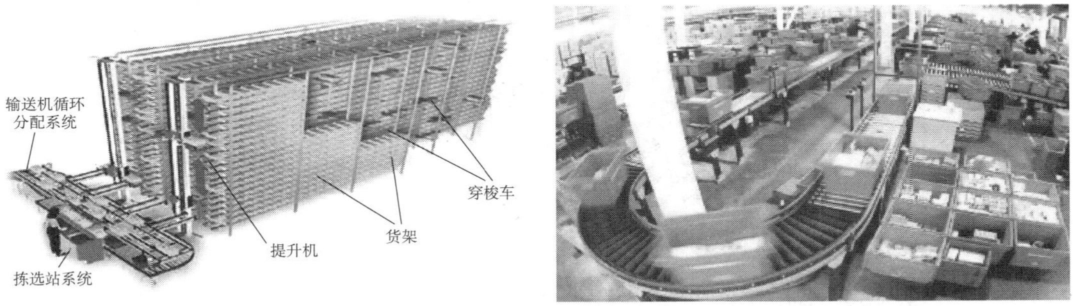

图 6-35　“货到人”拣选系统——输送系统之一

图 6-36　“货到人”拣选系统——输送系统整体

3. 拣选工作站

拣选工作站（见图6－37）的设计非常重要。一个工作站要完成每小时多达1 000次的拣选任务，依靠传统的方法是无法想象的。采用电子标签、照相、RFID、称重、快速输送等一系列技术的应用，能够使得拣选工作站满足实际作业需求。许多物流装备和系统集成企业都把拣选工作站作为研究“货到人”系统的重要内容，不断提升拣选工作站效率。

拣选工作站主要包括进货装置、提示装置和周转装置三个部分。需要拣选的货品通过输送系统到达拣选工作站进货装置；提示装置通过中央显示屏、数码显示器等形式，提示需要拣选货品所在位置、拣货数量以及需要放置的货位；周转装置用于放置拣选出的货品，一般包括多个货位或槽口。拣选人员在利用拣选工作站进行拣选时，只需根据提示装置提示进行拣选，同时可以多订单同时拣选，能够大幅提高拣货效率，降低疲劳程度。

无人化的拣选工作站，用机器人代替拣选人员作业，依靠多轴机器人控制系统、视觉系统、末端触觉系统、多功能夹持器等先进技术以及优化算法，实现拣选作业的高度智能化、无人化运作。

图6－37 “货到人”拣选系统——拣选工作站

二、Miniload 拣选系统

Miniload轻型堆垛机系统，与托盘式立体仓库AS/RS结构相似，但存储货物单元为料箱/纸箱，也被称为料箱式立体仓库。Miniload系统具有广泛的适用性，是最重要的“货到人”拆零拣选解决方案之一。目前，国内外多家物流装备企业均可提供Miniload

系统，技术已非常成熟。

1. 工作原理

在接收时，货物被放置在标准化容器或托盘中，这些容器或托盘被传送到自动存取系统的导入点，自动存取系统将容器存储并检索放置到存储缓冲区中。自动分拣系统将容器提取和存放到动态分拣位置，或通过传送带传送到分拣工作站。分拣人员挑选所需的库存单位、数量，并将剩余库存的容器运回自动存取系统存储位。

2. 特点

优点：产品可存放在原纸箱中；小型自动存取机器适用于非常狭窄的过道，可实现高密度存储；可在较小的仓库占地面积内容纳高库存品种。

缺点：中低速吞吐能力。

适用场景：需要高密度存储以最大限度减少仓库空间需求的货品；需要快速进行订单周转的货品；需要安全存储环境或配套操作的货品。

3. 典型应用

Multi-Shuttle 智能快存系统由浙江德马工业设备有限公司与菜鸟网络联合打造，包括机器人料箱暂存系统、3D 自动识别拣选机器人、智能分拣机器人，并配备德马最新一代高模组化输送系统。整个系统在无人操作环境下自行完成整箱入库、缓存、取货出库、拆零拣选、货物分拣、输送出库的整个作业流程，如图 6－38 所示。

图 6－38　Robot Miniload 智能快存系统

三、Multi-Shuttle 多层穿梭车拣选系统

穿梭车系统根据作业对象的不同分为托盘式穿梭车系统和箱式穿梭车系统，前者主要用于密集存储，后者则用于“货到人”拣选。箱式穿梭车系统，也称 Multi-Shuttle 多层穿梭车拣选系统，是高速存储拣选解决方案的典型代表，以能耗低、效率高、作业灵活等突出优势成为“货到人”拆零拣选的最佳方式，近些年得到快速发展和大范围应用。

1. 工作原理

在接收时，分箱产品被放入标准实体（容器或托盘）中。完整的箱子可以原样存放，将货物运送到缓冲区的导入点。垂直升降机将容器运输至存储层。穿梭机器人可存储和取回双深的货物，拣货人员通常在工作站可一次挑选多个订单，容器中的剩余库存由穿梭机器人移回存储缓冲区。

2. 特点

优点：代表极高水平的拣选效率，可达每小时 1 000 次以上；人机工程学工作站可设计为操作员同时选择多个订单；极高的吞吐量和可高达 12m 的存储容量；穿梭机器人运动范围广，可以在多层水平和垂直面上移动，也可以在存储缓冲区的其他通道上通行。

缺点：资本投资要求高；货品的尺寸和重量受到限制。

适用场景：适用于有极高的拣选吞吐量的环境，高效率是企业的核心关键；计划通过快速的订单周转带来竞争优势的情形；具有高安全性、高可用性要求的货品。

3. 典型应用

Multi-Shuttle 多层穿梭车系统吞吐率极高，采用双循环、直通式和串联式升降机配置（结合高速穿梭车和智能控制系统），可快速访问库存，吞吐量高达每小时 1 200 件货品；高密度存储，不同尺寸纸箱的多深位智能存储可在冷藏或冷冻环境中确保最大化的空间利用率；具有灵活性，提供各种型号，包括静态、伸缩和带式穿梭车，用于处理货柜、纸箱和纸箱流动货架的补充，可轻松添加额外穿梭车以提供更高的吞吐量；可在高效的“无灯光”环境中运行（见图 6－39）。

图 6－39　Multi-Shuttle 多层穿梭车拣选系统

四、类 Kiva 机器人拣选系统

类 Kiva 机器人拣选技术是利用机器人顶部升降圆盘将货物举起，根据无线指令的订单将货物所在的货架从仓库搬运至员工处理区，从而实现其独特的“货到人”拣选。随着亚马逊 Kiva 机器人的大规模应用，类 Kiva 机器人（也称为智能仓储机器人）得到了越来越多的关注。目前，类 Kiva 机器人系统在电商、商超零售、医药、快递等多个行业实现了成功应用。

1. 工作原理

在接收时，产品被补充到货架上，由类 Kiva 机器人回收和搬运；在拣选时，类 Kiva 机器人将货架运到拣选站，操作员在那里进行连续拣选；操作员通常在激光指示器的帮助下同时采集多个订单，并将其点亮以确保准确性；拣选完成后机器人再将货架送回存储区。

2. 特点

优点：高度自动化，可以大幅度替代人工；项目实施速度快，交付周期短；系统投资较固定式自动化系统更低；灵活性非常强，易于扩展，非常适用于 SKU 量大、商品数量多、有多品规订单的场景。

缺点：无法充分利用高度；拣选工作站人机工程学不理想。

适用场景：具有高度动态和不可预知的增长率，需要高度灵活性、适应性和可扩展性的拣选策略；低层建筑内的拣选作业。

3. 典型应用

（1）快仓智能机器人系统。快仓智能系统进行移动机器人的智能调度，以移动机器人实现“货到人”作业方式，以集成众多人工智能算法的软件系统为核心，达到硬件和软件的高度整合。整个系统由近百台移动机器人、可移动货架、工作站等硬件设备组成，通过自主研发的 WMS 系统进行管控，使用 WCS 调度系统对各种物流设备进行最合理的调度，快速、安全地完成商品上架、拣选、补货、退货、盘点等作业流程。拣选工作站模式采取先拣货后分播的形式进行货物拣选。

（2）国自机器人 Picking AGV。在“货架到人”的基础上，“货箱到人”应运而生。与类 Kiva 式移动机器人相比，“货箱到人”机器人可准确地搬运所需货箱到拣选工位，适合多 SKU 的存储和拣选场景，效率进一步提高。国自机器人在 2017 年推出的 Picking AGV 及拣选系统，是一种典型的“货箱到人”解决方案。Picking AGV 一次可直接锁定 5 个目标 SKU 箱，且从货架区到工作站只需走一次。此外，Picking AGV 还具有一个自由旋转的装载平台，在叉卸货时无须转弯，极大地降低了对存储货架区巷道宽度的要求。2020 年，国自公司将 Picking AGV 升级到多层料箱拣货机器人，该产品适用于 SKU 品类多、订单分散度高的 BC 类货到人场景，单次可实现 5 ~ 8 个料箱的同步作业，工作效率比传统人工提升了 1 ~ 4 倍，投资回报周期平均 1.5 ~ 2 年。Picking AGV 至今已在美国史泰博各仓库稳定运行超千台，其使用的稳定性和方案的先进性已充分得到市场的验证和肯定，如图 6－40 所示。

图 6－40　智能机器人拣选系统

五、旋转货架“货到人”拣选系统

旋转货架系统与 Miniload 系统一样，也是非常成熟的“货到人”拣选解决方案，适合存储小件商品。随着对旋转货架系统的技术创新，其效率得到了大幅度提高。此外，旋转货架系统还具备高密度存储功能，可以实现自动存储、自动盘点、自动补货、自动排序缓存等一系列拣选动作。

1. 工作原理

货品储存在旋转货架的货位上，通常设置为每个拣货员/拣货站 2～3 个拣选货位，驱动货品向拣选面流转，当订单商品到达拣选口时，系统自动识别停止运转的设备，拣货员看到灯光提示即过去拣货；拣货员一次选择一个或多个订单，并通过 RF 或语音终端进行确认；拣选完成后，旋转传送带旋转以准备下一次拣选，同时也可以实现货品边进边出。

2. 特点

优点：无操作通道，实现高密度存储；可在较小的仓库占地面积内存储高库存品种；用更加柔性的工作面替代拣选工作台，如此一来，可以在订单高峰期为临时增加的工人预留足够多的操作界面。

缺点：旋转货架的补货需要等待时间，不能进行拣选；机器的总吞吐量较低。

适用场景：如果整个系统的设计是智能化的，可以同时补货和批量拣选多个订单，那么，旋转货架可以用来支持高速高吞吐量的拣选环境；更典型的应用是在吞吐量相对较低的情况下用于缓慢移动的部件存储；适合高价值的小型货物；尽管该系统单次拣选效率不高，但是非常适合于大型、SKU 数量多的场景，如电商仓库。

3. 典型应用

（1）苏宁云仓胜斐迩旋转系统（SCS）（见图 6－41）。苏宁云仓内应用的胜斐迩旋转系统（SCS），是一种高度自动化的存拣一体化系统，与拣选站配合使用，主要用于拆零商品的存储与拣选。借助这一拣选方式，拣选效率大幅提高，每个拣选工作站每小时完成 500～600 个订单行（1 200 件/小时），是传统拣选方式的 10 倍以上。该系统在有限的空间内高动态运作，能够精确地操作、导航、指挥、控制每一次传输，实现零错误率拣选，同时，能运用高容量的传输设备与最先进的控制技术实现高频率的存取。

图 6－41　苏宁云仓胜斐迩旋转系统（SCS）

（2）瑞士医药公司 Galexis 仓库旋转货架系统（见图 6－42）。该系统与拣选到桶工作站（PTB）和拣选到箱工作站（PTT）组合，有效地提高了订单拣选的灵活性和高效性，广泛应用于电子商务、零售、医药和图书等行业。该系统由一个标准的模块、4 个旋转盘组成，每个旋转盘带有一个独立的自动储存和一个拣选单元。该系统的仓储规划节省了很多空间，也使一个标准的 4 旋转盘式系统处理高达 6 000 个周转箱。系统的最小组成单元可以拼组，按照特定项目的要求进行规模化组合。

视频：AGV 机器人（一）

视频：AGV 机器人（二）

图6－42　Galexis仓库旋转货架系统

课堂讨论： Miniload拣选系统与Multi-Shuttle多层穿梭车拣选系统的区别是什么？

任务实施

实训背景：

在现代物流企业中大量使用了现代化的智能分拣设备，电子标签拣选系统、RF拣选系统、语音拣选系统、“人到货”和“货到人”拣选系统、智能穿戴拣货设备、智能拣货台车等技术和设备得到广泛的应用。

实训要求：

3～4人为一组，完成以下任务：

（1）结合参观或观看视频，对分拣中心所见的智能分拣装备提出设备配置原则和要求，编写有关设备的应用手册。

（2）比较分析不同类型“人到货”和“货到人”拣选系统的特点，思考其适用哪种场景。

项目小结

本项目主要介绍了智能分拣与拣选装备的概念与类别，对我们进一步了解智能分拣与拣选装备在物流分拣中的地位与作用起到积极的促进作用。掌握智能分拣与拣选装备选用与配置的应用场景，可以为今后的实际工作提供有益的帮助。

项目自测

一、单项选择题

1. 自动分拣机的主体是（　　）。

A. 喂料输送机　　B. 分拣传送机构及分拣机构

C. 计算机控制器　　D. 分拣卸货道口

2. AGV 智能拣货台车具有（　　）功能。

A. 自动导引和移动　　B. 平地码放

C. 数码显示　　D. 动态升缩

二、多项选择题

1. 常见的自动分拣设备包括平钢带分拣机、托盘式分拣机、（　　）。

A. 翻板式分拣机　　B. 浮出式分拣机

C. 悬挂式分拣机　　D. 滚柱式分拣机

E. 滑块式分拣机

2. RF 拣选系统主要由（　　）组成。

A. 无线网络接入设备和无线数据终端采集设备

B. 蓝牙系统

C. 无线数据终端业务执行程序

D. RFID 标签

E. 中间件服务进程

三、判断题

1. 分拣设备是指用于货物分拣所使用的自动分拣机、半自动分拣机、拣选机等。（　　）

2. 分拣设备需要进行经常性的维护保养，以延长设备的使用寿命。（　　）

四、简答题

1. “人到货”与“货到人”拣选系统的区别是什么？

2. “货到人”拣选系统的主要类型有哪些？

3. 智能穿戴拣货设备有哪些类型？

4. 智能拣货台车的主要结构是什么？

五、案例分析题

蓝胖子机器智能为 DHL 部署 DoraSorter 智能分拣方案

深圳蓝胖子机器智能有限公司（以下简称蓝胖子机器智能）为 DHL 配备的 DoraSorter 智能分拣方案，融合了计算机视觉、运动规划、深度学习等技术，可自主将不同类别的包裹分拣至对应的目的地格口，能够处理信封、纸箱、软包等各类型包裹，单套每小时可分拣 1 000 多件，可同时覆盖 100 多个目的地，分拣准确率达 99.99%。

物流行业，业务急剧增长，物流分拣效能不足，成本过高，亟待智能技术助力降本增效。在人口红利即将枯竭的时代大背景下，物流行业作为劳动密集的传统行业，同样面临诸多发展挑战。随着物联网、人工智能等高新技术的推广及使用，物流分拣行业已经由传统的人工分拣向“无人化”“智能化”模式转型。伴随电子商务的影响，人们越发喜爱“网上购物”，电商行业也因此迎来了疾速发展，同时带来了物流需求的爆发。

作为国际物流巨头，DHL 正在经历的智能化升级挑战具有很强的代表性。由于业务量激增，DHL 等物流企业面临着物件分发、网点拓展、响应提速、对人工的需求越来越大、人工成本越来越高的问题。然而，在人力成本的制约下，激增的业务量对企业物流分拣的效率和质量提出了更高的要求，倒逼物流企业向智能化、无人化转型，解决人工成本高、需求量大等问题，实现降本增效。

针对 DHL 存在的业务量剧增、人工成本高等问题，蓝胖子机器智能为其部署了 DoraSorter 智能分拣方案。通过综合运用计算机视觉、运动规划、深度学习等技术，DoraSorter 可针对物流作业中几乎所有类型的包裹实现智能化、无人化的快速且精确分拣，从而实现高效且低成本处理。

一、方案架构

DHL 传统的包裹分拣流程总体可分为信息识别、信息处理、包裹分放三个步骤。首先从传送带拿到包裹，而后识别包裹的派送信息，最后将包裹放置到不同的柜口。蓝胖子团队通过拆解其包裹分拣任务，将 DoraSorter 方案设计为三层，分别负责客户与系统对接、流向库位及速度优化与规划，以及执行协同。

二、客户系统对接层

前端通过基于网页的 UI 和操作员对接，后端通过网络接口和客户系统对接，使系统获取条形码信息后可以从客户系统内部获取相应的流向等信息。蓝胖子分拣机器人还可与客户的 WMS/ERP 系统集成，实现实时的数据沟通和持续优化。

三、流向库位及速度优化与规划层

包裹流向对应的物理分拣格口，通过过往数据的统计分析，将高频流向、机械臂运动时间、客户时效、机械臂负载等综合数据，基于深度学习进行提取分析，从而实时调整格口映射、运行速度等参数，以实现精准投放并充分发挥机器人的极限执行速度等。

问题：与其他分拣设备相比，智能分拣方案有哪些特点？

项目七
智能配送装备使用

学习目标

※ **应知目标**

- 熟悉智能配送装备的概念与分类
- 了解智能配送装备在物流中的地位与作用
- 掌握智能配送装备的选用与配置原则

※ **应会目标**

- 掌握智能配送装备的操作和维护方法

※ **素养目标**

- 深刻体会我国智能配送装备制造业的快速发展对我国经济发展的作用，提升使命担当、技术创新与竞争意识

引导案例

常态化运营两年多后，美团无人机再迎实质性进展

这两年，美团无人机先后开通深圳、上海等地的常态化商业航线。数据显示，截至2023年8月底，美团初步完成了自主飞行无人机、智能化调度系统及高效率运营体系的研发建设，并在深圳、上海等地7个商圈、17条航线实现常态化运营，为14个社区写字楼、4个5A级景区的用户提供配送服务，累计完成订单超18.4万单。

在即时配送场景下，无人机的重要性正在凸显。2023年情人节期间，无人机急送作为顺丰同城在智慧配送网络布局上的重要一步，在特殊路况或特殊场景时价值尤为突出。例如：重大节日遭遇订单高峰或路网拥堵时，跨区远距离配送往往难以保障时效，尤其是生鲜类物品在时效上不能满足客户需求，此时无人机急送就发挥了巨大的作用。

美团之外，以电商和本地生活平台为代表的阿里巴巴、京东等巨头纷纷推出无人配送和无人机产品，毫末智行、新石器等初创企业也将无人配送作为发展重点。

解析：智能配送装备为现代物流带来重大变革。以美团无人机为例，在多地区常态化运营，极大地提高了配送效率。在现实中，智能配送装备突破了传统交通的限制，当遇到交通拥堵、特殊路况或重大节日订单高峰时，能迅速将物品送达。同时，它拓展了配送的覆盖范围，包括社区、写字楼和景区等，为人们带来极大便捷，推动物流行业向高效、智能方向迈进。

任务一　认识智能配送装备
——智能配送，未来已来

任务导入

2022年中国国际服务贸易交易会（简称服贸会）现场游人如织，在很多展台，无人配送车、无人机等无人设备成为游客驻足的一大关注点，自动配送车、无人机……各种类型的无人设备的应用正在改变我们的生活，为生活带来无限可能。

走进美团的展区，自动配送车、无人机、智能配送站吸引着游人的目光。基于美团配送业务场景需求研发的美团最新一代自动配送车，装载量达150kg，容积近540L，单程配送单量达到10余单，城市道路续驶里程120km。为了保障安全，时速控制在最高20km/h，实际可达45km/h。

截至2022年8月，美团自动配送车已在北京顺义常规化运营超过2年，覆盖顺义50多个社区，室外全场景配送订单超过240万单，自动驾驶里程占比超过97%。

美团为了让“最后三公里”更加流畅，采取无人机进城的模式。美团无人机致力于为用户提供3公里、15分钟的标准配送服务。

截至2022年8月，美团无人机配送已在深圳4个商圈落地，航线覆盖10余个社区和写字楼，可为近20 000户居民服务，并且完成面向真实用户的订单超7.5万单。疫情进一步加速了消费者“万物到家”的即时需求，美团2022年第二季度财报显示，即时配送订单数增长至41亿笔，无人配送车、无人机等应用，让“最后三公里”更加流畅。

中国邮政目前采用的白色无人机提着绿色的邮箱，体现了传统邮政业和现代科技的融合。据介绍，该无人机时速可达35km，续航20km，最大载荷5kg，目前已经在杭州市、承德市、北京市等地应用（见图7-1）。

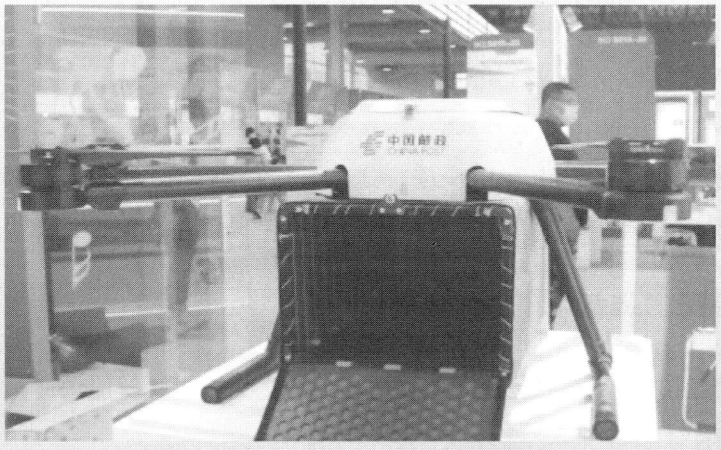

图7-1　中国邮政配送无人机

必备知识

一、配送的定义与特点

配送是指在经济合理区域范围内，根据用户要求，对物品进行拣选、加工、包装、分割、组配等作业，并按时送达指定地点的物流活动。配送一般由备货、理货和送货三个基本环节组成。

传统的配送装备主要是各种类型的运输车辆、笼车、周转箱等。车辆是传统的配送装备，随着智能物流装备技术的发展及物流配送模式的不断创新，越来越多的具备智能控制功能的物流装备应用于物流配送过程中，如无人配送车、配送无人机等，大大提升了物流配送的效率和服务水平。

智能配送装备是指应用于物流配送过程中，具备复杂环境感知、智能决策、协同控制等功能，能够实现自动化、智能化、无人化运行的物流装备。

二、智能配送装备的特征

智能配送装备主要具有以下特征：

1. 无人化运行

智能配送装备能够实现无人驾驶，自动将货物送达用户，真正实现“无接触式”配送。例如：2020 年新冠疫情期间，京东应用无人配送车为医院配送药品及所需物资；诺亚医院物流机器人穿梭于医院内部递送药品及器材，实现了“无接触式”配送，最大限度地减少病毒传播风险。

2. 智能感知与决策

物流配送面对的是末端复杂的开放式环境，如城市主干道、小区内部道路、空中或地下环境等，情况复杂、干扰较多，要求智能配送装备具备高度的智能感知与决策系统，能够根据环境实际情况进行快速灵活的自我调整。

3. 强调人机交互

智能配送装备直接面向末端用户进行送货，应能够和用户进行良好沟通和信息交互，因此需要具备功能完善、界面友好的人机交互能力。

三、典型智能配送装备

典型的智能配送装备主要包括无人配送车、配送无人机、智能快递柜等。

1. 无人配送车

无人配送车，又称为配送机器人，是具备感知、定位、移动、交互能力，用于收取、运送和投递物品，完成配送活动的机器人。无人配送车除了具备智能网联汽车的技术特征，还在高精度定位导航，特别是室内定位导航，以及人机交互方面具有更高的要求。当前谷歌、京东、顺丰、苏宁等已将无人配送车用于快递、外卖送餐、医院物资供应服务等领域工作中。

2. 配送无人机

无人机有固定翼无人机、多旋翼无人机、无人直升机等多种类型，可用于大载重、中远距离支线运输，也可用于末端货物配送。配送无人机是用于配送领域的无人机，多以多旋翼无人机为主。当前，顺丰速运、京东物流等物流企业均在大力发展无人机配送。

3. 智能快递柜

智能快递柜（见图 7－2）是用于公共场合（小区）投递和提取快件的自助服务设备，具有智能化集中存取、24 小时自助式服务、远程监控和信息发布的功能特征，目前已广泛配置于居民小区、园区、学校、办公楼等场所。

未来，涵盖快递柜、无人车、无人机的无人配送站是配送装备发展的趋势。

课堂讨论： 畅谈我国智能配送装备产业前景。对此，我们应该做好哪些准备？

图 7-2　丰巢智能快递柜

任务实施

实训背景：

我国电商及电商物流产业近年来得到高速发展，电商物流的发展使得智能配送装备产业快速发展。在电商物流中，物流设备先进性越来越高，智能化水平也日新月异，我们在学习和实习中经常能看到各种智能配送装备。

实训要求：

3~4 人为一组，列出在学习和实习中曾看到和用过的智能配送装备，据其用途进行分类。

任务二　无人配送车使用——科技引领，无人畅送

任务导入

新冠疫情期间，无人配送车在运送医疗物资、保障居民生活物资需求等方面发挥了重要作用。当前，菜鸟、京东、顺丰、美团等电商和物流企业，积极布局无人配送，其末端配送的无人车开始在高校、园区内进行测试运营。

同时，外卖、快递等末端配送市场劳动力短缺、配送效率低等问题显现。疫情背景下，居民和企业对“无接触式”配送的迫切需求让“无人配送车”迎来千载难逢的时代拐点。京东、阿里、美团、物美、新石器、毫末智行等企业抢先布局，其无人配送车已率先在物流配送场景中投入使用（见图 7-3）。

图7-3 美团、阿里、京东、毫末智行的无人配送车

必备知识

一、无人配送车概述

1. 无人配送车的概念

无人配送车又称为配送机器人，是指基于移动平台技术、全球定位系统、智能感知技术、智能语音技术、网络通信技术和智能算法等技术支撑，具备感知、定位、移动、交互能力，能够根据用户需求，收取、运送和投递物品，完成配送活动的机器人。

2. 无人配送车的优势

（1）提高配送效率。无人配送车可以实现全天候、全时段运行投递，弥补快递员不足的问题，提高配送效率。无人配送车针对零星小批量订单更具效率，能够把配送员解放出来，更多地去订单量大的区域。

（2）实现无接触配送。无人配送车通过无人化配送，减少人与人的接触，特别适用于特殊危险环境以及特殊情况下（如疫情）的货物配送。

（3）提升用户体验。无人配送车的出现，使得与用户的沟通交流更加智能化，能够更好满足用户的需求；同时在一定程度上也能满足部分用户“求鲜”的心理，提升用户体验度。

3. 无人配送车运行场景的特征

无人配送车在运行过程中面临以下场景特征：

（1）复杂开放性场景。配送机器人是智慧物流体系生态链的终端，面对的配送场景是一种非常复杂的非封闭式场景，需要应对各类订单配送的现场环境、路面、行人、其他交通工具以及用户的各种情况，进行及时有效的决策并迅速执行，这需要配送机器人具备高度的智能化和自主学习能力。

这些已经具备人工智能的配送机器人，具有自主规划路线、规避障碍的功能，可以自如地穿梭在道路上。

（2）无人配送车具有“小、轻、慢、物”的特点，因此对无人驾驶技术的可靠性要求相对较低，它使得无人配送更早地落地应用，帮助研发人员进行无人驾驶技术的测试和迭代。

小：以餐饮外卖的配送场景为例，盒饭的尺寸一般都只有不到 30cm，配送车可以做得比较小，实际使用的配送车的宽度大部分在 50～100cm，长度不超过 2m。

轻：车子小，重量也会轻一些，通常在几十千克到几百千克。设备比较“小”“轻”，万一发生故障，对周围环境造成严重伤害的概率就会小很多。

慢：设备的行驶速度比较慢，既然是“末端配送”，距离通常比较近，如餐饮外卖一般在 3km 的范围，20km 左右的时速就足够满足短距离运输的需求。由于设备的行驶速度较慢，其刹车距离也比较短，一般在米级，因此对传感器、计算单元的要求都相对较低，传感器的感知距离大于 20～30m 即可，而计算单元做出感知、决策、控制、执行的全周期只要不超过 1 秒就可以接受。

物：运送的是盒饭、包裹等物品，而不是乘客。载物的设备对行驶的平稳舒适性的要求比载人低很多，控制算法实现起来就容易一些。另外，因为车内没有乘客，设计时可以去掉传统车辆上用于保护乘客的装置，如安全带、安全气囊等，同时增加保护周围人或车的设计，如柔性外壳等，这进一步降低了对无人驾驶安全性的要求。这些因素使得无人配送车很容易大规模落地应用，早于载人场景的应用。

视频：无人配送车

二、无人配送车工作流程

无人配送车从接单到完成送货大体工作流程如下（见图 7－4）：

（1）接单。配送站接收到来自附近消费者的订单，配送系统会自动跟消费者沟通确认交货时间及交货地点，形成配送单信息，工作人员会迅速根据配送单信息完成取货，并交给无人配送车。

（2）送货。无人配送车通过物联网技术已经同步更新配送信息，包括地址与运送路线。装好货物后的无人配送车便出发送货，它会通过头顶安装的摄像头和激光制导雷达避让障碍物，识别场景信息，构建三维地图。

(3) 自主定位。基于三维地图，结合GPS导航的信息，无人配送车可以利用搭载人工智能芯片的“大脑”自主分析出目前所在的位置以及目的地方位。

(4) 自主规划路径及避障。无人配送车借助激光雷达和视觉实时识别技术，规避周围的行人、车辆和障碍物，从而规划出最优运行路径。同时，它会发出语音提醒过往的行人和车辆，并自行避让、加减速，如发生故障可在第一时间联系工作人员处理。

(5) 货物送达。抵达消费者地点后，无人配送车会通过短信将含有商品取件码的链接发送给消费者，消费者通过取件码即可打开无人配送车的车身取出货物。

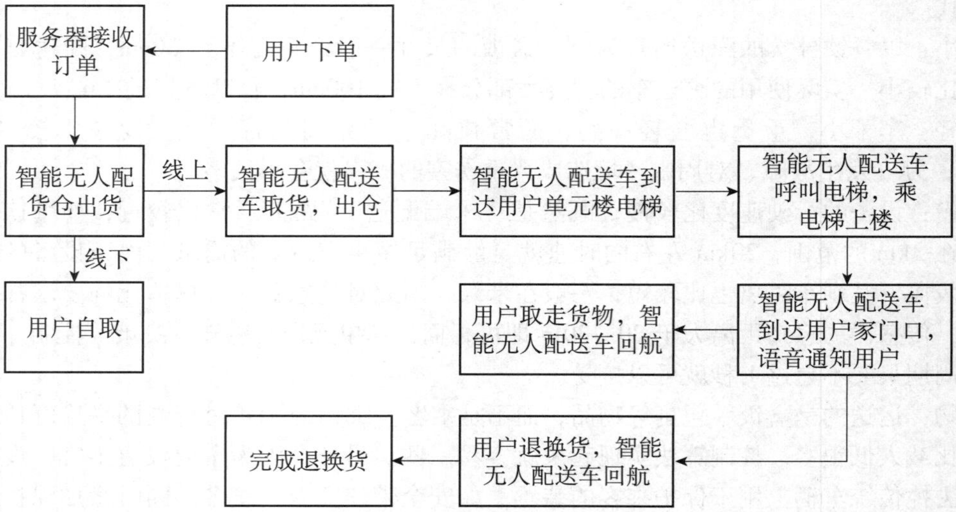

图7-4 无人配送车配送作业工作流程

三、无人配送车的关键技术

无人配送车涉及的技术领域很多，融合了硬件、软件、算法、通信等多种技术（见图7-5）。

无人配送是人工智能的典型落地场景，完成无人配送需要无人驾驶技术、机器人技术、视觉分析、自然语言理解、机器学习、运筹优化等一系列创新技术的高度集成。无人配送车首先是一种无人驾驶技术的应用，所以必不可少地需要用到无人驾驶通常都用到的技术，包括计算机感知、定位、规划、控制等算法，数据存储、仿真平台、监控系统等云端软件，激光雷达、摄像头、GNSS、惯导模块IMU等硬件传感器，以及汽车工业链中的线控底盘技术。除此之外，在一些技术领域，无人配送车还有相对更高的技术要求。

1. 高精度地图数据

在无人配送体系中的高精度地图，是完全面向机器人的地图信息，在数据内容、关键信息表达方式上与传统地图都有较大差异，因此高精度地图的采集、制作工艺以及数据应用均有特殊之处。高精度地图数据的获取方式与传统地图相比也有了很大的差异。传统地图数据大多通过全站仪、卫星图匹配等手段就能够实现批量采集，而高精度地图

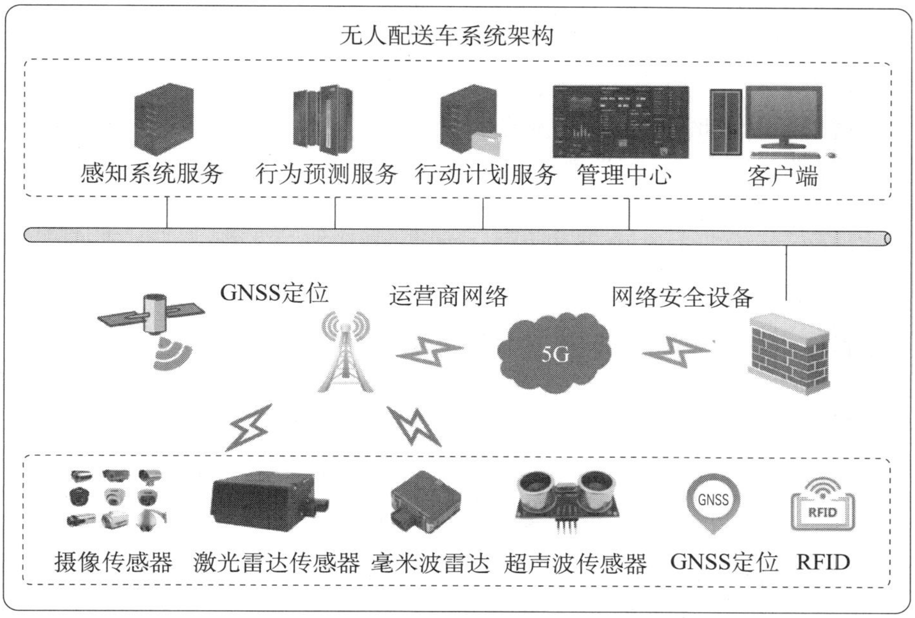

图 7－5　无人配送车系统技术构成

数据主要依赖激光点云数据的采集以及其他高精度感应装置获取的数据加工，如图 7－6 所示。

图 7－6　激光点云建图效果

2. 智能导航系统

（1）高精度导航行动指引。针对无人配送车的导航，主要原理是通过服务端向无人配送车下发导航关键地点的信息，并通过高精度传感器来判断车辆当前位置是否偏离预定航向，来对无人配送车的行动进行实时引导。

（2）以配送任务为核心的智能路径规划。无人配送车的核心任务是将货物配送到用户手中，因此无人配送车的导航路径规划需要综合考虑用户的订单，这里主要涉及地址解析功能，以及多途径点的配送规划。

1）地址解析。由于无人配送的目标为订单地址，因此订单地址需要转化为配送的地址。目前主流地图数据服务商均提供地理编码服务，能够将地址转化为经纬度信息。

2）到达点分析。由于无人配送的目的是将货物送到用户手中，因此对于目标地址的解析需要精细到可停靠或可进入的精准位置信息。例如：对于住宅楼，需要精确地停靠在楼栋门口来等待用户取货。因此，对于每个地址，需要分析出可停靠的精准位置，这样无人配送车可以将此位置作为停靠点。

3）多点配送。为了提高配送效率，无人配送车每次行程会针对某个区域进行沿途多点配送。进行多点配送时，需要结合无人车自身的货舱容量来确定多点配送量，并确保配送路线能够以最短路径原则或最短耗时原则来进行统一规划。

3. 智能交互技术

无人配送还涉及大量物联网网络互联的技术，以便与道路、电梯、门禁等顺利进行交互。这与无人配送车行驶的区域有关，如非机动车道、人行道、工业园区、住宅小区、写字楼等（见图7－7）。

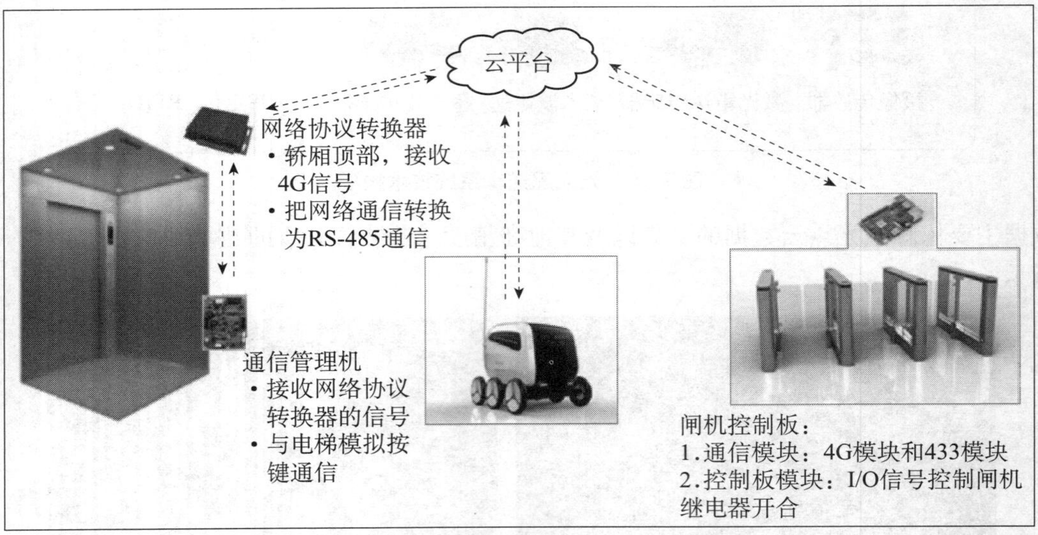

图7－7　无人配送车与电梯、闸机的智能交互

4. 基于大数据的智能调度技术

高精度地图数据是无人车导航运行的数据基础，只有详细而全面的高精度数据，才能为无人车行驶提供可靠的行动指引。同时，无人车运行本身也是数据的感知行为，借助车身的各种传感器，无人车能够对实际道路情况有实时的感知，并且随着无人车运营数量的规模化，数据感知的范围能够覆盖更多的区域和场景，从而实现数据的实时感知更新。这种借助海量行驶感知数据的数据更新模式被称为“众包式”数据更新，是目前无人驾驶领域实现地图更新的主要技术方式。

无人配送的大规模落地应用还有一个关键的技术需要突破，即大规模人机协同配送的智能调度系统。由于每个配送订单都可以由多个配送员、无人车接力完成，调度系统需要确定指派哪个配送员、哪辆无人配送车来进行配送，以及要完美地安排配送员、无人配送车经过的路径和时间，让它们刚好在相同的时间到达相同的地点，从而高效地完成订单的交接。考虑到整个系统的巨大规模，将来可能达到每天亿级的订单量、百万级的配送员和无人配送车，要做到高效的配送调度是非常有挑战的任务。

课堂讨论： 无人配送车的应用场景有哪些？

阅读材料：无人配送，未来已来

任务实施

实训背景：

快递配送企业为了提升效率、减少成本，将无人配送技术与设备应用于实际，相关的装备产业也得到高速发展。我们在生活及工作实际中常常会接触到无人配送车辆及相关技术，无人配送技术、设备的智能化程度及应用水平也在日益提高。

实训要求：

3～4 人为一组，分析讨论市场上常用的智能配送车应用了哪些智能化技术，并列举出目前哪些快递企业利用智能配送车进行快递配送。

任务三　无人机使用——空中快递，快速送达

任务导入

雨中的深圳，美团无人机航线运行如常。位于南山区海岸城商圈的美团无人机起飞点，冷热饮品、新鲜点心等外卖被一一装箱、称重后，由六轴多旋翼无人机送到数千米外的美团无人机柜。自 2021 年在深圳送出首单，美团无人机航线已覆盖公园、景点、社区、校园等多种场景，业务扩展至上海、广州、北京等地，到 2024 年 8 月全国累计完成订单超 30 万单。顺丰旗下的丰翼无人机自 2024 年以来在深圳日均飞行已达近千架次，同城快件平均 2 小时送达，从深圳到东莞、珠海、中山的跨城快件，平均 3 小时送达。数据显示，2023 年我国低空经济规模已超 5 000 亿元，2030 年有望达到 2 万亿元。不仅在深圳，低空经济正在多地加速起飞。在北京延庆制造的远度无人机为台风“摩羯”受灾地区搭建通信基站，在成都制造的沃飞长空电动垂直起降飞行器（eVTOL）完成全尺寸、全重量、全包线倾转过渡等飞行试验科目。

必备知识

一、无人机的概念与特征

1. 无人机的概念

无人机是指利用无线电遥控设备和自备的程序控制装置操纵的不载人飞机。无人机的主要价值在于替代人类完成空中作业，并且能够形成空中平台，结合其他部件扩展应用。

无人机按应用领域分为军用级和民用级。民用级无人机又分为消费级和工业级。目前工业级无人机已广泛应用于农林植保、电力巡线、边防巡逻、森林防火、物流配送等领域。

用于物流领域的无人机被称为物流无人机，按照承担运输或配送任务的不同，又分为运输无人机和配送无人机。

2. 无人机的特征

无人机是一种具备以下特征的飞行器。

（1）不载人且无人驾驶。无人机技术日益更新换代，用途不断扩大，可用于航拍、勘探、农业喷药、运输货物等，但不载人且无人驾驶是其最基本的特征。这也是无人机区别于民用航空飞机的一个重要特征。

（2）具有以飞控系统为核心的无人机系统。无人机系统是由飞控系统、数据链路系统、发射回收系统和动力系统构成的。飞控系统是无人机系统的“大脑”，对无人机飞行稳定性、数据传输准确性起着决定作用；数据链路系统则是地面控制站（包含遥控器）和无人机之间的“桥梁”，保证无人机与地面控制站之间信息传送实时准确；发射回收系统确保无人机顺利安全起飞和降落；动力系统则是由电源、电机、电调和桨叶组成的，是无人机空中作业的能量来源。

（3）具有能够执行一定任务的载荷设备。无人机的研发目的是要完成一定的任务，包括军事目标轰炸和情报收集、娱乐航拍、货物运输配送和农药喷洒等任务。完成这些任务的前提是无人机装载相关的任务载荷设备。

（4）兼具视距内和超视距飞行能力。按照中国民用航空局发布的《轻小无人机运行规定》，视距内飞行是指无人机驾驶员或无人机观测员与无人机保持直接目视视觉接触的操作方式，航空器处于驾驶员或观测员目视视距半径 500m 内，相对高度低于 120m 的区域内；超视距运行是指无人机在目视视距以外运行。无人机因具有执行任务的特性，既需要在视距内飞行，也需要超视距飞行，但大多数情况下是处于超视距飞行状态。

（5）与航模具有本质上的区别。航模一般是由人通过遥控器控制的，没有飞控系统，只能在视距内飞行，用于娱乐用途，基本不具备执行特定任务的能力。

微课：无人机配送

二、无人机的分类

1. 按用途划分

按用途划分，无人机可分为军用无人机、民用无人机，再下分其他类型无人机，如图 7－8 所示。

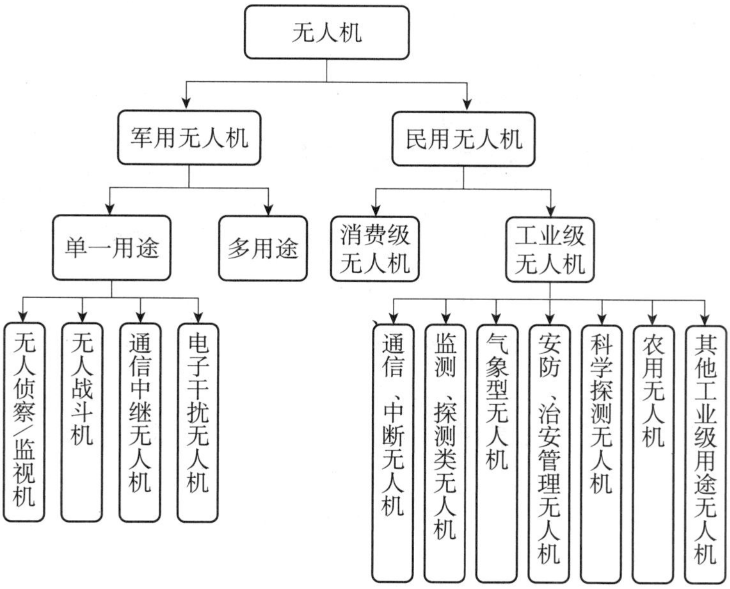

图 7－8　无人机按用途分类

2. 按机身机构划分

按照机身机构划分，无人机可分为固定翼无人机、多旋翼无人机和无人直升机（见图 7－9），以及综合应用固定翼和多旋翼的融合型无人机。

固定翼无人机　　多旋翼无人机　　无人直升机

图 7－9　无人机按机身机构分类图

（1）固定翼无人机。机身外形特征是机翼与机身垂直，外形像“十”或“士”字，与日常民用航空飞机外形类似。动力来源于螺旋桨或涡轮发动机产生的推力。

固定翼无人机具有续航能力强、能量利用率高的特点，且由于其产生升力的原理，可以达到很高的飞行速度。另外，固定翼无人机承载能力强，在飞行中可通过对襟翼和尾翼的微调来适应变化的载重，维持平衡和稳定。但固定翼无人机灵活性较差，转向较慢且转向弧度较大，对起降场所要求比较苛刻，并且结构复杂，生产成本昂贵。

例如：京东推出的重型固定翼无人机，有效载重量达到 1～5 吨，飞行距离超过 1 000km（见图 7－10）。

图 7－10　京东重型固定翼无人机

（2）多旋翼无人机。机身有多个桨叶，主流的多旋翼无人机有四旋翼无人机、六旋翼无人机和八旋翼无人机。升力来源于桨叶旋转产生的推力。

多旋翼无人机的优点是体积较小、结构简单、造价低，能够定点悬停，相比只有一个旋翼的无人直升机，悬停精度更高，稳定性和灵活性得到提升。其缺点是一般采用纯电驱动，持续工作时间较短，一般适用于小型货物末端配送。多旋翼无人机种类最多，用途广泛（见图 7－11、图 7－12）。

图 7－11　京东 Y3 无人机

图 7－12　饿了么无人机

（3）无人直升机。机身外形类似于有人直升机，主要依靠主旋翼提供升力，一般有一个尾翼用以抵消主旋翼产生的自旋力，起到增稳的作用。其优点是能够定点悬停，缺点是体型较大、结构复杂、技术难度大、造价高。

（4）融合型无人机。融合型无人机是改良后兼具固定翼无人机和多旋翼无人机二者优点的机型，比固定翼无人机和多旋翼无人机具有更好的稳定性。从起降方式上看，相比固定翼无人机和多旋翼无人机，融合型无人机可以垂直起降，不受场地限制，复杂地形和建筑物密集区域均可顺利作业（见图7－13、图7－14）。

图7－13　京东VTOL垂直起降无人机

图7－14　VD-200垂直起降无人机

3. 按机身尺度划分

按机身尺度划分，无人机可分为微型、轻型、小型以及大型无人机（见表7－1）。

表7－1　无人机按机身尺度划分

类型	空机质量
微型无人机	空机质量≤7kg
轻型无人机	7kg＜空机质量≤116kg（空速＜100km/h，升限＜3 000m）
小型无人机	116kg＜空机重量≤5 700kg
大型无人机	空机重量＞5 700kg

4. 按重量划分

无人机按重量分类如图7－15所示。

空机重量2千克　　起飞全重10千克　　空机重量5千克 起飞全重6千克

分类	空机重量（千克）	起飞全重（千克）
关于I、II类的无人机，不同地区的地方政府（如当地的公安部门）划分的标准与以下不同的，要以地方政府的要求为准。		
III	4＜W≤15	7＜W≤25
IV	15＜W≤116	25＜W≤150
V	植保类无人机	
IV	116＜W≤5 700	150＜W≤5 700
XII	大于5 700	

按重量分类匹配有交叉时，按类别较高的一类进行划分。

对于串、并列运行或者编队运行的无人机，按照总重量分类。

图7－15　无人机按重量划分

5. 按任务高度划分

无人机按任务高度划分如图 7-16 所示。

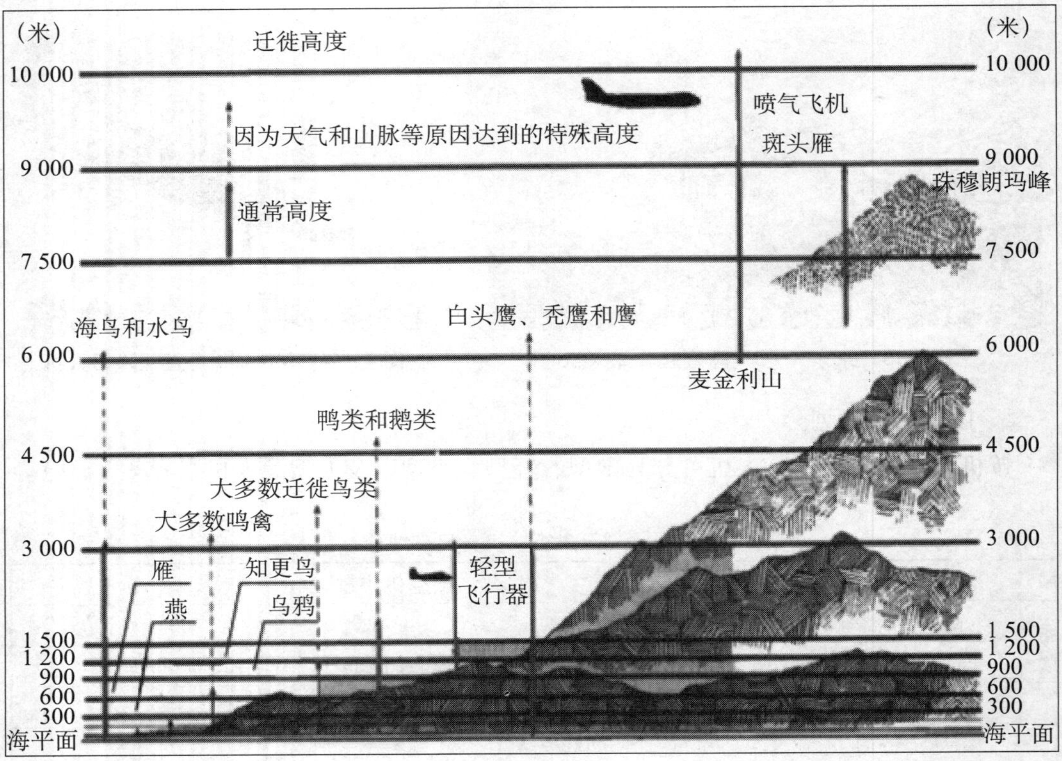

超高空无人机	大于 18 000m
高空无人机	7 000 ~ 18 000m
中空无人机	1 000 ~ 7 000m
低空无人机	100 ~ 1 000m
超低空无人机	0 ~ 100m

图 7-16 无人机按任务高度划分

三、无人机的主要构成

无人机主要由飞控系统、导航系统、动力系统、通信链路系统等部分构成。

1. 飞控系统

飞控系统是无人机完成起飞、空中飞行、执行任务等整个飞行过程的核心系统，相当于飞行器的“大脑”，要求具有高稳定性、精确性。飞控系统一般包括传感器、机载计算机和伺服传动设备三大部分，主要实现无人机姿态稳定和控制、无人机任务设备管理、应急控制三大功能。

2. 导航系统

导航系统为无人机提供参考坐标系的位置、速度、飞行姿态等信息，引导无人机按照指定航线飞行，相当于无人机的“眼睛”。无人机机载导航系统主要分 GPS 和惯性制导两种，分别有易受干扰和误差积累增大的缺点。未来无人机的发展要求具有障碍回避、物资或武器投放、自动进场着陆等功能，需要高精度、高可靠性、高抗干扰性能，因此多种导航技术结合的“惯性 + 多传感器 + GPS + 光电导航系统”将是未来发展的方向。

3. 动力系统

按照动力来源不同，无人机动力系统主要可分为 9 类：太阳能，太阳能混合物（太阳能 + 电池），系留，激光，超级电容，电池，氢燃料电池，汽油、煤油、甲醇、乙醇、丙烷等，气电混合物。

4. 通信链路系统

通信链路系统是无人机的重要技术之一，负责完成对无人机遥控、遥测、跟踪定位和传感器传输，上行数据链实现对无人机遥控，下行数据链执行遥测、数据传输功能（见图 7－17）。普通无人机大多采用定制视距数据链，而中高空、长航时的无人机则都采用视距和超视距卫通数据链。

现代数据链技术的发展推动着无人机数据链向着高速、宽带、保密、抗干扰的方向发展，无人机实用化能力将越来越强。随着机载传感器、定位的精准程度和执行任务的复杂程度不断上升，人们对数据链的带宽提出了很高的要求。未来，随着机载高速处理器的发展，射频数据链的传输速率将成倍增加，在全天候要求低的领域可能还将出现激光通信方式。

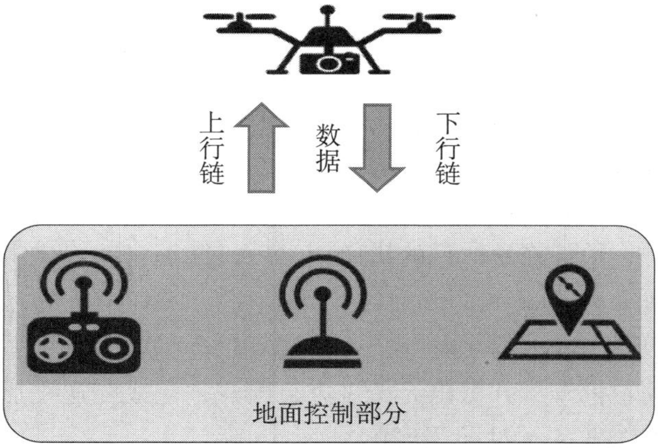

图 7－17　无人机通信链路系统示意图

四、无人机在物流行业中的应用

1. 无人机在物流行业中的应用场景

（1）大载重、中远距离支线无人机运输。送货的直线距离一般在 100 ~ 1 000km，吨级载重，续航时间达数小时。应用场景主要有跨地区的货运（采取固定航线、固定班次，标准化运营管理）、边防哨所、海岛等物资运输以及物流中心之间的货运分拨等。

（2）末端无人机配送。空中直线距离一般在10km以内（对应地面路程可能达到20～30km，受具体地形地貌的影响），载重在5～20kg，单程飞行时间在15～20min，易受天气等因素影响。应用场景主要包括派送急救物资和医疗用品、派送果蔬等农土特产物品等业务（见图7－18）。

（3）无人机仓储管理。例如：大型高架仓库，高架储区的检视和货物盘点；集装箱堆场、散货堆场（如煤堆场、矿石堆场和垃圾堆场）等货栈堆场的物资盘点或检查巡视。

图7－18　无人机在物流行业中的应用场景

2. 无人机在物流配送中的应用模式

（1）配送站（柜）+无人机。终端自助快递柜在收到用户放入的快件后向调度中心发送收件请求，调度系统自动派出合适的无人机，并向无人机发送相关任务指令以及目的地坐标，无人机收到任务指令后飞往目的地，终端自助快递柜将实时引导无人机着陆并进行自动装卸快件，快件在送达目的快递柜之后，终端自助快递柜智能系统将向用户发送取件信息（见图7－19）。

（2）配送车（无人车）+无人机。配送车在离开仓库之后，只需行走在主干道上即可，然后在每个小路口停车，并派出无人机进行配送，完成配送之后，无人机会自动返回配送车再执行下一个任务（见图7－20）。

（3）无人机+配送员。无人机集中将货物送达指定地点，由配送员再配送至客户。

（4）无人机+无人车。距离较远时，无人机将货物送达客户区域，由该区域的无人车驳接，配送至客户手中。

（5）子母型无人机。该模式将多旋翼无人机作为子机，直接运载货物，而将固定翼无人机作为母机，能够装载和释放多架子机，实现无人机物流中多点对单点和单点对多点的结合。

图7－19　配送站（柜）＋无人机模式

图7－20　配送车（无人车）＋无人机模式

阅读材料：全自动无人机收发“快递”！科技城企业闯出城市空中物流新天地

课堂讨论： 你身边有无人机配送的使用吗？哪种物品最适合无人机进行配送？如何降低无人机配送成本？

任务实施

实训背景：

为了提升配送效率，保证在特殊环境下能正常完成快递配送任务，许多快递配送企业已在使用无人机进行配送作业，无人机技术现在非常成熟，智能化程度很高，应用范围也非常广泛。

实训要求：

3～4人为一组，列出在日常生活和学习中曾看到和用过的无人机设备，并列出我国著名的无人机生产企业，指出其主要产品及性能。

任务四　智能快递柜使用——便捷取件，智能服务

任务导入

21世纪以来，整个物流行业都充满了“智能化转型与信息化升级”的气息，而

智能快递柜的兴起不过短短数年。中国快递柜市场吸引了一大批投资者的青睐。2021年，中国快递柜市场共发生12起投融资事件，投融资金额完成357.56亿元，居近几年来最高水平，2022年上半年中国快递柜市场投融资金额已达1.1亿元，资本市场的持续繁荣带动全产业链受益。

随着我国快递业务量的高速增长，箱递率迅速提升，形成智能快递柜3倍缺口。快递业的高速发展为智能快递柜市场提供了良好的基础。2020年，我国智能快递柜投放量达77.2万组，较2019年增加了36.6万组，同比增长90.15%，预计到2025年我国智能快递柜投放量将达到200万组。

不断完善的政策给行业高质量发展提供保障，国务院多次出台文件鼓励和规范智能快递柜行业。政策多管齐下，未来智能快递柜的价值和地位不容小觑。政策利好、行业成熟、持续高速增长的物流规模等都让智能快递柜行业前途渐明。

必备知识

一、智能快递柜的概念、特征和应用意义

1. 智能快递柜的概念

智能快递柜是指在公共场合（小区），可以通过二维码或者数字密码完成投递和提取快件的自助服务设备。当前丰巢、速递易、菜鸟等不断加大终端快递柜建设投入，智能快递柜逐渐应用于小区、学校、办公楼，成为一种重要的末端配送装备。

2. 智能快递柜的特征

智能快递柜主要具有以下特征：

（1）智能化集中存取。快递柜是一个基于物联网，能够将快件进行识别、暂存、监控和管理的设备。快递柜与服务器一起构成智能快递终端系统，由服务器对系统的各个快递柜进行统一管理，并对快件的入箱、存储以及领取等信息进行综合分析处理。

（2）24小时自助式服务。当收件人不在时，派送员可以将快件放在附近的快递箱中，等收件人有空时再去取回。

（3）远程监控和信息发布。智能快递柜通过自主终端，结合动态短信，凭取件码取件，以及微信公众号提醒收件人取件，还有自动通知快递公司批量处理快件的智能化新模式，可以改善快递的投送效率及用户邮件的存取体验。

3. 智能快递柜的应用意义

（1）降低人力成本，减轻快递员的工作负荷。快递员的工作任务一般都比较繁重，加班派送是常态，快递员数量与不断激增的快递量相比明显不足。而智能快递柜可以增加派件数量，提高快递员的工作效率，在一定程度上缓解了用人难题。

（2）提高了用户隐私保护力度，取件时间更随意。送货上门固然可以方便收件人，但也存在一些时间上的不方便和安全隐患。智能快递柜则解决了这些问题，是高效安全

的投递方式。智能快递柜的推行使用，使得快递行业的配送业务得到了明显的改进，彻底解决了无人在家、重复投递、收件难等问题，方便了消费者和派送员，同时又规避了代收快递的风险，一举解决了困扰物流行业多年的快递投递及代收难题。

二、智能快递柜的结构和功能

1. 智能快递柜的结构

快递柜有不同的规格。以丰巢快递柜为例，从柜体来看，通常分为标准柜和拓展柜。标准柜由 1 个主柜和 4 个副柜（共 84 格）组成，拓展柜则是两侧副柜可以进行拓展、增加，或者根据实际需求进行缩减。一个快递柜组通常由不同规格的格口组成，不同的快递柜公司制造的快递柜格口尺寸会有不同，大部分有大、中、小三种尺寸的规格。

智能快递柜真正的核心技术是其内部的组件，由主控机、锁控板、电源适配器、散热风扇以及监控系统等组成，每一个副柜要应用到一张锁控板。

2. 智能快递柜的功能

智能快递柜主要的功能有寄件、取件、暂存、广告、监控、照明和语音提示等。

（1）寄件功能。寄件是快递柜最基本的功能，主要是方便个人用户。

主要流程：用户线上下单填写寄件信息；到柜扫码或输入寄件码；支付运费、开箱投递；快递员取件打印运单发件（见图 7－21）。

图 7－21　智能快递柜寄件流程

（2）取件功能。取件是快递柜设计的初衷，将快件放进快递柜，一是节省时间，也就是说一天之内快递员能投递更多的快递，提升了配送效率；二是方便了消费者。

主要流程：快递员选择货品对应格口大小；扫描运单；输入手机号；开箱放入快件；触发取件微信/短信消息；扫码或输入取件码，取出快件。

（3）暂存功能。除了寄件和取件的功能，快递柜还有暂存的功能。企业用户可以完成物品的多次存和取，轻松实现物品交换、库存管理。

（4）广告功能。智能快递柜的主柜屏幕在没有人取件或寄件时会播放广告，也就是说有人走近快递柜或者在使用快递柜之前，映入眼帘的就是广告。同时副柜上可以贴上广告贴纸等，有一种非常直观的宣传效果。广告既属于智能快递柜的一项功能，又是其利润来源之一。

（5）监控功能。每一个智能快递柜的上方都会有一个监控器，可以实时记录寄件人、取件人的出现时间，这为货物遗失等问题提供了有效的证据。

（6）照明功能。为了方便用户晚上操作，在夜间当用户靠近使用快递柜时，快递柜自用灯会自动亮起，等用户走了之后会自动熄灯，这样的感应系统既可以方便用户，又不会浪费电源。

（7）语音提示功能。有的智能快递柜还配有语音提示功能，在用户的每一步操作前会有语音提示，如在取件时，会语音提醒用户“请打开二维码或按取件码取件”；当取件完成后，会提醒用户“柜门已打开，取件后请关好柜门”。这样的语音提示及时提醒用户该做什么、怎么做，极大地减少了差错事故的发生，十分人性化。

课堂讨论： 智能快递柜（无人配送站）如何进行管理才能正常运行？

任务实施

实训背景：

为了提升配送效率，更好地为客户提供优质服务，保证在多环境下能正常完成快递派送任务，智能快递柜 + 无人机的技术已非常成熟，智能化程度很高，应用领域也日益广泛。智能快递柜等设备生产厂商数量增长很快，呈现蓬勃发展状态。

实训要求：

1. 3 ~4 人为一组，结合参观情况或视频，对智能快递柜提出设备配置和设备升级的建议。

2. 比较分析不同类型“智能快递柜 + 无人机”进行快递派送的特点。思考哪种物品适合这种模式进行派送，并指出其原因。

3. 了解当地智能快递柜等装备制造业的发展现状。

项目小结

本项目涉及的知识点包括智能配送装备的概念及分类、现代智能配送装备的现状与发展趋势、常用智能配送装备的使用与管理等。在当前快递业快速发展的大环境下，我国智能配送装备产业正在迎来巨大的发展机遇。我们需要了解智能配送装备在物流中的地位与作用，掌握智能配送装备的操作和维护方法，深刻体会我国智能配送装备制造业的快速发展对我国经济发展的作用。

项目自测

一、单项选择题

1. 快递柜是一个基于（　　），能够将快件进行识别、暂存、监控和管理的设备。

A. 物联网　　B. 智能感知　　C. 人机交互　　D. 信息异步

2. 无人机主要由飞控系统、（　　）、动力系统、通信链路系统等部分构成。

A. 续航系统　　B. 导航系统　　C. 调速系统　　D. 安全系统

二、多项选择题

1. 无人配送车工作流程除了接单还有（　　）。

A. 送货　　B. 自主定位

C. 自主规划路径及避障　　D. 货物送达

2. 智能配送装备主要具有（　　）的特征。

A. 智能调度技术　　B. 强调人机交互

C. 无人化运行　　D. 智能感知与决策

三、判断题

1. 智能快递柜的未来发展是无人配送站。（　　）

2. 智能快递柜的主要功能有寄件、取件、暂存、广告、监控、照明和语音提示等。（　　）

四、简答题

1. 无人机目前组合导航有哪些？组合导航有什么优点？

2. 简述无人配送车的运行场景特征。

五、案例分析题

自动驾驶技术为物流配送带来全新机遇——TEEMO尚元智行的实践

物流配送现状

互联网时代，电商的蓬勃发展极大地促进了物流行业的发展。根据不同的行驶里程和行驶区域，我们大致可将物流配送分为三类：干线物流、同城物流和末端物流。干线物流是公路运输的主要形式，同城物流则发生在同一城市不同的仓储之间，末端物流的需求场景则是在小区、园区等封闭或半封闭场景。其中，末端物流，即配送的“最后一公里”，往往是快递公司最头疼的地方。末端物流配送有着效率低、成本高、监管难的特点，解决这些问题成了当务之急。

物流配送无人化需求

现阶段，末端配送多采取快递员上门投递的方式。然而国内物流配送的快递人员一年内离职率高达40%，加上我国社会老龄化程度加深，适龄劳动人口下降趋势明显，劳动人口数量与劳动力需求间产生了巨大缺口，物流配送用工难困境难以缓解。再者，新冠疫情的暴发也刺激了人们对无人配送的需求，无人配送的优势在疫情期间被公众广泛认知。

无人物流配送可行性

小区、园区是典型的封闭+低速场景，是自动驾驶率先商业化落地的典型场景。一方面，与公共道路相比，小区、园区内的车流量稀少，是一个相对封闭的场景，驾驶环境相比于城市道路要简单很多。另一方面，出于安全性考虑，小区和园区的车速都不是很快。在这种低速场景下，自动驾驶的精准度和安全性都得到了保证。

无人物流配送方案

TEEMO尚元智行针对自动驾驶技术正向开发的AutoBots线控底盘，采用模块化设计，在末端物流配送运输场景中可衍生为无人物流配送车，实现末端物流的无人化。

结合智能线控底盘技术、多传感器融合的无人驾驶技术、平行驾驶安全监管技术以及自动驾驶方案部署，无人物流配送车可以实现点对点配送货物，大大提高物流的配送效率。

在智慧城市的大背景下，将无人驾驶技术与云计算、大数据、物联网、智能控制等新一代信息技术结合起来，可实现货物装卸、货物运输、信息登记等各个环节的智能化，全方位提高无人配送“最后一公里”的效率。

无人物流配送发展快速

由于看到了无人配送的巨大市场空间，从初创公司到互联网巨头，都纷纷开展布局。目前这一领域已经有Nuro、阿里菜鸟、美团、新石器以及与Teemo合作过的京东等。

无人物流配送的建设速度不断加快，对无人物流配送的要求也越来越高。TEEMO尚元智行会不断突破自我，提升自身的技术，研发更加优秀的产品助力末端物流配送的发展。

问题：

1. 无人物流配送对我国快递物流的发展有何作用？
2. TEEMO尚元智行的产品和技术有哪些特点？

项目八
包装与流通加工设备

学习目标

※ 应知目标

- 掌握流通加工设备的种类
- 掌握包装设备的特点和基本结构，熟悉常用的包装设备，了解包装自动生产线
- 了解常见的流通加工设备、冷链设备

※ 应会目标

- 学会操作常用包装设备
- 学会对一般操作过程中的常见问题进行排除
- 能根据实物选择正确的包装设备

※ 素养目标

- 培养爱岗敬业、吃苦耐劳、追求卓越的职业精神，培养分析问题、解决问题的能力

引导案例

流通加工

流通加工是一项具有广阔前景的物流活动，流通加工不只是为物流合理化提供条件，更关键的是为提高企业及整个社会的经济效益开辟了途径。如海产品加工和综合利用是渔业生产的延续，所谓“加工活，则流通活，流通活，则生产兴”，搞活了加工，货畅其流，无形中给养殖生产开辟了一条永久性的高速通道。因此，海产品加工业的发展对于整个渔业的发展起到了很好的桥梁纽带作用，不仅是当前加快发展现代渔业的重要内容，也是优化渔业结构、实现产业增值增效的有效途径。

《2022—2028年中国水产品加工行业发展现状调研与发展趋势分析报告》针对当前水产品加工行业发展面临的机遇与威胁，提出水产品加工行业发展投资及战略建议。

解析：农、牧、副、渔等产品精制加工是在产地或销售地设置加工点，去除无用部分，甚至可以进行切分、洗净、分装等加工。这种加工不但大大方便了购买者，而且可以对加工的淘汰物进行综合利用。比如，鱼类的精制加工所剔除的内脏可以制成某些药物或饲料，鱼鳞可以制成高级黏合剂，头尾可以制成鱼粉等；蔬菜的加工剩余物可以制成饲料、肥料等。

流通加工是一种低投入、高产出的加工方式，往往以简单加工解决大问题。实践中，有的流通加工通过改变商品包装，使商品档次升级而充分实现其价值；有的流通加工可将产品利用率大幅提高30%，甚至更多。这些都是采取一般方法以期提高生产率所难以做到的。实践证明，流通加工提供的利润并不亚于从运输和保管中挖掘的利润，因此我们说流通加工是物流业的重要利润来源。

任务一　认识包装与流通加工
——包装与加工，创造价值

任务导入

阿迪达斯公司在美国有一家超级市场，设立了组合式鞋店，摆放着的不是做好了的鞋，而是做鞋用的半成品，款式花色多样，有6种鞋跟、8种鞋底，均为塑料制造。鞋面的颜色以黑、白为主，搭带的颜色有80余种，款式有百余种，顾客进来可任意挑选自己喜欢的部位，交给店员当场进行组合，只要十分钟，一双崭新的鞋便做好了。这家鞋店昼夜营业，店员技术熟练，鞋子的售价与成批制造的价格差不多，有的还稍便宜些，顾客络绎不绝。这家鞋店的销售金额是邻近鞋店的十倍多。

必备知识

一、流通加工的概念

流通加工（见图 8－1）是指某些原料或成品从供应领域向生产领域，或从生产领域向消费领域流动过程中，为了促进销售、维护产品质量和提高物流效率，而对商品所进行的初级或简单再加工，使商品发生物理、化学或形状上的变化，以满足消费者的多样化需求和提高商品的附加值。流通加工设备是完成流通加工任务的专用机械设备。

图 8－1　流通加工作业

流通加工在流通中起着“桥梁”和“纽带”的作用。但是，它却不是通过保护流通对象的原有形态而实现这一作用的，它和生产一样，是通过改变或完善流通对象的原有形态来实现“桥梁”和“纽带”作用的。

二、流通加工设备的种类

从以上内容我们可以知道，流通加工大都是对物品进行浅层次的初级加工，如将钢板按用户要求切割成小块，将散装的食用油灌装成小桶装，将散装的大米用袋装，或将货物贴上商标。所有这些，除部分手工操作外（见图 8－2），大部分都要借助机械加工设备。按照加工方式的不同，我们可以将流通加工设备大致分为以下几种：

1. 剪切加工设备

剪切加工设备是进行下料加工或将大规格的钢板裁小或裁成毛坯的设备。例如：用剪板机进行下料加工，用切割设备将大规格的钢板裁小或裁成毛坯等。

2. 集中开木下料设备

集中开木下料设备是在流通加工中将原木材锯裁成各种木材，同时将碎木、碎屑集中起来加工成各种规格的板材，还可以进行打眼、凿孔等初级加工的设备。

3. 配煤加工设备

配煤加工设备是将各种煤及一些其他发热物质按不同的配方进行掺配加工，生产出各种不同发热量燃料的设备。

4. 冷冻加工设备

冷冻加工设备是为了解决鲜肉、鲜鱼或药品等在流通过程中保鲜及搬运装卸问题，进行低温冷冻的加工设备。

5. 分选加工设备

分选加工设备是根据农副产品的规格、质量离散较大的情况，为了获得一定规格的产品而采取的分选加工设备。

6. 精制加工设备

精制加工设备是主要用于农、牧、副、渔等产品的切分、洗净、分装等简单加工的设备。

7. 包装加工设备

包装加工设备是为了便于销售，在销售地按照所要求的销售起点进行新包装、大包装改小包装、散装改小包装、运输包装改销售包装等加工的设备。

8. 组装加工设备

组装加工设备是采用半成品包装出厂，在消费地由流通部门所设置的流通加工点进行拆箱组装的加工设备。

分割　　　　计量

图 8-2　流通加工

任务实施

实训背景：

流通加工是一种低投入、高产出的加工方式，往往以简单加工解决大问题。实践中，有的流通加工通过改变商品包装，使商品档次升级而充分实现其价值；有的流通加工可将产品利用率大幅提高 30%，甚至更多。

某厂生产各类中外弦乐器。该厂每年采购长白山红松木，加工成提琴、吉他、胡琴等乐器，用人造革琴盒包装，再由汽车运输公司雇车将乐器运输到乐器店，运输损坏率高。因为乐器的形状不规则，运输工具的空间利用率低，所以运输费高昂。

实训要求：

3～4人为一组，运用所学的流通加工知识，针对上面的问题提出改进意见。

任务二　常见的流通加工设备使用——装备助力，增值物流

任务导入

按照最终用户的要求，钢材配送加工中心将钢材经过矫正、清理、剪切、冲压等工序，把动态的钢材加工成下游用户所需的各种半成品或零部件，并通过其仓储、运输系统，及时提供给最终用户使用。由于其具有社会化、现代化服务所产生的效率高、成本低的优势，因此对社会和下游企业的巨大效益日益体现。图8－3为某物流中心的剪切加工中心。

图8－3　某物流中心的剪切加工中心

必备知识

流通加工设备的种类很多，除上面所讲的包装设备外，根据流通加工的对象不同，还可以分为金属加工设备、玻璃加工设备、水泥加工设备、冷链设备等。

一、金属加工设备

某些金属材料的长度、规格不完全适用于用户，若采用单独剪板下料的方式，设备

闲置时间长、人力消耗大；若采用集中剪板、集中下料方式，可以避免单独剪板下料的一些弱点，提高材料利用率。

在流通中进行加工的金属材料主要有钢铁、钢材、铝材、合金等。金属加工设备是对上述金属进行剪切、折弯、下料、切削加工的机械。它主要分为成型设备和切割加工设备等。其中，成型设备又包括锻压机械、液压机、冲压设备、剪折弯设备（见图8－4）等；切割加工设备包括数控机床（见图8－5）、电火花成型机、线切割机床、激光成型机、雕刻机、钻床、锯床、剪板机（见图8－6）、组台机床等。此外，用于金属流通加工的还有金属切削机床、金属焊接设备、机械手、工业机器人等。

随着金属成品、半成品迈入超精密加工时代，放电机床成为各中小型金属加工厂不可或缺的金属加工设备。例如：放电机床应用在金属半成品加工的快走丝、慢走丝切割机领域。

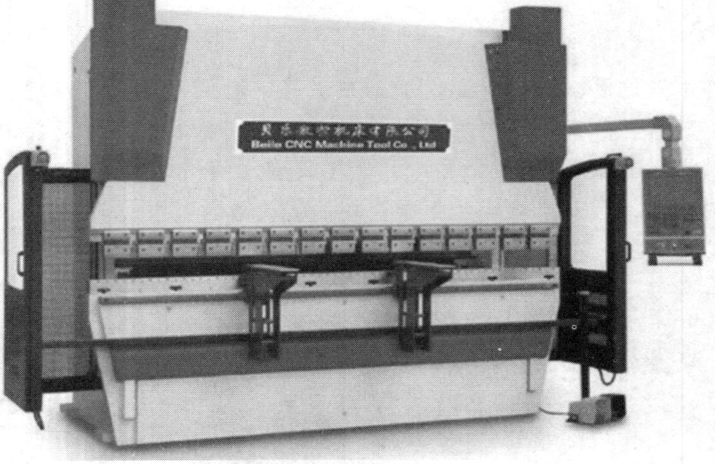

图8－4　剪折弯设备

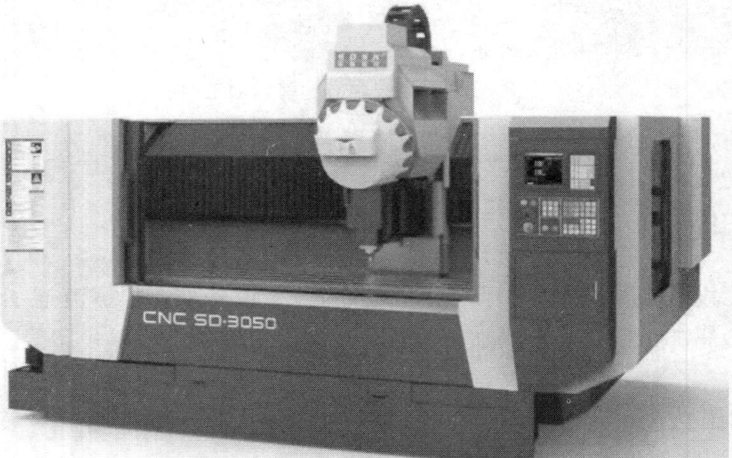

图8－5　数控机床

图 8-6 摆式剪板机

二、玻璃加工设备

流通领域的玻璃加工设备（见图 8-7）主要是指对玻璃进行切割的各种专用机械。平板玻璃的“集中套裁、开片供应”是重要的流通加工方式。这种加工方式可以大大提高平板玻璃的利用率，可由不实行套裁时的60%左右提高至85%～95%。套裁中心按用户的需求进行裁制，有利于玻璃生产厂家简化规格，按单一品种大量生产，简化了生产工序，提高了生产效率。

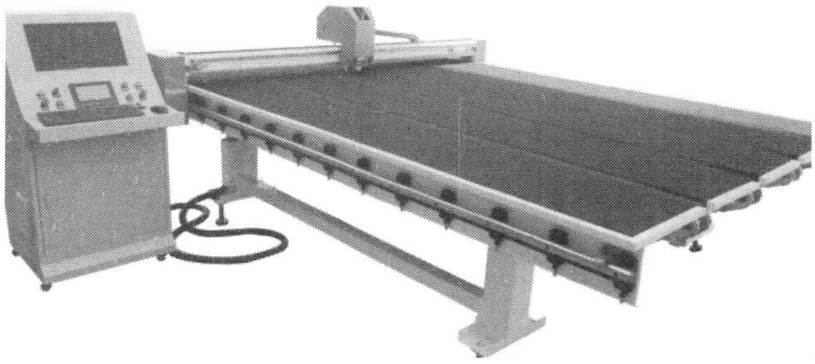

图 8-7 玻璃切割机

三、水泥加工设备

水泥加工设备主要包括混凝土搅拌机械、混凝土搅拌站、混凝土输送车、混凝土输送泵、车泵等。混凝土搅拌机械是水泥加工中常用的设备之一，它是制备混凝土——将水泥、骨料（砂、石子）和水均匀搅拌的专用机械。

混凝土搅拌车（见图 8-8）是用来运送建筑用混凝土的专用卡车。按所装运的混凝土含水量来分，混凝土搅拌车有湿料式、干料式和半干料式三种。

图 8-8 混凝土搅拌车

国内大多采用湿料式混凝土搅拌车，它可装运由搅拌厂（站）生产的混凝土或按配比混合的骨料（砂、石子）、水泥和水，在运输过程中，不断对湿料慢慢搅拌，防止混凝土在运输过程中初凝和离析。但是，混凝土从生产到浇注的时间一般不能超过 1.5 小时，以免混凝土凝结。所以，在更远距离运输的情况下，需采用干料和半干料搅拌运输车来运送。干料式混凝土搅拌车可按配比将干状骨料和水泥直接装入该车的搅拌筒内，在运输过程中对筒内的干料进行搅拌，当车辆将要到达施工场地或在施工场地再加水完成混凝土的搅拌。半干料式混凝土搅拌车所装运的混凝土中的骨料和水泥也是按配比配制的，并含有一定的水，但水的含量达不到浇注要求，须在车辆将要到达施工场地时或在施工场地加水搅拌。

四、冷链设备

冷链设备（见图 8-9）主要用于食品和医药领域。常用冷链设备有冷库、冷藏车及一些保冷容器（如冷藏箱、保冷背包）等。

图 8-9 冷链设备

1. 冷库

冷库（见图8－10）一般是指用各种设备制冷并能人为控制和保持稳定低温的设施。它的基本组成部分是制冷系统、电控装置、有一定隔热性能的库房、附属性建筑物等。制冷系统主要包括各种制冷设备，它是冷库的心脏，通过其制造冷量保证库房内的冷源供应；电控装置是冷库的“大脑”，它指挥制冷系统保证冷量供应；而具有一定隔热性能的库房，是贮藏保鲜物品的场所，它的作用是保持稳定的低温环境，其良好的隔热保温结构，可以最大限度地减少制冷设备制造的冷量向库外泄漏，反过来说，就是尽量减少库外热量向库内泄漏，这也是冷库与一般房屋的主要不同之处。

图8－10　物流冷库

我国冷库种类较多，分类如下：

（1）按库房容积大小可分为：大型冷库、中型冷库和小型冷库。在我国，一般把库容在1 000t以上的冷库称为大型库，1 000t以下、100t以上的冷库称为中型库，100t以下的冷库称为小型库。

（2）按制冷机使用的制冷剂不同可分为：使用氨制冷剂的氨机库和使用氟制冷剂的氟机库。果蔬贮藏库一般使用氨机库，氨机库又可分为压缩式和吸收式两种。

（3）按冷库的温度高低可分为：低温库和高温库。高温库的最低温度一般在－2℃左右，低温库的温度一般在－18℃以下。果蔬保鲜库一般是高温库，水产、肉食类保鲜库是低温库。

（4）按冷库内冷分配器的形式可分为：排管冷库和冷风机冷库。果品蔬菜保鲜一般用冷风机冷库。

（5）按库房的建筑方式可分为：土建式冷库、装配式冷库和土建装配复合式冷库。土建式冷库一般是夹层墙保温结构，占地面积大，施工周期长，早期的冷库就是这种。装配式冷库是预制保温板装配式的库房，与传统的土建式冷库相比，具有保温隔热和防潮防水性能好、阻燃性强、抗压强度高、抗震性能好、建设工期短、可拆卸等优点，但投资较大。土建装配复合式冷库是土建式冷库和装配式冷库的结合，库房的承重和外围结构是土建的形式，保温结构则采用聚氨酯喷涂发泡或聚苯乙烯泡沫板装配的形式。

2. 冷藏车

冷藏车（见图 8－11）是在有保温层的封闭式车厢上装有强制冷却装置（即制冷机）的汽车。冷藏车能在长时间运输中使车厢内货物保持一定温度，适用于要求可控低温条件货物的长途运输。随着物流技术的发展，我国冷藏车发展速度很快，已成为国家冷链工程的主导运输工具。

图 8－11 冷藏车

3. 冷藏箱

冷藏箱是一种应用广泛的冷链设备，可以在宾馆、医院、汽车、船舶、家庭卧室及客厅等环境中灵活使用。根据外形特征的不同，冷藏箱有手提冷藏箱、背带冷藏箱和柜式冷藏箱三种（见图 8－12）。

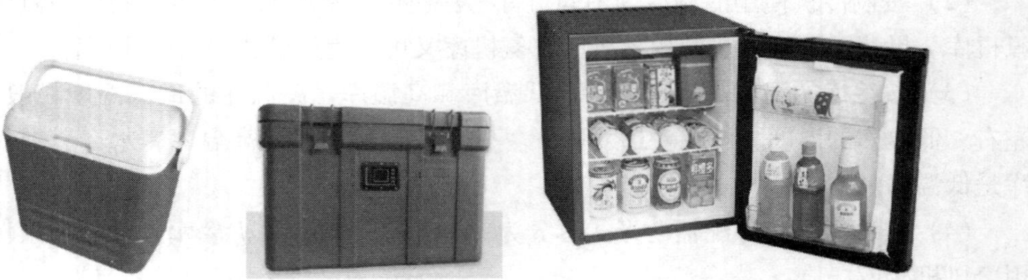

(a) 手提冷藏箱　(b) 背带冷藏箱　(c) 柜式冷藏箱

图 8－12 冷藏箱

根据市场的需要，冷藏箱无论是在保温时间、耐冲击性，还是使用寿命等方面有更好的发展，如应用温湿度监控系统可实时上传温度记表、进行超温报警安全提示、数据的双备份；通过手机终端 App 即可随时查阅、确认数据，非常方便了解产品信息（见图 8－13）。

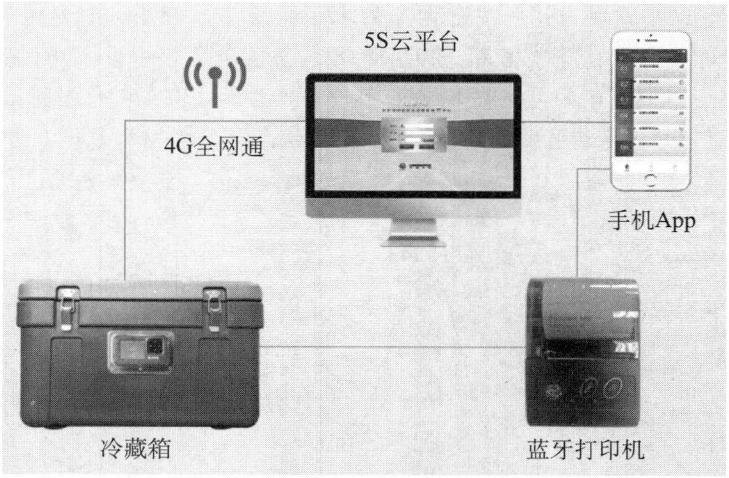

图 8-13　全程实时监控温湿度

阅读材料：冷链物流建设让特色优势农产品“鲜”起来

任务实施

实训背景：

《浙江省农产品产地冷链物流“百千”工程实施方案》提出，力争到2027年，分类分级建设产地冷链集配中心100个，合理集中建设产地冷藏保鲜设施1 000个，构建功能衔接、上下贯通、集约高效的产地冷链物流服务体系。

实训要求：

3～4人为一组，讨论当地如何做到农产品从菜地到餐桌，便捷又“锁鲜”。

任务三　包装设备使用
——设备赋能，提升品质

任务导入

近年来，随着机械工业的崛起，我国包装机械企业逐渐突破了国际生产商垄断的竞争格局，机械制造水平与国外发达国家的水平差距不断缩小，包装专用设备产量增长显著。据中商产业研究院数据库，2024 年 8 月全国包装专用设备当月产量与去年同期相比有所增长。2024 年 8 月全国包装专用设备产量为 130 474 台，同比增长 13.5%。2024 年 1 ~8 月全国包装专用设备产量为 867 899 台，同比增长 5.1% （见图 8 －14）。

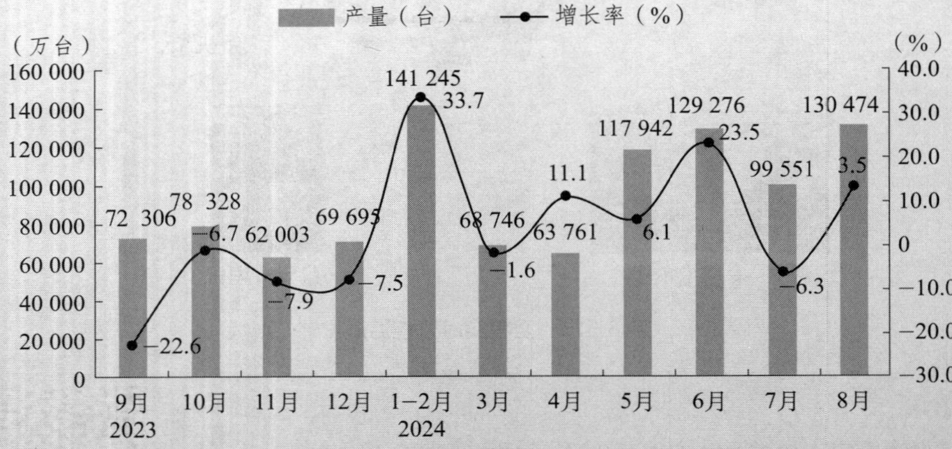

图 8 －14　2023 年 9 月—2024 年 8 月全国包装专用设备产量及增长情况自动捆扎机结构示意图

必备知识

一、包装设备概述

我国《物流术语》对包装的定义：“为在流通过程中保护产品、方便储运、促进销售，按一定技术方法而采用的容器、材料及辅助物等的总体名称，也指为了达到上述目的而采用容器、材料和辅助物的过程中施加一定技术方法等的操作活动。”

1. 包装设备的概念

在产品流通过程中，为了有效地保护商品、方便输运、促进销售，需要对产品进行合理的包装。包装过程包括成型、充填、封口、裹包等主要程序，以及清洗、干燥、杀菌、贴标、捆扎集装、拆卸等其他辅助工序。完成全部或部分包装过程的机械称为包装设备。

2. 包装设备的分类

产品包装设备的种类有很多，其分类方法也是多种多样的。

（1）按包装操作方法分为充填、捆包、裹包、泡罩、缠绕、封合、加标、清洗和灭菌等机械；

（2）按包装产品分为食品、药品、日用工业品、化工产品等包装机械；

（3）按包装容器分为装箱、装盒、装袋、装瓶、装罐、装桶等机械；

（4）按包装层次分为单层包、多层包机械；

（5）按包装大小分为小包、中包、大包等机械；

（6）按特种包装分为收缩、拉伸、热成型、充气、真空、现场发泡等机械；

（7）按被包装物形态分为固体（包括块状、粒状和粉状）和液体（包括高黏度、中黏度、低黏度）等包装机械；

（8）按传送方式分为单位包装机、间歇运动多工位包装机、单头连续运动多工位包装机、多头连续运动多工位包装机等。

此外，包装设备还有干燥机、上蜡机、包装组合机、上塞机、旋盖机等。

3. 包装设备的主要特点

（1）包装设备一般设计成自动包装机，形成连续自动进行的包装。

（2）包装设备应在标准卫生条件下工作，不能有任何污染产品的现象。

（3）电动机的功率一般都比较小，一般采取无级变换装置，以调节生产能力，实际工作中的包装设备以机械传动为主要形式。

4. 包装设备的基本结构

包装设备不论复杂程度如何，都主要由七种装置组成：进给机构、计量装置、传动机构、输送装置、动力部件、控制系统、机身与操作系统。

（1）进给机构。进给包括被包装产品的进给和包装材料或容器的进给。

（2）计量装置。为了保证包装工作不间断地进行，在物料供送前或供送过程中，必须进行计量，计量装置就是用来计量供给的。计量方法主要有容量（积）计量法、称重计量法、计数计量法和重量计量法。

（3）传动机构。它起着动力传递的作用，直接驱动各执行机构运动，完成包装作业，在包装机械中占有重要地位。

（4）输送装置。它是包装机械上的主要部件，其任务是将待包装物品和已包装好的产品，从一个工位运送到另一个工位或从外部结构上把自动线上的各台单机联机，直至把包装制品输送入库。

（5）动力部件。动力部件有电动机、液压泵、压缩机以及做原动力的气缸、液压缸等，以电动机最为普通。电动机通过传动机构驱动各部件，往往是采用若干小功率（0.5～3kW）的电动机做单独部件的驱动。

（6）控制系统。按被控制对象的状态不同，控制分为流体自动化控制和机械自动化控制。流体自动化控制主要是以连续进行变化的液体粉状物等为对象，对其温度、流量、压力、料位等参数进行长期的定量控制；机械化自动控制主要以固体作为控制对象，对其位置、尺寸、形状、姿势等因素进行定性的间断性控制。

（7）机身与操作系统。机身用来安装包装机械的部件和设备，操作系统的作用是对设备进行操作和控制。

二、常用包装设备

1. 充填机

充填机是指将要包装的材料按预定量充填到包装容器内的机器。按计量方式划分，充填机可分为容积式充填机、称重式充填机和计数式充填机。充填机一般由物料供送装置、计量装置、下料装置等组成。它可以作为一种单机单独使用，也可以与各种包装机联合工作。充填机是包装设备的重要组成部分，其优点是高速度、高精度与高可靠性，其性能的好坏直接影响包装质量。充填机的分类及特点如表 8－1 所示。

表 8－1 充填机的分类及特点

类别	工作原理	特点
容积式充填机	将产品按预定容量充填到包装容器内	结构简单，体积较小，计量速度快，计量精度低
称重式充填机	将产品按预定质量充填到包装容器内	结构复杂，体积较大，计量速度慢，计量精度高
计数式充填机	将产品按预定数量充填到包装容器内	结构较复杂，计量速度较快

（1）容积式充填机。容积式充填机能把容积精确的物料装进每个容器，而不考虑物料密度或重量，常用于那些比重相对不变的物料，或用于那些体积要求比质量要求更重要的物料。

1）固定式量杯充填机的定量装置如图 8－15 所示，物料经供料斗 1 自由落入计量杯内，圆盘口上装有四个量杯和对应的活门底盖 4，当转盘主轴 8 带动圆盘 7 旋转时，刮板 10 将量杯 3 上面多余的物料刮去。当旋转到卸料工位时，顶杆推开量杯的活门底盖 4，量杯中的物料在自重作用下充填到下方的容器中。

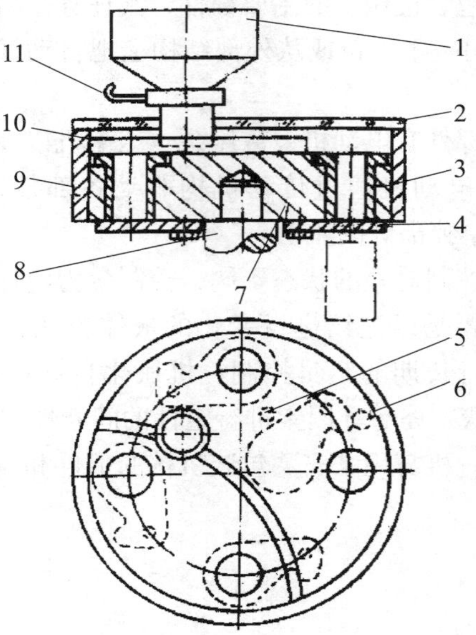

1—料斗 2—外罩 3—量杯 4—活门底盖 5—闭合圆销 6—开启圆销 7— 圆盘 8—转盘主轴 9—壳体 10—刮板 11—下料闸门

图 8－15 固定式量杯充填机的定量装置

2）螺杆式充填机的结构如图 8－16 所示，利用螺杆螺旋槽的容腔来计量物料。由于每一个螺距中都有一定的理论容积，因此，只要准确地控制螺杆的转速和转数，就能获得较为精确的计量值。螺杆式充填机的漏斗状料斗里有一个旋转的螺杆，它以恒速送出一定的物料。螺杆一般是竖直地装在漏斗中，送料管则向下直接对准容器。当容器到位后，传感器发出信号使电磁离合器合上，带动螺杆转动。料加好后，离合器脱开，制动器使螺杆停止转动，物料停止流下。

螺杆式充填机主要用于粉料或小颗粒状物料的计量，如咖啡粉、蛋糕混合料、面粉等物料。流动性能不同的物料要使用不同形状的螺杆。有的螺杆式充填机带有搅拌器或搅动片，它们使物料在料斗内不断转动，以免结块。搅拌器形状要与被充填物料相适应。

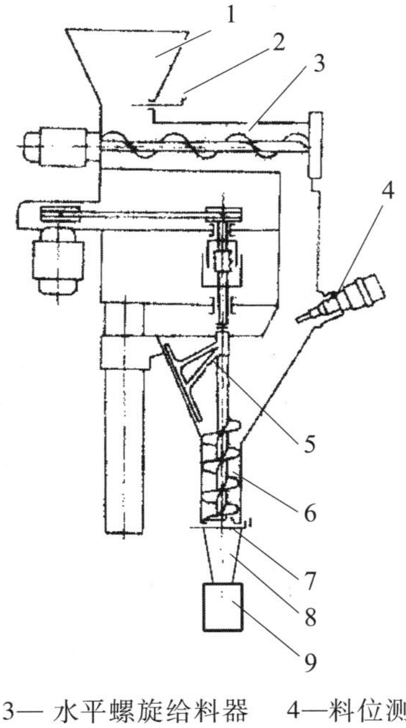

1—料仓　2—插板　3— 水平螺旋给料器　4—料位测量器　5—搅拌器材
6—垂直螺旋给料器　7—闸门　8—输出导管　9—包装容器

图 8－16　螺杆式充填机

3）计量泵式充填机的结构如图 8－17 所示。转鼓的形状有圆柱形、菱形及齿轮形等。计量腔在转鼓边缘。容腔形状有槽形、扇形和叶轮形等多种，计量腔容积又有定容积型和可调容积型两种。待包装物品存放于进料口，转鼓由传动装置驱动运转。当计量腔经过装料口时，被料斗中落送下来的物料充满。装入计量腔的物料，随转鼓转到排料口时，在重力的作用下被排出，经导管填入包装容器中，完成包装的计量。

计量泵式充填机适用于颗粒状、粉状物料的计量，适合流动性好，无结块的细粉粒物品，如茶叶末、精盐等小定量值的包装计量。

（2）称重式充填机。称重式充填机（见图 8－18）由供料机构、称量机构、秤斗与开斗机构构成。由供料机构将待称物料供到称量机构中，当达到所需要的重量时停止供料，再由开斗机构开斗放料充填，从而完成称重充填工作。

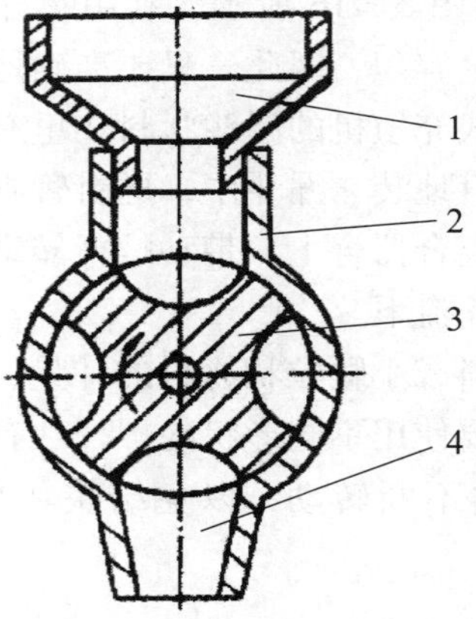

1—进料口　2—转鼓机壳　3—转鼓　4—排料口

图 8－17　计量泵式充填机

图 8－18　称重式充填机

1）供料机构。常用的供料机构有电磁振动式、螺旋式、输送带式、自流管式等。为实现高精度、快速的计量，供料机构应具有良好的可控性，最好能实现供料速度的自动调节。

2）称量机构。它是称重式充填机的关键部件。充填机上常用的称量机构形式主要有杠杆式、簧片式、杠杆簧片组合式、电阻应变片式等。

3）秤斗与开斗机构。秤斗与开斗机构一般都直接控制秤斗的排料量来确定所称的物重。因此，每次计量都要进行二次称重，还要设置一套比较繁杂的调整控制系统。控制式排料常用于吸潮、黏结性强而流动性差的物料。非控制式排料是将秤斗底部活门打开，利用物料自重自动排料。

（3）计数式充填机。被装物品呈规则排列的计数机构常见的有长度式、容积式、堆积式等几种计数形式。

1）长度计数机构。常用于饼干包装、云片糕包装、茶叶装盒后的第二次大包装等。

2）容积计数机构。通常用于一定等径、等长类物品的包装。

3）堆积计数机构。包装时，计量托体与上下推头协同动作，完成取量及大包装工作。

阅读材料：NJP 系列全自动胶囊填充机

2. 灌装设备

灌装设备主要用于在食品领域中对酒类（见图 8-19）、饮料、乳品、植物油和调味品进行包装，还包括对洗涤剂、矿物油和农药等化工类液体产品进行包装。包装所用容器主要有桶、瓶、听、软管等。按照灌装产品的工艺，灌装设备可分为常压灌装机、真空灌装机、加压灌装机等。灌装设备通常与封口机、贴标机等连续使用。灌装机的计量方法有定位法、定量法和定时法三种，它们均有相应的控制装置，如在进料口上方安置与储槽相连的计量装置，借助装置内沿液体方向安装的孔板来测量。

图 8-19　啤酒灌装设备

阅读材料：6 秒出一杯，智能设备成新茶饮搞钱利器？

课堂讨论： 你觉得一家灌装企业生产管理需要几个员工？

3. 封口设备

封口设备是指在包装容器内盛装产品后对容器进行封口的机器。灌装设备采用接触式加热加压封口或非接触式的超声波熔焊封口；麻袋、布袋、编织袋子多采用缝合的方式封口；瓶类容器多采用压盖或旋盖封口；罐类容器多采用卷边式封口；箱类容器多采用钉封或胶带粘封。

按照封口方式的不同，封口机可分为以下几种类型：

（1）热压式封口机：采用加热加压的方式封闭包装容器的机器，常用的加热元件有加热板、加热环、加热辊等，主要用于各种塑料袋的封口。

（2）熔焊式封口机：通过加热使包装容器封口处熔化而将包装容器封闭的机器，常用的加热方式有超声波、电磁感应和热辐射等，主要用于封合较厚的包装材料。

（3）缝合式封口机：使用缝线缝合包装容器的机器，多用于麻袋、布袋、复合编织袋等的封口。

（4）卷边式封口机：用滚轮将金属盖与包装容器开口处相互卷曲勾合以封闭包装容器的机器。卷边式封口机又称封出机，是罐头食品生产过程中的重要机械设备之一。

（5）液压式封口机：用滚轮滚压金属盖使之变形以封闭包装容器的机器。它生产的罐头密封可靠，能保存较长时间，但开口较困难。

（6）旋合式封口机：通过旋转封口器材以封闭包装容器的机器。封口器材通常是带有螺纹的瓶盖或带有向内卷曲的盖爪的罐盖，以旋拧的方式旋紧带有螺纹的瓶口或罐品。

（7）结扎式封口机：使用线绳等结扎材料封闭包装容器的机器，主要用于小包装件的集束封口，如糖果、面包等食品袋袋口的结扎。

4. 裹包设备

用挠性包装材料进行全部或局部裹包产品的包装设备统称为裹包设备。裹包设备的共同点是用薄形挠性包装材料（如玻璃纸、塑料膜、黏膜、各类复合膜、拉伸膜、收缩膜等）将一个或多个固态物品进行裹包，广泛用于食品、烟草、药品、日用化工品、音像制品等领域。由于其种类繁多、功能各异，因此裹包设备的结构较为复杂，其调整、维修需要一定的技术水平。常用的裹包设备有：

（1）折叠式裹包机：用挠性包装材料裹包产品，将末端伸出的包装材料按一定的工艺方式进行折叠封闭，通常用于对长方体物品的裹包，包装后外观规整、视觉效果好。

（2）接缝式裹包机：用挠性包装材料裹包产品，将末端伸出的裹包材料按同面粘接的方式进行加热加压封闭、分切。接缝式裹包机通常是不间断地动作，工作效率较高。

（3）覆盖式裹包机：用两张挠性包装材料覆盖在产品的两个相对面上，采用热封或黏合的方法进行封口。

（4）缠绕式裹包机：用成卷的挠性包装材料对产品进行多圈缠绕裹包。

（5）拉伸式裹包机：使用拉伸薄膜，在一定张力下对产品进行裹包，常用于把集积在托盘上的产品连同托盘一起裹包。

（6）贴体裹包机：将产品置于底板上，用覆盖产品的塑料薄片在加热和抽真空作用下紧贴产品，并与底板封合，使包装物品有较强的立方感。

（7）收缩包装机：用热收缩薄膜对产品进行裹包封闭，然后再进行加热，使薄膜收缩后裹紧产品。收缩包装机可再分为烘道式、烘箱式、柜式、枪式等多种。

5. 捆扎设备

捆扎设备（见图8－20）是利用带状或绳状捆扎材料将一个或多个包件紧扎在一

起的机器，属于外包装设备。目前我国生产的捆扎设备基本上都采用塑料带作为捆扎材料，利用热熔搭接的方法使紧贴包件表面的塑料带两端加压黏合，从而达到捆紧包件的目的。

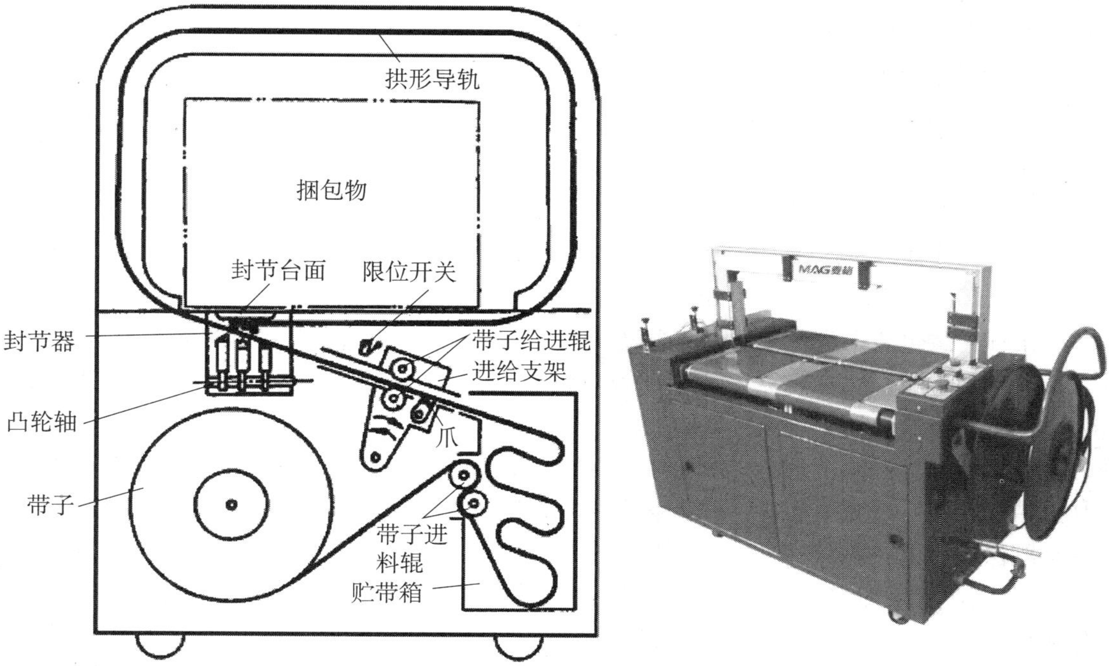

图 8－20　自动捆扎机结构示意图

三、智慧包装自动生产线

智慧包装作业线主要是按照包装的工艺过程，将自动包装机、包装机器人和有关辅助设备用输送装置连接起来，再配以必要的自动检测、控制、调整补偿装置及自动供送料装置，成为具有独立控制能力，同时能使被包装物料与包装材料、包装辅助材料、包装容器等按预定的包装要求、工艺要求与工艺顺序，完成物料包装全过程的工作系统（见图 8－21）。

图 8－21　智慧包装作业线

产品的包装不再是以单机一道一道地完成包装工序，而是将各自独立的自动或半自动包装设备和辅助设备，按照包装工艺的先后顺序组合成一个连续的流水线。被包装物料从流水线一端进入，以一定的生产节拍，按照设定的包装工艺顺序，依次经过各个包装工位，通过各工位的包装设备使包装材料与被包装物料实现结合，完成一系列包装工序之后，包装成品从流水线的末端不断输出。

1. 智慧包装作业线的分类

（1）按包装机之间连接特征分类，智慧包装作业线可分为刚性、柔性和半柔性智慧包装作业线。

刚性智慧包装作业线，是指各包装机间直接用输送装置连接起来，以一定的生产节奏完成包装作业的生产线。这种生产线有一个缺点，即所有机器按同一节拍工作，如果某一生产环节出现故障，将会导致全线停产。

柔性智慧包装作业线，是在每个包装机之间加设储存装置，根据需要由输送装置送至下一包装工序。这样就克服了刚性智慧包装作业线的缺陷，即使某台包装机发生故障，也不会影响其他包装机的包装作业。

半柔性智慧包装作业线，是将自动生产线分成若干区段，对不易出现故障的区段不加设储存装置，以提高其刚性；对经常出现故障的区段加设储存装置，以提高其柔性。这样既保证了生产率，又减少了投资。

（2）按包装机的组合布局分类，智慧包装作业线可分为串联、并联和混联智慧包装作业线。

串联智慧包装作业线，各包装机按照工艺流程单向连接，各单机生产节奏相同。这种流水线的结构比较简单，布局比较紧凑，要求各包装机的作业速度比较一致。

并联智慧包装作业线，将具有相同包装功能的设备分成数组，共同完成同包装作业，直至完成物料包装的全部任务。在这一类流水线中，一般需要加设换向或合流装置。

混联智慧包装作业线，在一条生产线上同时采用串联和并联两种形式，其目的主要是平衡各包装机的生产节拍，实现各包装机的生产率匹配。不过，这样常会使包装生产线较长、机器数量较多，因此输送、换向、分流、合流等装置的种类也随之变得复杂。

2. 智慧包装作业线的系统构成

智慧包装作业线的系统构成总体上可分为控制系统、自动包装机和包装机器人、输送装置以及辅助工艺装置四个组成部分。

（1）控制系统。控制系统主要由工作循环控制装置、信号处理装置以及检测装置组成。随着科学技术的发展，各种高新技术，如数控技术、光电控制、计算机控制等大量应用到智慧包装作业线中，从而使控制系统更加完善、可靠，效率也更高。

（2）自动包装机和包装机器人。自动包装机和包装机器人是智慧包装作业线上最基本的工艺设备，是智慧包装作业线的主体，主要包括完成包装材料（或包装容器）与被包装物料的输送、供料、计量、充填、包封、贴标签等作业的设备，如灌装机、充填机、装箱机、捆扎机、封口机等。

（3）输送装置。输送装置是将各台完成部分包装的自动包装机和包装机器人连接起来，使之成为一条自动线的重要装置，它担负着包装工序间的传送任务，并且使包装材料（或包装容器）和被包装物料进入智慧包装作业线，使成品离开智慧包装作业线。常用的输送装置大致分为重力式和动力式两种。

（4）辅助工艺装置。在智慧包装作业线中，为满足工艺上的要求，使智慧包装作业线能有节奏、协调地工作，需要配置一些辅助工艺装置，如转向装置、分流装置、合流装置等。

阅读材料：拥有高效智能的包装生产线，这三个方向你值得一看！

任务实施

实训背景：

捆扎机广泛应用于包装、建筑、采矿、农业、纺织等诸多领域。在包装方面，捆扎机被广泛用于运输、储藏的过程中绑扎各类物品，从而起到保护物品的作用。

实训要求：

3～4 人为一组，根据学校实训条件操作手动打包机、捆扎机，并说明操作时应注意哪些问题，以及如何选择适合的捆扎机。

项目小结

流通加工设备可以在生产流程中直接完成物品加工和处理，减少传递次数和中间环节，缩短加工时间，提高生产效率。本项目在介绍流通加工的类型的基础上介绍了常见流通加工设备的功能和工作原理、包装设备的种类及使用方法。

项目自测

一、单项选择题

1. 下列哪种剪切机又叫万能板料加工设备，广泛应用于各种薄板加工业？（　　）

A. 圆盘剪板机　　B. 摆式剪板机

C. 振动剪板机　　D. 机械剪板机

2. 冷库按温度高低可分为高温库和低温库，其中高温库的最低温度一般在（　　）

左右。

A. －18℃　　B. －10℃　　C. －2℃　　D. －5℃

3. 为解决鲜肉、鲜鱼、药品等在流通过程中保鲜及搬运装卸问题，采用的加工设备为（　　）。

A. 剪切加工设备　　B. 精制加工设备

C. 分选加工设备　　D. 冷冻加工设备

4. 下列关于裹包设备的说法不正确的是（　　）。

A. 接缝式裹包机通常是不间断地连续动作，工作效率高

B. 拉伸式裹包机是使用拉伸薄膜，在一张压力下对产品进行热封

C. 贴体裹包机是在加热和抽真空作用下将塑料薄片紧贴产品与底板封合

D. 收缩包装机用热收缩薄膜对产品进行裹包封闭，经加热使薄膜收缩后裹紧产品

二、多项选择题

1. 流通加工的设备包括（　　）。

A. 剪切加工设备　　B. 冷冻加工设备

C. 包装加工设备　　D. 组装加工设备

2. 常用冷链设备有（　　）。

A. 冷库　　B. 冷藏车　　C. 冷藏箱　　D. 冷藏包

3. 计量充填机设备可分为下列哪几种？（　　）

A. 容积式充填机　　B. 称重式充填机

C. 计数式充填机　　D. 计块式充填机

4. 产品包装设备基本结构除机身、控制系统、操作系统外，还应有（　　）。

A. 进给机构　　B. 计量装置

C. 传动机构　　D. 输送装置

E. 动力部件

三、判断题

1. 捆扎机、装箱机属于内包装机械。（　　）

2. 容积式充填法是把容积精确的物料装进每一个容器，而不考虑物料密度或重量。（　　）

3. 采用加热加压的方式封闭包装容器的设备为熔焊式封口机。（　　）

四、简答题

1. 简述智慧包装作业线的系统构成。

2. 水泥加工设备主要包括哪些部分？

3. 简述冷链设备的功用。

五、案例分析题

引进国家骨干冷链物流企业　助力清远鸡百亿产业高质量发展

清远市清城区清远鸡研究院与广东佰顺农产品供应链集团有限公司正式签署冷链物流协议，双方将携手合作，共同推动清远市清城区国家现代农业产业园冷链物流行业发展，提升服务水平，助推清远鸡百亿产业高质量发展。

广东佰顺农产品供应链集团有限公司是东莞国家骨干冷链物流基地、国家预制菜集配交易基地、粤港澳大湾区最大单体冷库。根据协议内容，广东佰顺农产品供应链集团有限公司将为清远鸡产业提供全方位的物流服务，包括货物运输、仓储管理、配送等环节，以确保货物安全、快速到达目的地。同时，广东佰顺农产品供应链集团有限公司还将通过先进的物流技术和设备，提供定制化的解决方案，满足清远鸡产业不同的物流需求。

此次合作将加强双方的资源整合和优势互补，进一步提升清远鸡国家产业园冷链物流服务的品质和效率，为客户提供更加便捷、安全的物流体验。

问题：冷链作为一项系统工程，涉及的技术领域十分广泛。在技术层面，信息化、自动化的仓运配物流技术是支撑整个冷链物流体系运作的基础；在运输层面，全程保持同一温度并全程监控温度情况，是冷链运输中的两个重要环节。在运输过程中使用嵌入式冷链保温箱能实现全程保持同一温度，请问这种保温箱是如何运作的？

项目九
物流信息装备应用

学习目标

※ 应知目标

- 掌握条形码识别原理、扫描器的类型
- 掌握 GPS 系统的组成、特点和用途
- 了解北斗卫星导航系统结构和特点及物联网层次

※ 应会目标

- 能正确选择和应用扫描设备，能正确使用数据采集终端
- 能分析北斗卫星导航系统及物联网技术的应用，能初步进行合理的配置

※ 素养目标

- 增强自信心，提高创新能力，成为担当民族复兴大任的时代新人

引导案例

物流行业 RFID 应用

随着信息技术的迅猛发展，物流仓储供应链管理与时俱进，向着工业数字化、智能化发展。在物流仓储管理系统中，人们利用超高频 RFID 射频识别技术来捕获信息，通过无线数据通信等技术将其与开放的网络系统相连，对供应链中各环节的信息进行自动识别与实时跟踪，从而将庞大的物流系统建成一个高度智能的统计系统。

物流行业 RFID 的主要应用环节如表 9－1 所示。

表 9－1　物流行业 RFID 的主要应用环节

环节	细分	具体应用
物流仓储管理	采购环节	企业可以通过超高频 RFID 技术实现及时采购和快速反应采购。管理部门通过超高频 RFID 技术能够实时地了解整个供应链的供应状态，从而更好地把握库存信息、供应和生产需求信息等，及时进行采购。
	生产环节	在企业物资生产环节中最重要的为超离频 RFID 标签的信息录入。
	入库环节	在超高频 RFID 的入库系统中，对经手人、物品和出入记录进行统计。
	库存管理环节	利用超高频 RFID 系统进行库存检查和管理。
	出库管理环节	在超高频 RFID 的出库系统管理中，管理系统按物品的出库订单要求，自动确定提货区及最优提货路径。
	堆场管理环节	超高频 RFID 系统的阅读器首先将同批物品的超高频 RFID 标签进行识别，同时调出数据库相对应的标签信息查看堆场中的各类物品是否存在异常。
运输	货场货车管理	在货车的挡风玻璃上安装卡式标签，标签内记录货车的相关信息，在货场出口及入口上方安装固定阅读器，当安装了标签的卡车进入和离开货场的时候会自动被阅读器识别记录下车号及出入时间，方便管理货车。
	快递包裹的跟踪	利用一次性无源标签对快递包裹进行跟踪。

（资料来源：前瞻产业研究院）

解析：物流信息技术不断发展并在物流业得到广泛运用，为广大生产流通企业提供了低成本、高效率、多样化、精益化的物流服务。物流信息技术是物流现代化的重要标志，也是物流技术中发展最快的领域。从数据采集的条形码系统，到办公自动化系统中的微机、互联网，各种终端设备等硬件以及计算机软件都在日新月异地发展。同时物流信息技术的不断发展催生了一系列新的物流理念和物流经营方式，推进了物流的变革。

任务一　认识物流信息装备
——信息引领，智慧物流

任务导入

顺丰科技一直致力于应用各种创新技术，构建智慧物流体系。2019 年，顺丰除了推出能多形态、一站式地解决体积测量问题的快测 AR，在 2019 年 3 月 7 日还对外发布“慧眼神瞳”，这标志着顺丰科技人工智能计算机视觉成果在业务场景的落地突破。

简单地说，“慧眼神瞳”是利用各种视频和图像进行自动化分析的人工智能系统。监控摄像头是目前快递企业各业务场景中的标配，其中蕴含丰富的数据资源，但是如果数据没有经过分析和汇总，就发挥不了更大的价值。“慧眼神瞳”就是通过人工智能的高科技手段自动分析这些数据，并将其转化为企业管理的决策依据。

通过车牌识别，分析车辆装载率、人员工作能效等基础数据，顺丰可以刻画出装卸口作业场景的完整生产要素，将所有作业数据线上化，持续降低各项运营成本，提升运转效率，让人、货、场、车等“齿轮”高速运转。

必备知识

一、信息与物流信息技术

1. 数据

数据是指对客观事物进行记录并可以鉴别的符号，是对客观事物的性质、状态以及相互关系等进行记载的物理符号或这些物理符号的组合。它是可识别的、抽象的符号。它不仅指狭义上的数字，还可以是具有一定意义的文字、字母、数字符号的组合、图形、图像、视频、音频等，是客观事物的属性、数量、位置及其相互关系的抽象表示。如货物的运输情况、学生成绩、学校面积等都是数据。数据经过加工后就成为信息。

在计算机科学中，数据是所有能输入计算机并被计算机程序处理的符号的介质的总称，是用于输入电子计算机进行处理，具有一定意义的数字、字母、符号和模拟量等的通称。计算机存储和处理的对象十分广泛，表示这些对象的数据也越来越复杂。

2. 信息

信息与数据既有联系，又有区别。数据是信息的表现形式和载体，可以是符号、文字、数字、语音、图像、视频等。而信息是加载于数据之上，对数据做解释。数据和信息是不可分离的，信息依赖数据来表达，数据则生动具体地表达出信息。数据是符号，是物理性的，信息是对数据进行加工处理之后所得到的并对决策产生影响的数据，是逻辑性和观念性的；数据是信息的表现形式，信息是数据有意义的表示。数据是信息的表达、载体，信息是数据的内涵，是形与质的关系。数据本身没有意义，数据只有对实体行为产生影响时才成为信息。

3. 物流信息技术

物流信息技术是现代信息技术在物流各个作业环节中的综合应用，是现代物流区别于传统物流的根本标志，也是物流技术中发展最快的领域，尤其是计算机网络技术的广泛应用使物流信息技术达到了较高的应用水平。物流信息技术的发展也改变了企业应用供应链管理获得竞争优势的方式，成功的企业通过应用信息技术来支持它的经营战略并选择它的经营业务。

二、物流信息技术的发展趋势

1. 物流技术装备软硬件耦合度越来越高

以往的物流技术和设备发展趋向于机械化和自动化，技术革新主要集中在硬件方面，而软件体系在这方面的影响很小。当前，我国的物流技术和设备不断向自动化、智能化方向发展，而物流技术和设备也在不断地向软硬件方向发展。在技术上，软件的应用日益重要。例如：无人仓系统集成、智能自动化仓库系统集成等工程，仓储执行系统（WES）、仓储控制系统（WCS）等越来越重要；物流机器人的指挥调度系统、自主导航系统、自动执行能力等越来越重要。

人工智能、大数据、云计算、物联网、区块链等新兴技术，与现代物流科技、设备、服务体系相结合，为企业的信息化建设服务。

阅读材料：2023 年搬运机器人行业市场现状分析与发展机遇

2. 信息技术的应用将更紧密地结合物流企业管控模式

物流企业管控模式和运作流程的差异客观上决定了没有适用于所有企业的标准化应用模块，简单机械地照搬其他企业信息应用系统注定了信息化的失败。信息技术在物流企业的应用将更紧密地结合企业管控模式，更加关注企业个性化的技术需求，技术应用紧紧围绕企业独特的业务流程展开。

3. 物流信息技术推动智慧供应链发展

目前，物流技术装备的一个重要技术发展趋势就是融入智慧供应链体系，助力企业供应链全要素整体互联互通、高效协同，以实现企业供应链与物流全面升级。

EDI、RFID、GIS、条形码等技术的应用，推动订单、物流、库存、应用可视化，利用仓储管理系统高效摆放产品、及时更新库存信息，实现了仓库可视化管理，提高了仓储环节的敏捷性和精确度。工作人员可以利用 GIS 系统进行站点规划、车辆调度、配送员路径优化、订单全程可视化、预测送货时间等，及时了解货物位置和状态。

阅读材料：各类颠覆性创新技术及在物流业的应用

任务实施

实训背景：

物流信息技术是指运用于物流各环节中的信息技术。根据物流的功能以及特点，物流信息技术包括计算机技术、网络技术、信息分类编码技术、条形码技术、射频识别技术、电子数据交换技术、全球定位系统（GPS）、地理信息系统（GIS）等。

实训要求：

物流涉及运输、储存、装卸、搬运、包装、流通加工、配送等各个环节，每个环节都涉及信息的获取和流通。请你谈谈物流过程中获取信息、数据的方式有哪些，可以借助哪些物流信息装备。

任务二　条码设备使用——条码扫描，快速识别

任务导入

条形码打印机已经广泛应用于生产生活中的各个方面，如超市、政府部门、生产制造企业、物流企业等。条形码打印机通常采用热转印或热敏打印技术，可以在各种材料（如纸张、塑料、金属等）上打印高质量的条形码。

工业条形码打印机通常具有高速、高效、高精度、高稳定性等特点，适用于各种工业生产环境，如制造业、物流仓储、医药等领域。工业条形码打印机的应用可以提高生产效率、降低成本、提高产品质量等，是现代工业生产中不可或缺的重要设备之一。

必备知识

一、条形码识别系统

1. 条形码概述

条形码是由宽度不同、反射率不同的条和空，按照一定的编码规则（码制）编制成的，用以表达一组数字或字母符号信息的图形标识符，即条形码是一组粗细不同、按照一定的规则安排间距的平行线条图形。常见的条形码是由反射率相差很大的黑条（简称条）和白条（简称空）组成的。

2. 条形码识别系统的组成

条形码识别系统是条形码系统的组成部分。它由扫描系统、信号整形、译码三部分组成，如图 9－1 所示。扫描系统由光学系统及探测器（即光电转换器）组成，信号整形部分由信号放大、滤波和波形整形组成，译码部分则由译码器及通信部分组成。

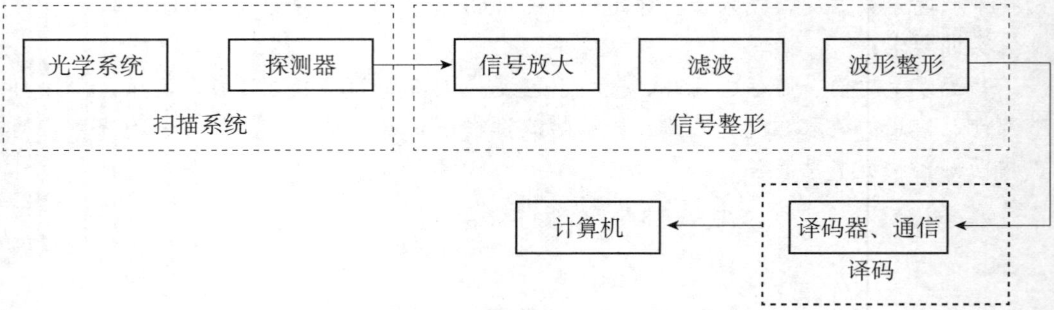

图 9－1　条形码识别系统的组成

3. 条形码的识别原理

由于不同颜色的物体，其反射的可见光的波长不同，白色物体能反射各种波长的可见光，黑色物体则可以吸收各种波长的可见光，因此当条形码扫描器光源发出的光经过光阑及凸透镜，照射到黑白相间的条形码上时，反射光经凸透镜聚焦，照射到光电转换器上，于是光电转换器接到与白条和黑条相应的强弱不同的反射光信号，并转换成相应的电信号输出到放大整形电路，白条、黑条的宽度不同，相应的电信号持续时间长短也不同。由于光电转换器输出的与条形码的条和空相应的电信号较弱，不能直接使用，因而先要将光电转换器输出的电信号送放大器放大。放大后的电信号仍然是一个模拟电信号，为了避免由条形码中的疵点和污点导致错误信号，在放大电路后须加一个整形电路，把模拟信号转换成数字电信号，以便计算机系统能准确判读。整形电路的脉冲数字信号经译码器译成数字、字符信息，译码器通过识别起始、终止字符来判别出条形码符号的码制及扫描方向。通过测量脉冲数字电信号 0、1 的数目来判别出条和空的数目，通过测量 0、1 信号持续的时间来判别条和空的宽度，这样便得到了被辨读的条形码符号的条和空的数目及相应的宽度和所用码制，根据码制所对应的编码规则，便可将条形符号换成相应的数字、字符信息，再通过接口电路送给计算机系统进行数据处理与管理，完成条形码辨读的全过程。条形信号的处理过程如图 9－2 所示。

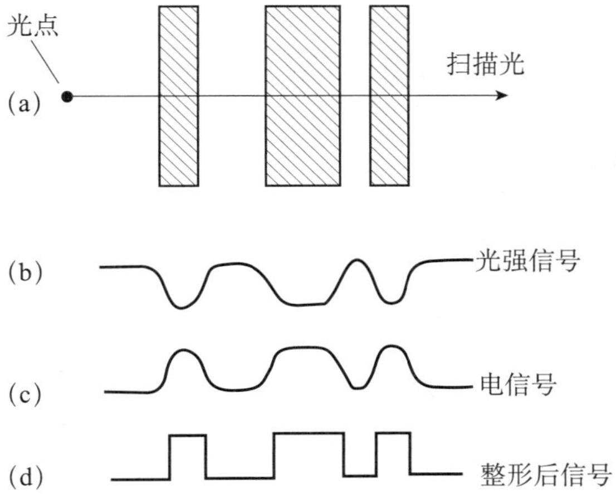

图 9－2　条形信号的处理过程

二、条形码扫描器的类型

常见的条形码识读和数据采集主要是由条形码扫描器来完成的。从扫描方式上分类，条形码扫描器可分为接触式和非接触式两种。接触式识读设备包括光笔与卡槽式扫描器；非接触式识读设备包括 CCD 扫描器与激光扫描器。光笔扫描器只能识读一维条形码，而且对于条形码有一定的破坏性，逐渐被 CCD 扫描器取代。从操作方式上分类，条形码扫描器可分为手持式扫描器、激光自动扫描器、台式扫描器、便携式条形码阅读器。

1. 手持式扫描器

手持式扫描器特别适用于条形码尺寸多样、识读场合复杂、条形码形状不规整的应用场合。阅读时只需将取头（光源）接近或轻触条形码，无须移动即可自动读取条形码信息，条形码符号缺损对扫描器识读影响很小，扫描速度为 30～100 次/秒，读取速度快。手持式扫描器中有光笔、激光枪、手持式全向扫描器、手持式 CCD 扫描器（见图 9－3）和手持式图像扫描器等。

手持式扫描器所使用的光源有激光和可见光 LED。LED 类扫描器又称 CCD 扫描器，CCD 条形码扫描器不仅可以识读一维条形码，而且还能识读行排式和矩阵式二维条形码，对于软质物品也可以方便地进行识读。

图 9－3　手持式 CCD 扫描器

2. 激光自动扫描器

激光自动扫描器是一种远距离条形码识读设备，能识读行排式二维码（如 PDF417 码）和一维码，其工作原理如图 9-4 所示。激光二极管产生一束激光，照射到一个旋转的棱镜或来回摆动的镜子上（转镜），反射后的光线穿过阅读窗照射到条形码表面，光线经过“条”或“空”的反射后返回扫描器，由其内部的光电器件转换成电信号，最后通过译码软件进行译码。

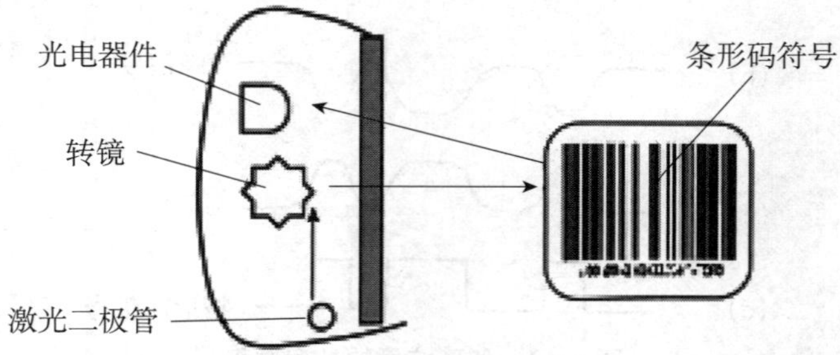

图 9-4 激光扫描工作原理

激光自动扫描器的优点是识读距离适应能力强。通常情况下，在扫描距离超过 30cm 时，激光扫描器是唯一的选择。它还具有穿透保护膜识读的能力，可以识读不规则的条形码表面或透过玻璃、透明胶纸进行扫描，不会损坏条形码标签。因为有较先进的扫描及解码系统，激光扫描器识读的精度和速度比较高，首读识别成功率高，识别速度相对光笔及 CCD 更快，误码率极低（仅约为三百万分之一），可以在 0.01s 内对某一条形码标签扫描阅读多次，而且每一次扫描不重复上一次扫描的轨迹。

激光自动扫描器根据使用方式可分为手持与固定两种形式。手持式激光扫描器属单线扫描，其景深较大，具有扫描首读率和精度较高、连接方便简单、使用灵活等特点。固定式激光扫描器如图 9-5 所示，适用于阅读量较大、条形码较小的场合，操作方便，只要条形码符号面向扫描器，不管方向如何，均能实现自动扫描，可以有效地工作，一般可用于超市的结算台、自动分拣等作业频繁的场合。

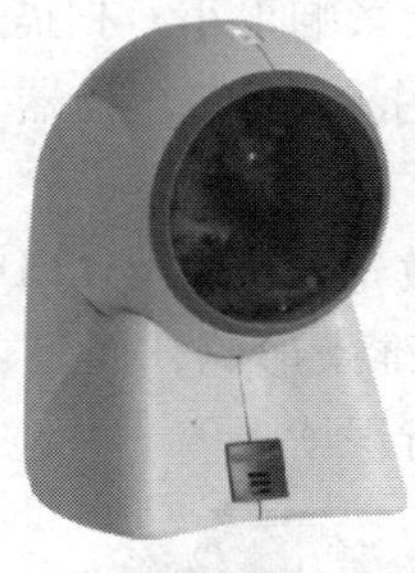

图 9-5 固定式激光扫描器

3. 台式扫描器

台式扫描器用于不便使用手持式扫描方式阅读条形码信息的场合，其大多固定安装在某一位置上，用来识读在某一范围内出现或通过的条形码符号，也可以安装在自动生产流水线传送带旁某一固定位置，等待附有条形码标签的待测物品在输送带上流转经过时被扫描，如图 9－6 所示。

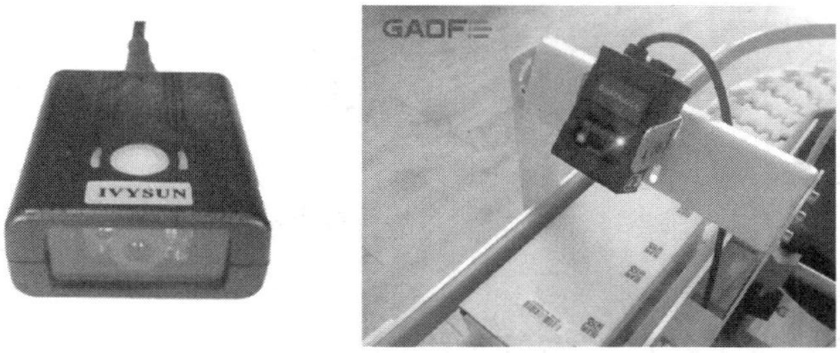

图 9－6　台式扫描器及使用

4. 便携式条形码阅读器

便携式条形码阅读器集条形码扫描、显示、数据处理、数据通信等功能于一体，广泛应用于供应链管理的各个环节，相当于一台小型的计算机，如图 9－7 所示。硬件基本配置有 CPU、内存、供电电池、各种外设接口；软件配置有操作系统、可以编程的开发平台、独立的应用程序。便携式条形码阅读器也称为手持终端机、盘点机。

便携式条形码阅读器的基本工作原理：便携式条形码阅读器可以将电脑网络的部分程序和数据下载至手持终端，并可以脱离电脑网络系统独立进行某项工作，基本数据信息必须通过 PC 的数据库获得，快速采集物流条形码数据之后，数据经存储、计算等处理之后通过通信座传送给计算机系统，再及时地导入数据库中。

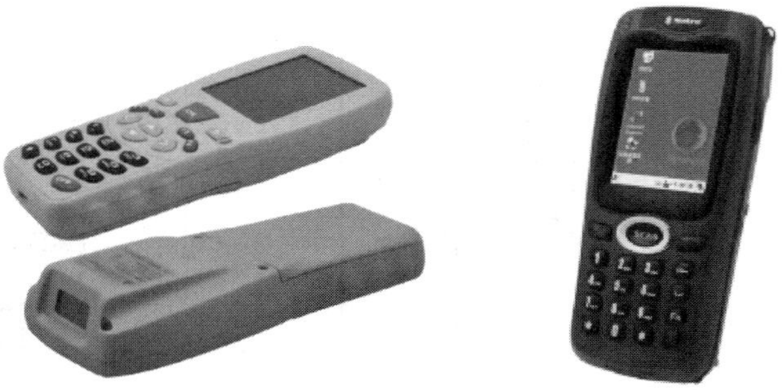

图 9－7　便携式条形码阅读器

三、条形码打印机

条形码打印机是一种专用的条形码打印设备，一般为热敏型和热转印型。热敏型需要专用的热敏纸，热转印型使用碳带。打印机一般使用标签纸，标签检测装置可自动检测标签的大小和起始位置，可以以标签为单位进行高速打印，如图 9－8 所示。

条形码打印机的打印精度一般为 203～406DPI，宽度一般为 94mm，打印速度可达 91.6～254mm/s。其内置的条形码生成功能可以高速地打印条形码标签，而普通的打印机则需要专门的条形码生成程序来生成条形码。

图 9-8　条形码打印机

四、条形码信息采集设备在超市管理中的应用

超市管理中应用的条形码设备主要有两类：条形码印制设备和条形码阅读设备。

1. 条形码阅读设备的类型

（1）直接与 PC 或 POS 机相连接的固定式或手持式识读器。

（2）便携式数据采集器。

（3）无线手持数据终端。

2. 超市条形码管理系统的应用

超市条形码管理系统的应用主要有以下几点（见图 9-9）：

（1）商品流通的管理；（2）客户的管理；（3）供应商的管理；（4）员工的管理。

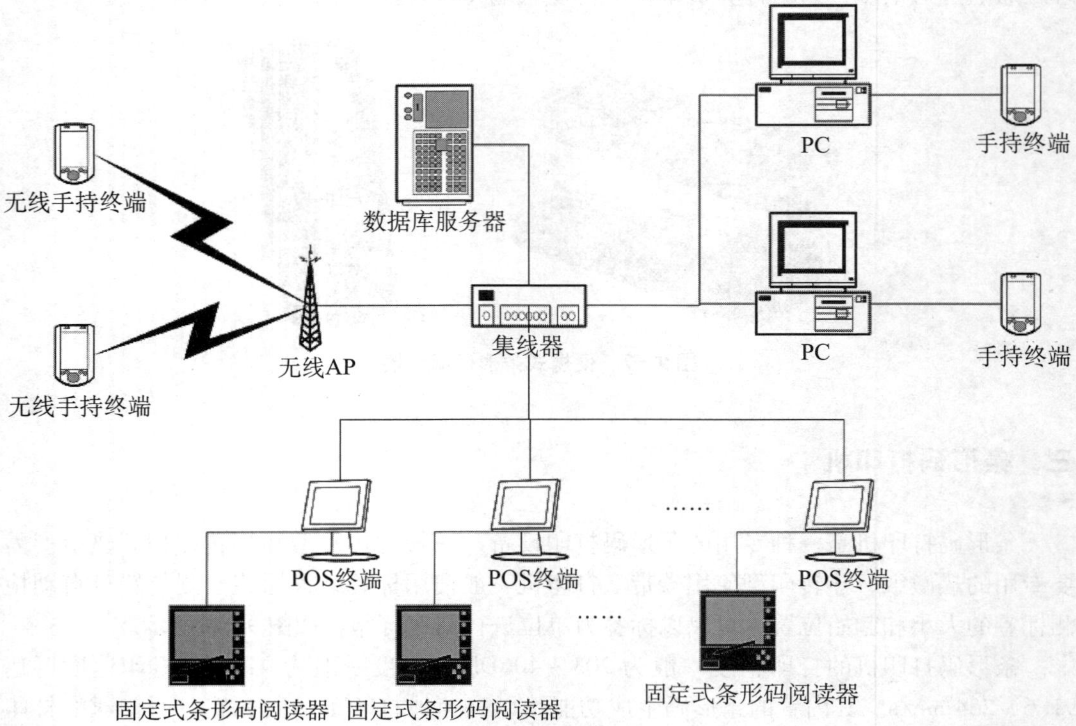

图 9-9　超市条形码管理系统的应用

阅读材料：PDA 条码扫描器行业发展机遇及主要驱动因素

任务实施

实训背景：

二维码在现代社会被广泛应用。二维条形码相比于一维条形码，优势较为明显，比如二维条形码可以显示符号、图形等复杂信息，而一维条形码只能显示英文数字以及简单符号、英文以及数字，并且二维条形码安全级别较高，有时候损污 50% 仍可识别完整信息，误码率不超过千万分之一，远低于一维条形码，可靠性极高。

实训要求：

了解二维码的原理，将本任务所学的知识点制作成二维条形码，与同学分享。

任务三　RFID 技术应用
——射频感应，智能管理

任务导入

全球著名连锁餐饮企业 Chipotle Mexican Grill（墨式烧烤）宣布使用 RFID 来改善食品安全和库存。

近期，全球著名连锁餐饮企业 Chipotle Mexican Grill（墨式烧烤）宣布将在全球各店铺部署 RFID 标签。Chipotle 目前是首批利用 RFID 标签序列化跟踪从供应商到餐馆的食材的主要餐饮公司之一，RFID 有助于改善其供应链中的食品安全问题。“RFID 标签将库存管理转变为自动数字功能，优化餐厅运营，并使我们的餐厅服务中心能够实时访问库存数据。”该公司首席餐厅官说，“这种集成技术正在改善我们餐厅员工的工作方式，同时也使我们的供应合作伙伴从中受益。”目前，有部分供应商已经开始使用 Chipotle 要求的 RFID 技术，这不仅节省了供应商在库存管理和库存轮换方面的时间，还减少了人为失误导致的不可挽回的错误。

必备知识

一、RFID 系统组成

在具体的应用过程中，根据不同的应用目的和应用环境，RFID 系统的组成会有所不同。但从工作原理来看，RFID 系统一般都由信号发射机、信号接收机、编程器、天线几部分组成。

1. 信号发射机

在 RFID 系统中，信号发射机会根据不同的应用目的以不同的形式存在，典型的形式是标签（TAG）。标签相当于条形码技术中的条形码符号，用来存储需要识别传输的信息。另外，与条形码不同的是，标签必须能够自动或在外力的作用下，把存储的信息主动发射出去。标签一般是带有线圈、天线、存储器与控制系统的低电集成电路。按照不同的分类标准，标签可分为以下几类：

（1）主动式标签与被动式标签。

（2）只读标签与可读可写标签。

（3）标识标签与便携式数据文件。

2. 信号接收机

在 RFID 系统中，信号接收机一般叫作阅读器。根据支持的标签类型不同与完成的功能不同，阅读器的复杂程度是不同的。阅读器基本的功能就是提供与标签进行数据传输的途径。另外，阅读器还提供相当复杂的信号状态控制、奇偶错误校验与更正功能等。

3. 编程器

只有可读可写标签系统才需要编程器。编程器是向标签写入数据的装置。编程器写入数据一般来说是离线完成的，也就是预先在标签中写入数据，等到开始应用时直接把标签粘附在被标识项目上。但在一些 RFID 应用系统中，编程器写入数据是在线完成的，尤其是在生产环境中作为交互式便携数据文件来处理时。

4. 天线

天线是标签与阅读器之间传输数据的发射、接收装置。在实际应用中，除了系统功率，天线的形状和相对位置也会影响数据的发射和接收，需要专业人员对系统的天线进行设计、安装。

二、RFID 性能特点

1. 快速扫描

RFID 辨识器可同时辨识读取数个 RFID 标签。

2. 体积小型化、形状多样化

RFID 在读取上并不受尺寸大小与形状限制，无须为了读取精确度而配合纸张的固定尺寸和印刷品质。此外，RFID 标签更可往小型化与多样形态发展，以应用于不同产品。

3. 抗污染能力和耐久性

传统条形码的载体是纸张，容易受到污染，但 RFID 对水、油和化学药品等物质具有很强的抵抗性。此外，由于条形码是附于塑料袋或外包装纸箱上的，因此特别容易受到折损。RFID 卷标是将数据存在芯片中，可以免受污损。

4. 可重复使用

现今的条形码印刷上去之后就无法更改，RFID 标签则可以重复地新增、修改、删除 RFID 卷标内储存的数据，方便信息的更新。

5. 穿透性和无屏障阅读

在被覆盖的情况下，RFID 能够穿透纸张、木材和塑料等非金属或非透明的材质，并能够进行穿透性通信。而条形码扫描机必须在近距离而且没有物体阻挡的情况下，才可以辨读条形码。

6. 数据的记忆容量大

一维条形码的容量是 50 字节，二维条形码最大的容量是 1 850 个字符，RFID 最大的容量则有数兆字节。随着记忆载体的发展，数据容量也有不断扩大的趋势。未来物品所需携带的资料量会越来越大，对卷标所能扩充容量的需求也相应增加。

7. 安全性

由于 RFID 承载的是电子式信息，其数据内容可经由密码保护，使其内容不易被伪造及变造。

RFID 因其所具备的远距离读取、高储存量等特性而备受瞩目。它不仅可以帮助企业大幅提高货物、信息管理的效率，还可以让销售企业和制造企业互联，从而更加准确地接收反馈信息，控制需求信息，优化整个供应链。

三、RFID 的应用场合

不同频段的 RFID 产品会有不同的特性，下面详细介绍无源感应器在不同工作频率的特性以及主要的应用。

1. 低频（工作频率为 125kHz 到 134kHz）

RFID 技术首先在低频得到广泛的应用和推广。该频率主要是通过电感耦合的方式进行工作，也就是在读写器线圈和感应器线圈间存在变压器耦合作用。通过读写器交变场的作用，在感应器天线中感应的电压被整流，可作供电电压使用。场区域能够很好地被定义，但是场强下降得太快。其主要应用如下：

（1）畜牧业的管理系统；

（2）汽车防盗和无钥匙开门系统；

（3）马拉松赛跑系统；

（4）自动停车场收费和车辆管理系统（见图 9－10）；

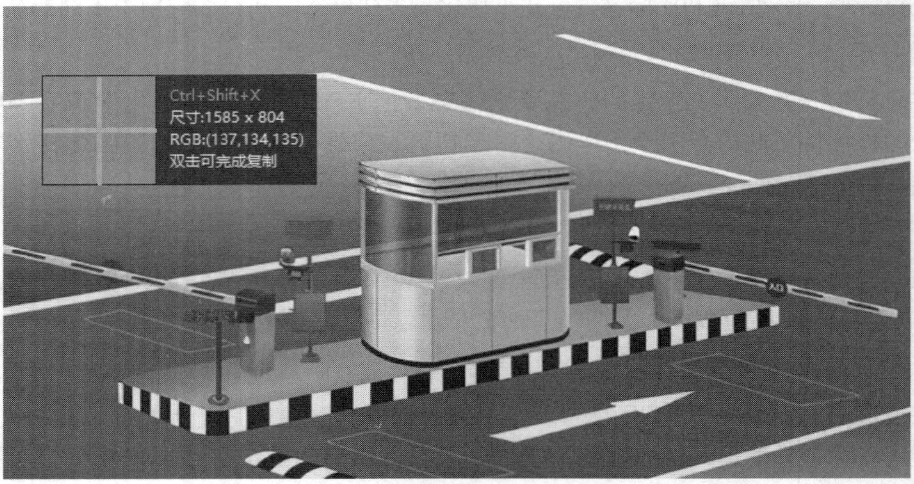

图 9－10　RFID 技术电子停车收费系统的应用

（5）自动加油系统；

（6）酒店门锁系统；

（7）门禁和安全管理系统。

2. 高频（工作频率为 13. 56MHz）

在该频率的感应器不再需要线圈进行绕制，可以通过腐蚀或者印刷的方式制作天线。感应器一般通过负载调制的方式进行工作，也就是通过感应器上的负载电阻的接通和断开促使读写器天线上的电压发生变化，实现用远距离感应器对天线电压进行振幅调制。如果人们通过数据控制负载电压的接通和断开，那么这些数据就能够从感应器传输到读写器。其主要应用于：

（1）图书管理系统；

（2）瓦斯钢瓶的管理；

（3）服装生产线和物流系统的管理；

（4）三表预收费系统；

（5）酒店门锁的管理；

（6）大型会议人员通道系统；

（7）固定资产的管理系统；

（8）医药物流系统的管理；

（9）智能货架的管理。

3. 甚高频（工作频率为 860MHz 到 960MHz）

甚高频系统通过电场来传输能量。电场的能量下降得不是很快，但是读取的区域不是很好定义。该频段读取距离比较远，无源可达 9m 左右，主要是通过电容耦合的方式实现的。其主要应用于：

（1）供应链管理；

（2）生产线自动化管理；

（3）航空包裹管理；
（4）集装箱管理；
（5）铁路包裹管理；
（6）后勤管理。

任务实施

实训背景：

RFID 智能图书柜变更原有图书的传统人工管理方式，采用 RFID 智能识别技术，对粘贴有 RFID 标签的文献物品进行非接触式的识别，实现了安全保障，追责到人；可实现安全管控，图书进出有记录，可通过多种身份识别权限来确认身份。同时设备还具有人机交流操作简便、互动感强、性能稳定等优点。

实训要求：

1. 采用 RFID 技术，设计一个智能图书柜项目。智能图书柜可以实现开门自取，利用智能手机实现即拿即走。
2. 举例说明 RFID 技术在其他地方的应用。

任务四　GPS 与 GIS 技术应用——定位导航，精准配送

任务导入

GPS 和 GIS 的综合应用平台，通过移动通信、互联网和空间信息的技术和手段，以电子地图为依托，以移动终端的位置数据为基础，使用者可以获取到各种与当前位置相关的信息，从而为工作的进一步开展提供参考依据（见图 9－11）。

图 9－11　GPS 导航工作原理

必备知识

一、GPS 定义

全球定位系统（Global Positioning System，GPS）是美国 20 世纪 70 年代开始研制，历时 20 年、耗资 200 亿美元，于 1994 年全面建成的具有在海、陆、空全方位实时三维导航与定位能力的新一代卫星导航与定位系统。GPS 以全天候、高精度、自动化、高效益等显著特点，赢得了广大测绘工作者的信赖，并成功地应用于大地测量、工程测量、航空摄影测量、运载工具导航和管制、地壳运动监测、工程变形监测、资源勘察、地球动力学等多种学科，给测绘领域带来了一场深刻的技术革命。

随着全球定位系统的不断改进，硬、软件的不断完善，GPS 的应用领域正在不断地开拓，目前已遍及国民经济各部门，并开始逐步深入人们的日常生活。

二、GPS 系统组成

GPS 系统包括三部分：空间部分——GPS 卫星星座；地面控制部分——地面监控系统；用户设备部分——GPS 信号接收机。

1. GPS 卫星星座

GPS 工作卫星及其星座由 21 颗工作卫星和 3 颗在轨备用卫星组成，记作（21 +3）GPS 星座。在两万千米高的 GPS 卫星，当地球对恒星来说自转一周时，它们绕地球运行两周，即绕地球一周的时间为 12 恒星时。这样，对于地面观测者来说，每天将提前 4 分钟见到同一颗 GPS 卫星。位于地平线以上的卫星颗数随着时间和地点的不同而不同，最少可见到 4 颗，最多可见到 11 颗。在用 GPS 信号导航定位时，为了计算测站的三维坐标，必须观测 4 颗 GPS 卫星，称为定位星座。这 4 颗卫星在观测过程中几何位置的分布对定位精度有一定的影响。对于某地某时，甚至不能测得精确的点位坐标，这种时间段叫作“间隙段”。但这种时间间隙段是很短暂的，并不影响全球绝大多数地方的全天候、高精度、连续实时性监测。

2. 地面监控系统

GPS 工作卫星的地面监控系统包括一个主控站、三个注入站和五个监测站。监测站设有 GPS 用户接收机、原子钟、收集当地气象数据的传感器和进行数据初步处理的计算机。监测站的主要任务是取得卫星观测数据并将这些数据传送至主控站，主控站设在范登堡空军基地，它对地面监测站实行全面控制。主控站的主要任务是收集各监测站对 GPS 卫星的全部观测数据，利用这些数据计算每颗 GPS 卫星的轨道和卫星钟改正值。注入站的任务主要是在每颗卫星运行至上空时把这类导航数据及主控站的指令注入卫星中。这种注入对每颗 GPS 卫星每天进行一次，并在卫星离开注入站作用范围之前进行最后的注入。

3. GPS 信号接收机

GPS 信号接收机用来接收导航卫星发射的信号，并跟踪这些卫星的运行，对所接收到的 GPS 信号进行变换、放大和处理，以便测量出 GPS 信号从卫星到接收机天线的传播时间，解译出 GPS 卫星所发送的导航电文，实时计算出监测站的三维位置，甚至三维速度和时间。

静态定位中，GPS 信号接收机在捕获和跟踪 GPS 卫星的过程中固定不变，接收机高精度地测量 GPS 信号的传播时间，利用 GPS 卫星在轨的已知位置，解算出接收机天线所在位置的三维坐标。而动态定位则是用 GPS 信号接收机测定一个运动物体的运行轨迹。GPS 信号接收机所在的运动物体叫作载体（如航行中的船舰、空中的飞机、行走的车辆等）。载体上的 GPS 接收机天线在跟踪 GPS 卫星的过程中相对地球而运动，接收机用 GPS 信号实时测得运动载体的状态参数（瞬间三维位置和三维速度）。

三、GPS 的特点和用途

GPS 最初是为军方提供精确定位而建立的，如今 GPS 在商业领域也大显身手。消费类 GPS 主要用在勘测制图、航空、航海导航、车辆追踪系统、移动计算机和蜂窝电话平台等方面。勘测制图由一系列的定位系统组成，一般都要求特殊的 GPS 设备。GPS 在勘测方面的应用包括结构和工程勘测、道路测量、地质研究。收集到的数据可以以后再估算，也可以在野外实时使用。许多商业和政府机构使用 GPS 设备来跟踪它们的车辆位置，这一般需要借助无线通信技术。一些 GPS 信号接收机集成了收音机、无线电话和移动数据终端来适应车队管理的需要。消费类 GPS 手持机的价格从几百元到几千元不等，它们基本上都有 12 个并行通道和数据功能，有些甚至能与便携电脑相连，可以上传下载 GPS 信息，并且使用精确到街道级的地图软件，可以用于在 PC 机屏幕上实时跟踪或自动导航。

1. GPS 系统的特点

（1）功能多、精度高、覆盖面广，在全球任何位置均可进行车辆的位置监控工作，充分保障网络 GPS 所有用户的要求都能够得到满足。

（2）定位速度快，有力地保障了物流运输企业能够在业务运作上提高反应速度，降低车辆空驶率，降低运作成本，满足客户需要。

（3）信息传输采用 GSM 等公用数字移动通信网，具有保密性高、系统容量大、抗干扰能力强、漫游性能好、移动业务数据可靠等优点。

（4）构筑国际互联网这一最大的网上公共平台，具有开放度高、资源共享程度高等优点。

2. GPS 系统在物流方面的应用

（1）对自己拥有掌管的车队，物流公司可以通过监控中心把最新的市场信息反馈给运输车队，实现异地配载，从而使销售商更好地服务客户、管理库存，加快物资和资金的运转，降低各环节的成本，增强国内物流企业的市场竞争力。

（2）GPS 系统可实时监控车辆的运行状况，使运输公司和运输管理部门足不出户，就能对目前道路上运行的货运车辆情况了如指掌，并可根据车辆的速度、方向和离目标的距离判断货运车辆到达的时间，提前做好接车准备，节约时间、成本，大大提高了工作效率。

（3）物流公司可利用 GPS 系统对车辆和货物装载情况进行实时调查，掌握第一手资料，并可根据实际情况，对发车时间和数量进行调整，从而有利于车辆的调度和管理，降低运营成本。

（4）在安全保障方面，物流公司通过车载单元的报警和通话装置，可及时处理意外事故，保证行车安全。

（5）通过 GPS 定位系统和电子地图的结合，货车司机可方便地知道自己目前所在地理位置，即使在陌生的城市也不会迷路，迅速到达目标地点，减少运输时间，提高工作效率。

四、GIS 定义

地理信息系统（Geographic Information System，GIS）有时又称为“地学信息系统”。它是一种特定的空间信息系统。它是在计算机硬、软件系统支持下，对整个或部分地球表层（包括大气层）空间中有关地理分布的数据进行采集、储存、管理、运算、分析、显示和描述的技术系统。

五、GIS 功能特征

1. GIS 数据获取

GIS 数据获取包括数据的采集与输入，即将系统外部的原始数据传输到系统内部，并将外部数据的格式转变为系统内部能够识别和处理的格式，存储在系统的地理数据库中。

GIS 数据可分为空间数据和属性数据。空间数据是在二维或三维坐标下，针对真实的地理信息以一种拓扑结构来描述物理位置及逻辑连接，主要的输入方式为键盘输入、数字化和扫描仪输入等。属性数据指的是存放地理信息的元素自身特性的数据，常储存在与 GIS 联合使用的商用数据库（Oracle、Sybase 等）中，主要的输入方式为键盘输入。

现代遥感（RS）和全球卫星定位（GPS）技术为 GIS 提供了丰富的数据来源。

2. GIS 数据存储与管理

GIS 本质上是地理信息数据库和商用数据库的联合使用，旨在为实物分析提供数字化、可视化的数据支撑。

GIS 数据存储即把数据以某种形式记录在计算机的内部或外部存储器上，目的是使计算机能够灵活快速高效地访问并处理这些数据，关键在于如何建立记录的逻辑顺序以确定存储的地址。GIS 的数据存储一般采用分层技术，即根据地图的某些特征，将其分为若干层，整张地图是所有层的叠加结果。这样，用户操作时就只涉及一些特定的层而非整幅地图，系统对用户要求的反应速度得以大大提升。

GIS 的数据管理分为空间库管理和属性库管理。空间库管理是指以图形反映地理数据的拓扑关系，包含地理实体信息，通常以点、线、面等元素来表征，包括矢量数据模型和面片数据模型。属性库管理是指以属性数据反映空间数据元素的特性，一般采用关系数据模型。两部分数据库自成体系，但采用相同结构，具有关联指向关系。

3. GIS 数据处理与分析

GIS 基本数据处理包括数据的质量检查和纠正、数据的整饰处理。数据的质量检查和纠正包括空间数据和属性数据对应关系校验、误差校正、再编辑等。而数据的整饰处理是为了使数据满足地理信息系统的各种应用要求，如矢量数据光滑处理、拓扑关系建立等。

GIS 数据分析的核心内容是空间分析，是指根据确定的应用分析模型，通过对空间图形数据的拓扑运算及空间、非空间属性数据的联合运算等各种操作运算来分析一定区域的各种现象，以获得更有效的数据或某一特定问题的解决方案。这是 GIS 与一般计算机辅助设计（CAD）和绘图系统（CAC）功能的主要区别所在。

4. GIS 输出与显示

GIS 相比于一般数据库的最大特色在于直观的数据输出与显示，即“所见即所得”。输出的形式既可以是各种矢量图形和分析图表、文字报表，也可以是空间数据分析和关联分析结果的地理图形形式。

任务实施

实训背景：

GIS 技术利用其强大的数据管理能力能够有效地解决货物分配路径问题，优化车辆运输路线。GIS 同时结合 GPS、RFID 等物流技术对整个物流过程实现空间网络分析，对货物实现动态跟踪与管理。

实训要求：

结合所学知识，3～4 人为一组，模拟运输企业配送货物。如何利用 GPS 和 GIS 达到快速送达的目的？请设计出线路图并比较。

任务五　北斗卫星导航系统应用
——北斗导航，中国力量

任务导入

北斗一号系统工程于 1994 年启动，而后，北斗二号、北斗三号系统相继展开，最终在 2020 年 7 月 31 日，北斗三号全球卫星导航系统正式启用。截至 2023 年 7 月，北斗卫星导航系统已广泛服务于全球200多个国家和地区的用户，展现出强大的全球影响力。随着城市化的推进，“智慧城市”的概念被提出，基于定位的技术也变得越来越普及。北斗卫星导航系统作为目前全球性、全覆盖性的大型定位制导技术，广泛应用于各行各业，获得了巨大的市场。

必备知识

一、系统应用与发展

北斗卫星导航系统（BDS）是中国自行研制的全球卫星导航系统，也是继全球定位系统（GPS）、格洛纳斯（GLONASS）之后，全球第三个成熟的卫星导航系统。北斗卫星导航系统的常见应用部分有：

（1）交通运输领域。它被广泛用于汽车导航、船舶定位、航空导航、铁路运输等方面，可提供准确的定位和导航服务，帮助驾驶员和船员规划最佳路线，避免拥堵，提高运输效率和安全性。

（2）海洋渔业和渔船管理。北斗卫星导航系统为海洋渔业和渔船管理提供了重要支持。渔民可以通过北斗卫星导航设备实时获取海洋渔业资源信息、天气预报等数据，并准确定位渔船的位置，提高捕捞效果和安全性。同时，北斗卫星导航系统也被用于渔船监管、防止非法捕捞等方面。

（3）农业和精准农业。它可提供土壤湿度、温度、光照等农业环境信息，以及作物生长情况和病虫害监测数据，帮助农民进行精准的种植管理，提高农业生产效益和资源利用率。

（4）灾害监测和救援。北斗卫星导航系统在灾害监测和救援方面起到了重要作用。北斗卫星导航设备可以实时监测地震、洪水、山体滑坡等自然灾害发生的位置和范围，为相关部门提供及时准确的灾害信息，便于组织救援行动和人员疏散。

（5）天气预报和气象监测。北斗卫星导航系统为天气预报和气象监测提供了数据支持。通过接收北斗卫星传输的气象数据，相关部门可以实时了解气象变化和气象要素，提高天气预报的准确性，并为气象科学研究提供重要参考。

（6）应急通信和安全保障。北斗卫星导航系统具备独立的应急通信能力，在灾害和紧急情况下可提供紧急呼叫、短信传输等通信服务，保障人们的生命安全和信息交流。

二、基本组成

北斗卫星导航系统由空间段、地面段和用户段三部分组成。

1. 空间段

北斗卫星导航系统空间段由若干地球静止轨道卫星、倾斜地球同步轨道卫星和中圆地球轨道卫星等组成（见图9－12）。

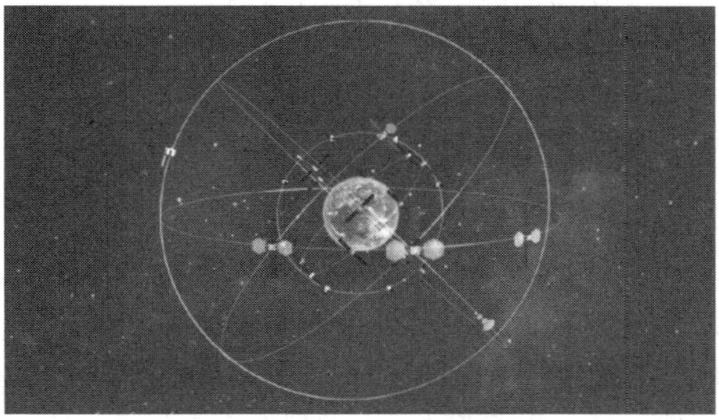

图 9-12　北斗卫星导航系统图

2. 地面段

北斗卫星导航系统地面段包括主控站、注入站和监测站等若干地面站，以及星间链路运行管理设施。

（1）主控站用于系统运行管理与控制等。主控站从监测站接收数据并进行处理，生成卫星导航电文和差分完好性信息，而后交由注入站执行信息的发送。同时，主控站还负责管理、协调整个地面控制系统的工作。

（2）注入站用于向卫星发送信号，对卫星进行控制管理，在接受主控站的调度后，将卫星导航电文和差分完好性信息向卫星发送。

（3）监测站用于接收卫星的信号，并发送给主控站，实现对卫星的跟踪、监测，为卫星轨道确定和时间同步提供观测资料。

3. 用户段

北斗卫星导航系统用户段包括北斗兼容其他卫星导航系统的芯片、模块、天线等基础产品，以及终端产品（见图 9-13）、应用系统与应用服务等。

图 9-13　北斗高精度车载定位终端

用户段即用户的终端，既可以是专用于北斗卫星导航系统的信号接收机，也可以是兼容其他卫星导航系统的接收机。接收机需要捕获并跟踪卫星的信号，即可测量出接收天线至卫星的距离和距离的变化率，解调出卫星轨道参数等数据。接收机中的微处理计算机根据这些数据按一定的方式进行定位计算，最终得到用户的经度、纬度、高度、速度、时间等信息。北斗卫星导航系统采用卫星无线电测定（RDSS）与卫星无线电导航

（RNSS）集成体制，既能像其他导航系统一样为用户提供卫星无线电导航服务，又具备位置报告及短报文通信功能。

三、发展特点

北斗卫星导航系统的建设实践，走出了在区域快速形成服务能力、逐步扩展为全球服务的中国特色发展路径，丰富了世界卫星导航事业的发展模式。

北斗卫星导航系统具有以下特点：一是北斗卫星导航系统空间段采用三种轨道卫星组成的混合星座，与其他卫星导航系统相比，高轨卫星更多、抗遮挡能力强，尤其低纬度地区性能优势更为明显。二是北斗卫星导航系统提供多个频点的导航信号，能够通过多频信号组合使用等方式提高服务精度。三是北斗卫星导航系统创新融合了导航与通信能力，具备定位导航授时、星基增强、地基增强、精密单点定位、短报文通信和国际搜救等多种服务能力。

课堂讨论： 举例谈谈北斗卫星导航系统在物流中的应用。

任务实施

实训背景：

2009 年，北斗三号卫星导航系统工程立项。与其他卫星导航系统不同，北斗三号系统采用混合星座模式，由 24 颗 MEO 卫星（中圆地球轨道卫星）、3 颗 IGSO 卫星（倾斜地球同步轨道卫星）以及 3 颗 GEO 卫星（地球静止轨道卫星）三种不同轨道的 30 颗卫星组成。

北斗三号卫星导航系统已于 2020 年 7 月 31 日建成并正式开通，提前半年完成组网，标志着中国北斗“三步走”发展战略圆满完成，中国成为世界上第三个独立拥有全球卫星导航系统的国家。

实训要求：

1. 请说明北斗卫星导航系统的定位原理。
2. 3～4 人一组，讨论“北斗 +5G”带来的新变化。

任务六　物联网技术应用
——万物互联，智能物流

任务导入

以物联网技术为基础的无线传感器网络在检测人体生理数据、老年人健康状况、医院药品管理以及远程医疗等方面可以发挥出色的作用。

通过在病人身上安装体温采集、呼吸、血压等测量传感器，医生可以远程了解病人的情况。利用传感器网络长时间收集的人的生理数据，在研制新药的过程中非常有用。这个系统稍加产品化，便可成为一些老人及行动不便的病人的安全助手。同时，该系统也可以应用到一些残障人士康复中心，对病人的各类肢体恢复进展进行精确测量，从而为设计复健方案带来宝贵的参考依据。

必备知识

一、物联网技术的定义

物联网是指通过信息传感设备，按约定的协议，将任何物体与网络相连接，物体通过信息传播媒介进行信息交换和通信，以实现智能化识别、定位、跟踪、监管等功能。

二、物联网的层次

继计算机、互联网与移动通信网之后，物联网成为现在很多地方都在研究的信息化产业新方向。作为一项新技术，物联网体系构架也有其基本的层次结构，并且有各自负责的领域与功能。

综合国内各权威物联网专家的看法，物联网系统可以划分为四个层次：感知层、网络层、平台层和应用层。

1. 感知层

感知层由各种传感器以及传感网关构成，主要包括二氧化碳浓度传感器、温度传感器、湿度传感器、二维码标签、RFID 标签和读写器、摄像头、GPS 等感知终端。感知层的作用相当于人的眼、耳、鼻、喉和皮肤等神经末梢，主要功能是识别物体、采集信息。

2. 网络层

网络层由各种私有网络、互联网、有线和无线通信网、网络管理系统和云计算平台等组成，相当于人的神经中枢和大脑，负责传递和处理感知层获取的信息。网络层涉及各种通信网络和互联网相互融合，通过网络的可靠传递实现物体信息的共享。

3. 平台层

平台层是运行于基础设施层之上的一个以软件为核心，为应用服务提供开发、运行和管控环境即中间件功能的层次。基础设施层所要解决的是 IT 资源的虚拟化和自动化管理问题，而平台层需要解决的是如何基于基础设施层的资源管理能力提供一个可伸缩的且易于管理的云中间件平台。

4. 应用层

应用层是物联网和用户（包括人、组织和其他系统）的接口，它与行业需求结合，实现物联网的智能应用。应用层以实现人与人、物与物、物与人的全面感知、互联互通和信息智能利用为特征，以物联网、云计算、3D 等新一代信息技术为基础，涉及智能电网、智能交通、智慧物流、智慧医疗、智慧工业、智慧农业等诸多领域。

三、物联网的关键技术

物联网的关键技术主要包括 RFID 技术、传感器技术、无线网络技术、人工智能技术、云计算技术等。

1. RFID 技术

RFID 技术是物联网“让物说话”的关键技术。物联网中的 RFID 标签存储标准化的、可互操作的信息，并通过无线数据通信网络自动采集到中心信息系统中，实现物品的识别。

2. 传感器技术

传感器是指能感知预定的被测指标并将感知到的信息转换成可用信号的器件或装置。它通常由敏感元件或转换元件组成。传感器的种类很多，可以按照用途、材料、输出信号类型、制造工艺等方式进行分类。

3. 无线网络技术

在物联网中，要与人无障碍地通信，必然离不开能够传输海量数据的高速无线网络。无线网络不仅包括允许用户建立远距离无线连接的全球语音和数据网络，还包括短距离蓝牙技术、红外线技术和 Zigbee 技术。

4. 人工智能技术

人工智能技术是能够代替人的脑力劳动的一种技术，即由计算机代替人的重复性的脑力劳动。人工智能是一门极富挑战性的科学，从事这项工作的人必须懂得计算机、心理学和哲学知识。

5. 云计算技术

物联网的发展离不开云计算技术的支撑。物联网终端的计算和存储能力有限，云计算平台可以作为物联网的大脑，实现海量数据的存储和计算。

四、物联网的应用

物联网把新一代 IT 技术充分运用在各行各业之中，在物流领域涉及智能交通、智能仓储、智能运输、智能配送等多个领域。

1. 智能交通

智能交通（ITS）是未来交通系统的发展方向，它是将先进的信息技术、数据通信传输技术、电子传感技术、控制技术及计算机技术等有效地集成，运用于整个地面交通管理系统而建立的一种在大范围内全方位发挥作用的实时、准确、高效的综合交通运输管理系统。智能交通可以有效地利用现有的交通设施，减少交通负荷和环境污染，保证交通安全，提高运输效率，因而日益受到各国的重视。

2. 智能仓储

智能仓储作为物流过程中的关键环节，与物联网紧密结合，展现出强大的优势。在物联网技术的支持下，智能仓储能够实现对货物的实时追踪和监控。企业通过在货物上安装传感器和 RFID 标签等设备，将货物的信息与物联网连接，确保货物仓库管理各个环节数据输入的速度和准确性。企业可以借助物联网平台及时、准确地掌握库存的真实数据，合理保持和控制企业库存。

3. 智能运输

利用物联网技术实施运输业务升级的物流企业，需要以深度覆盖所服务区域的运输网络平台为基础，提供快捷、准时、安全、优质的标准化服务；通过整合内外物流资源，提供“一站式”综合物流服务，以满足客户对运输业务的个性化需求。物联网技术将用于优化运输业务的各个作业环节，实现运输管理过程的信息化、智能化，并与上、下游业务进行物资资源整合和无缝连接。

4. 智能配送

交通条件、价格因素、用户数量及分布和用户需求等因素的变化会对配送方案、配送过程产生影响，如何使信息及时、有效、准确地传递已成为衡量配送服务水平的重要标准。物联网的引入很好地解决了这一问题，通过对以上影响因素涉及的物体利用物联网感知布点进行信息采集并有效反馈，可形成动态的配送方案，从而提高配送效率，提升服务质量。

任务实施

实训背景：

智能共享单车采用了最前沿的物联网技术，实现了对车辆、用户、车桩等多个维度的智能化管理。例如：每一辆车都装配了卫星定位、智能锁等设备，可以实时监控车辆位置、状况和使用情况。

实训要求：

1. 3～4 人为一组，说明共享单车的工作原理。我们通过手机 App 可实时了解车辆的哪些信息？

2. 哈啰出行将在未来推出更多的服务，涵盖出租车、在线娱乐、生活服务等多个领域，请思考如何在出租车上实现这种模式。

项目小结

本项目先介绍了现代物流信息技术的相关概念及发展趋势；接着介绍了条形码识别系统，主要是系统的组成、识别原理以及一些主要的识读设备；随后重点介绍了 RFID 的技术应用，包括其组成部分、特点和应用场合；接着又介绍了 GPS 和 GIS 以及我国自主研发的北斗卫星导航系统；最后介绍了物联网的关键技术及其在智能交通、智能仓储、智能运输、智能配送方面的广泛应用。通过本项目的学习，希望大家能够熟悉这些物流信息装备，掌握其组成结构和原理。

项目自测

一、单项选择题

1. 无线数据采集器目前使用比较广泛的有（　　）和无线扩频技术两种。

A. 无线跳频技术　　B. 无线通信技术

C. 无线终端技术　　D. 仿真技术

2. 全球定位系统（GPS）首先由（　　）于 20 世纪 70 年代开始研制。

A. 法国　　B. 英国　　C. 美国　　D. 德国

3. 采用电荷耦合装置扫描机理的是（　　）。

A. 普通光式光电扫描器　　B. 激光式光电扫描器

C. CCD 扫描器　　D. 固定光束扫描器

4. 无线数据采集器可以直接通过（　　）和 PC 机、服务器进行实时数据通信。

A. 无线网络　　B. 无线端口　　C. 无线射频　　D. 有线网络

5. 在物流领域内采用（　　）可对车辆和货物装载情况进行实时跟踪调查。

A. 全球定位系统　　B. 互联网

C. 地理信息系统　　D. 射频系统

6. RFID 为下列哪个名称的缩写？（　　）

A. 无线电技术　　B. 阅读器

C. 电子标签　　D. 射频识别

7. GPS 工作卫星及其星座由（　　）颗工作卫星和 3 颗在轨备用卫星组成。

A. 21　　B. 12　　C. 15　　D. 20

二、多项选择题

1. 条形码扫描器的选择应考虑的因素有（　　）。

A. 操作者经验　　B. 首读率

C. 与条形码符号相匹配　　D. 工作空间

2. 下列关于 CCD 扫描器特点描述正确的是（　　）。

A. CCD 扫描器操作难度大，使用前都应培训

B. 对于不易接触的物品如不平的物品、软体物品等均能方便地进行扫描

C. CCD 扫描器性能可靠，使用寿命较长

D. 与激光枪相比具有耗电省、体积小、便于携带等优点

3. 下列属于北斗卫星导航系统应用领域的是（　　）。

A. 交通运输领域　　B. 应急通信和安全保障

C. 灾害监测和救援　　D. 天气预报和气象监测

4. 关于 GPS 系统特点描述正确的是（　　）。

A. 功能多、精度高、覆盖面广，在全球一些大城市能进行车辆的位置监控工作

B. 定位速度快

C. 构筑国际互联网这一大平台，具有开放度高、资源共享程度高的特点

D. 信息传输具有保密性，系统容量大

5. 物联网的核心关键技术主要包括（　　）。

A. RFID 技术　　B. 传感器技术

C. 无线网络技术　　D. 人工智能技术

E. 云计算技术

三、判断题

1. 射频识别系统中的电子标签应附在待识别物体的表面。（　　）

2. 全球定位系统在物流管理中没有实用价值。（　　）

3. 激光条形码是识读器可以识读常用的一维条形码，还能识读行排式和矩阵式的二维条形码。（　　）

四、简答题

1. 简述条形码技术在供应链管理中的应用。

2. GPS 系统由哪些部分组成?

3. 简述北斗卫星导航系统对中国的意义。

五、案例分析题

建设港口智慧物流信息平台，推动货运枢纽（物流园区）智能化建设

建设港口智慧物流服务平台。推进港口经营单位与相关部门、企业和社会团体间信息互联共享，推动物流作业协同，提高物流便利度和业务效率。以危险品码头作业为重点，建设危险品智能监测预警系统。开展区块链技术创新应用，推进电子单证业务在线办理、危险品全链条监管、全程物流可视化等。

推动货运枢纽（物流园区）智能化建设。以高效衔接为导向，建设智能仓储等设施，推广智能安检、装卸、拣选等装备。推进多式联运信息采集交换，实现电子货运单证“一单制”。推广应用第三方物流信息平台，实现多种运输方式全过程的智能调度、高效运转、精准匹配，提供跨方式、跨区域的全程物流信息服务。

推进综合交通大数据中心体系建设。打造综合交通运输“数据大脑”。建设综合交通运输信息平台，增强综合交通运输运行动态掌控和突发事件应急指挥能力。鼓励和支持各地交通运输主管部门统筹开展综合交通运输信息平台建设，加强各级综合交通运输信息平台互联互通。

助力通信信息基础设施建设。开展5G等技术在重要交通基础设施的融合应用研究。结合5G商用部署，协同推进对高速公路重点路段、重要综合客运枢纽、港口和物流园区的网络覆盖。推广车联网、船联网技术应用，推动建设泛在感知、港车协同的智慧互联港口。统筹利用5G、高速公路信息通信系统等社会和行业资源，整合建设天地一体的行业综合信息通信网络。

问题：智慧物流信息平台建设需要依托哪些资源？平台建设会给物流企业造成怎样影响？

参考文献

[1] 王猛，魏学将，张庆英．智慧物流装备与应用［M］．北京：机械工业出版社，2021.

[2] 史鸽飞，魏波．物流设施与设备［M］．西安：西安交通大学出版社，2021.

[3] 邹霞．智能物流设施与设备［M］．北京：电子工业出版社，2020.

[4] 吴霞，刘翠翠．物流技术与装备［M］．北京：机械工业出版社，2019.

[5] 荆振坤，阳群．物流智能设备与应用［M］．广州：广东高等教育出版社，2019.

[6] 蒋亮．物流设施与设备［M］．北京：清华大学出版社，2018.

[7] 王雅华，朱晓燕．物流设施与设备［M］．北京：清华大学出版社，2018.

[8] 蒋祖星．物流设施与设备［M］.4 版．北京：机械工业出版社，2016.

[9] 周兴建，蔡丽华．现代仓储管理与实务［M］.2 版．北京：北京大学出版社，2017.

[10] 赵智锋．物流设施设备运用［M］．上海：上海财经大学出版社，2017.

[11] 肖生苓．现代物流设施与设备［M］．北京：科学出版社，2017.

[12] 于英．交通运输工程学［M］．北京：北京大学出版社，2017.

[13] 邹安全．现代物流信息技术与应用［M］．武汉：华中科技大学出版社，2017.

[14] 郑少锋．现代物流信息管理与技术［M］．北京：机械工业出版社，2015.

图书在版编目（CIP）数据

现代智能物流装备与应用／赵燕主编. --北京：中国人民大学出版社，2025.1. --（新编21世纪高等职业教育精品教材）. --ISBN 978-7-300-33130-0

Ⅰ. F253.9

中国国家版本馆CIP数据核字第2024GS6964号

新编21世纪高等职业教育精品教材·物流类

现代智能物流装备与应用

主　编　赵　燕

副主编　耿　杰　竺肖君　黄正华

Xiandai Zhineng Wuliu Zhuangbei yu Yingyong

出版发行	中国人民大学出版社		
社　址	北京中关村大街31号	邮政编码	100080
电　话	010－62511242（总编室）		010－62511770（质管部）
	010－82501766（邮购部）		010－62514148（门市部）
	010－62515195（发行公司）		010－62515275（盗版举报）
网　址	http://www.crup.com.cn		
经　销	新华书店		
印　刷	北京宏伟双华印刷有限公司		
开　本	787 mm×1092 mm　1/16	版　次	2025年1月第1版
印　张	17	印　次	2025年1月第1次印刷
字　数	386 000	定　价	42.00元